Hildegard Rust

Praktische Vorratshaltung zu Hause

Gefrieren, Haltbarmachen, Lagern

Alois Knürr Verlags GmbH
München

CIP-Kurztitelaufnahme der Deutschen Bibliothek

Rust, Hildegard:
Praktische Vorratshaltung zu Hause:
Gefrieren, Haltbarmachen, Lagern /
Hildegard Rust. –
Alois Knürr Verlags GmbH
ISBN 3-928432-17-6

Alois Knürr Verlags GmbH
Sperberstr. 23
81827 München
Tel. 0 89/43 76 61 00
Fax 0 89/4 39 29 86
e-mail: knuerr-verlag@t-online.de
Internet: www.knuerr-verlag.de
Druck und Bindung: FINIDR s.r.o. Cz.

ISBN 978-3-928432-17-7

Bildnachweis

Robert Bosch Hausgeräte GmbH, München, Seiten 33, 34, 51, 52 oben, 69, 70, 103 oben, 192
Silit-Werke GmbH, Stuttgart, Seite 34
Sia-Handelsgesellschaft mbH, Salzgitter, Seite 192
Heinrich Hermann GmbH & Co, Stuttgart, Seite 52 links unten
Opekta, Köln, Seiten 103, 121
Thekla GmbH, Menden, Seite 103 links und rechts unten
Leicht-Einbauküchen GmbH, Schwäbisch Gmünd, Seite 52 rechts unten
Egon Binder, Grafenau, Seite 104
Electrostar Schöttle, Reichenbach/Fils, Seite 122
Studio Teubner, Seiten 155, 156
C. P. Fischer, Baldham, Seiten 173, 191
IKEA Deutschland GmbH, Kaltenkirchen, Seite 174

Titelfoto: C. P. Fischer, Baldham
Zeichnungen: Waltraud Berger

Abkürzungen

mg	= Milligramm	EL	= Eßlöffel
g	= Gramm	TL	= Teelöffel
kg	= Kilogramm	kJ	= Kilojoule
ml	= Milliliter	kcal	= Kilokalorie
l	= Liter		

Inhalt

Inhalt

Vorwort

Das Bestreben des Menschen, für »schlechte Zeiten« vorzusorgen, ist so alt wie der Mensch selbst. Es gehört zu den Grundbedürfnissen des Menschen, die Ernährung durch Lebensmittelvorräte zu sichern. Funde aus prähistorischer Zeit zeigen dies noch heute.

In den ersten Nachkriegsjahren war es selbstverständlich, nach dem Prinzip »je mehr, desto besser« Vorräte anzulegen. Es war damals oft Existenzsicherung – die Erfahrung mit dem Hunger war noch nah.

In den folgenden Jahren ging, besonders in den Stadthaushalten, die Vorratshaltung immer mehr zurück. Die Wohnungen, einschließlich der Kellerräume, wurden kleiner, die Versorgungslage besser, die Transportmöglichkeiten schneller und das Nahrungsangebot vielfältiger. Durch die Europäische Gemeinschaft und durch weltweite Handelsbeziehungen werden heute saisonale Abhängigkeiten ausgeglichen, z. B. beim Obst- und Gemüseangebot und bei der Fleischversorgung.

Aufgrund dieser Entwicklungen ist eine gute Vorratswirtschaft, wie sie von hauswirtschaftlichen Beratungsstellen empfohlen wird, häufig als »Schwarzmalerei« verpönt worden. Die jüngsten Erfahrungen haben gezeigt, wie lebensnotwendig ein gut zusammengestellter, gegen Strahlung geschützter Notvorrat plötzlich werden kann.

Hausfrauen, gelegentlich auch Hausmänner, »bevorraten« heute aus anderen Gründen:

Der Verbraucher kann heute, durch die erfolgreichen Bemühungen der Verbraucherverbände, auf den verpackten Lebensmitteln in der Zutatenliste nachlesen, was er zu sich nimmt. Trotzdem wird er immer wieder durch die Entdeckung von Schadstoffen erschreckt, die Menschen ohne Hemmungen den Lebensmitteln beimischen, um einen persönlichen, meist wirtschaftlichen Vorteil zu erreichen. Häufig soll die Haltbarkeit verlängert oder der Geschmack verbessert werden. Bis zum Aufdecken eines Skandals vergehen oft Jahre, obwohl es in der Bundesrepublik Deutschland eine hervorragende staatliche Lebensmittelüberwachung und ein gutes, scharfes Lebensmittelgesetz gibt.

Vorwort

Durch den EG-Binnenmarkt ist das Lebensmittelangebot vielfältiger, abwechslungsreicher, aber auch weniger überschaubar geworden. Naturnahe Produktion muß mit einer möglichst naturbelassenen Verarbeitung kombiniert werden, wenn es um Vermeiden von ungesunder Nahrung geht. Angebote von Bauernmärkten erfreuen sich großer Beliebtheit, weil den Produkten mit geringen Transportwegen mehr Vertrauen geschenkt wird.

Die Verwirklichung der Empfehlungen für eine gesunde Ernährung ist heutzutage eine Frage der Beschaffung bzw. Einkauf der Lebensmittel, aber auch ein Zeit- und Geldproblem. Eine an die Bedürfnisse der Familie maßgeschneidert angepaßte Vorratshaltung läßt viele Probleme gar nicht erst aufkommen.

Ausreichend bemessener Gefriervorrat evtl. kombiniert mit einem Mikrowellengerät ermöglicht die Zubereitung von Fertiggerichten mit portionierter Lagerung und schneller Zubereitung. Kühlgeräte als »Frischhaltezentren« erlauben die Lagerung von Frischvorräten über einen längeren Zeitraum ohne nennenswerte Qualitätsverluste.

Wenn die ausgetüftelten Möglichkeiten einer optimalen Lagerhaltung in den Privathaushalten mit dem Erfindergeist und der Kreativität einer motivierten Hausfrau bzw. Hausmann kombiniert werden, entwickelt sich eine individuelle, angenehme Lebensqualität mit einer sparsamen Haushaltsführung. Gute Einkaufs- und Kochplanung bringt zeitlichen und finanziellen Gewinn für diverse Freizeitaktivitäten.

Es war mir ein Anliegen, nur solche Verfahren und Rezepte aufzunehmen, die frei von chemischen Konservierungsmitteln im engeren Sinne sind. Bei allen Möglichkeiten habe ich mich auch bemüht nach den mir bekannten neuesten wissenschaftlichen Erkenntnissen, die gesundheitlichen Gesichtspunkte aufzuführen, die das Konservierungsverfahren kennzeichnen.

Die 1. Auflage des Buches war als Lehrbuch in Hauswirtschaftsschulen anerkannt, wurde in der Meisterausbildung der städtischen und ländlichen Hauswirtschaft eingesetzt und war eine beliebtes Geschenk für Töchter, die einen neuen Haushalt gründeten.

Auf Grund der vielen Nachfragen von Kolleginnen der staatlichen Beratungsstellen für Ernährung und Hauswirtschaft, vieler Hausfrauen und vor allem des Buchhandels konnte diese 2. komplett überarbeitete und dem neuesten Stand der Technik angepaßte Auflage ermöglicht werden.

Ich möchte dem Knürr-Verlag für die Aktualisierung und Neuauflage herzlich danken. Mit diesem Ratgeber erhalten Verbraucher und Verbraucherinnen ein umfassendes Nachschlagewerk über die gesamte Thematik Vorratshaltung.

Hildegard Rust
Diplom-Ökotrophologin
Studium an der TU München-Weihenstephan
Ehemals Leiterin der Staatl. Beratungsstelle
für Ernährung und Hauswirtschaft
in Straubing

Einführung

Ursprünglich diente der Vorrat zur Sicherung des Lebensbedarfs für Zeiten, in denen nicht alle Nahrungsmittel zur Verfügung standen. Heute, da das ganze Jahr über alles angeboten wird und die Lagerbedingungen in kleinen Wohnungen häufig unzureichend sind, stellt sich die Frage: »Bringt es wirklich Vorteile, Vorräte anzulegen?«

▷ Heute findet man eine veränderte Arbeitssituation in den Haushalten vor. Hilfskräfte sind selten geworden und die zunehmende Berufstätigkeit der Frauen außer Haus zwingt zu einer rationellen Zeiteinteilung. Dazu gehört es auch, Zeit und Kraft für Einkauf und Zubereitung der Lebensmittel optimal zu nutzen. Viele Hausfrauen müssen unter erschwerten Bedingungen einkaufen, z. B. mit Kleinkindern, pflegebedürftigen Familienangehörigen, bei mangelnden Fahrgelegenheiten. Genaue Planung des Großeinkaufes erleichtert das Haushalten.

▷ Sinnvoll ist eine gute Vorratswirtschaft in 1-Personen-Haushalten. Ältere Menschen neigen oft zu einer ausgeklügelten Bevorratung von Gütern zur Existenzsicherung, da sie schlechte Erfahrungen in Notzeiten gemacht haben.

▷ Die Nahrungsmittelindustrie entwickelte in den letzten Jahren zahlreiche Produkte, z. B. H-Milch, Vakuumverpackungen, Halbfertig- und Fertigprodukte, die sich gut für die mittelfristige Lagerung im Haushalt eignen. Zeit und Geld können auf diese Weise gespart werden.

▷ Die Entwicklung moderner Kühl- und Gefriergeräte, die zur Erhaltung der Inhaltsstoffe in den Lebensmitteln beiträgt, erleichtert das Bevorraten auch in kleineren Wohnungen.

▷ Mit durchdachter Vorratswirtschaft kann auch Geld gespart werden. Viele Hausfrauen sparen, indem sie Vorräte selbst herstellen und tragen durch diese Arbeitsleistung erheblich zum Haushaltsbudget bei.

▷ Trotz der modernen Technik können Versorgungsstörungen große Probleme bringen. Witterungsbedingte Katastrophenfälle, z. B. tagelange Schneefälle, Glatteis, Überschwemmungen usw. können zu Engpässen in der Versorgung führen. Internationale Krisen können die Güterzufuhr stören. Für den Verteidigungsfall liegen zwar Versorgungspläne bereit, es ist aber einkalkuliert, daß sich jeder Haushalt bis zu 14 Tagen selbst versorgen kann.

Aus den genannten Gründen braucht jeder Haushalt mindestens so viel Vorrat, daß für jedes Haushaltsmitglied, unabhängig von außen, der Bedarf an Nahrung für 14 Tage gedeckt werden kann.

Begriffserklärungen

Vorratshaltung Umfaßt alle Arbeiten, die mit Einkauf und Lagerung von Vorräten zusammenhängen.

Vorratswirtschaft Beinhaltet Planung, Beschaffung, Herstellung und Lagerung von Vorräten. Der Inhalt des Buches entspricht der Definition Vorratswirtschaft.

Arbeitsaufwand Ist die Zeit, die eine Person für die Erledigung einer bestimmten Arbeit benötigt hat.

Arbeitsbedarf Ist die Zeit, die eine Person für die Erledigung einer bestimmten Arbeit voraussichtlich benötigen wird.

Im Buch wurden die vom Kuratorium für Technik und Bauen in der Landwirtschaft, 64289 Darmstadt-Kranichstein ermittelten Arbeitsbedarfszahlen verwendet aus: Datensammlung für die Kalkulation der Kosten und des Arbeitszeitbedarfs im Haushalt, 3. Auflage 1985.

Vorratsplanung

Was soll als Vorrat im Haushalt sein?

Der ständige Vorrat sollte aus Grundnahrungsmitteln bestehen, die variabel zubereitet werden können, nicht aus Luxusartikeln. Man muß konsequent darauf achten, daß nur solche Lebensmittel in den Vorrat aufgenommen werden, die bei der üblichen Mahlzeitenzusammenstellung turnusgemäß mit einbezogen werden können. Wenn z. B mehr Kartoffeln als Teigwaren oder mehr Reis als Kartoffeln gegessen werden, müssen diese Produkte entsprechend der Häufigkeit ihrer Verwendung und in entsprechender Menge im Vorratsplan vertreten sein.

In gastfreundlichen Familien sollte immer für Kuchen oder Gebäck (in der Gefriertruhe!) gesorgt sein. Kommt überraschend Besuch ist ein Vorrat an Fertiggerichten (eingeforen oder sterilisiert) immer nerven- und kraftschonend.

Mit Überlegung und Notizen über gemachte Erfahrungen, wird jede Hausfrau einen maßgeschneiderten Vorrat zusammenstellen können, der ihr in vielen unvorhergesehenen Situationen Sicherheit vermittelt und zur Zufriedenheit der Familienmitglieder beiträgt.

Wird Vorratswirtschaft nicht sorgfältig geplant, nicht auf den tatsächlichen Speiseplan abgestimmt, und wird am wirklichen Bedarf vorbei eingekauft, ist sie ein teures und verlustreiches Hobby!

Ermitteln der Vorratsmengen

Systematische Vorratsplanung bringt viele Vorteile. Durch den Kauf größerer Mengen, besonders zu saisonbedingten Niedrigpreisen,

durch Ausnützen von Sonderangeboten und Aktionswochen, kann Geld gespart werden. Der Vorrat war richtig geplant, wenn im vorgesehenen Haltbarkeitszeitraum die preisgünstig eingekaufte Menge verbraucht werden kann, d. h. wenn die Hausfrau nicht zu viel, aber auch nicht zu wenig bevorratet hat.
Das Auseinandersetzen mit den Mengenangaben bringt nebenbei auch ein »Gespür« für Verbrauch und Preise.
Vorratsplanung erfordert, daß der Speiseplan im Voraus geplant wird. Dabei werden auch weniger gesunde, aber liebgewordene Ernährungsgewohnheiten aufgedeckt.
Die Deutsche Ges. f. Ern. (DGE) gibt entsprechend den veränderten Arbeitsbedingungen die Ratschläge für eine bedarfsgerechte Ernährung. Die wichtigsten Änderungen im Vergleich zu früheren Empfehlungen sind: weniger Kalorien, Fett und Eiweiß, mehr ballaststoffhaltige Lebensmittel (Brot und Kartoffeln), mehr Vitamine A, B und C (Gemüse und Obst).
Von der DGE werden Lebensmittel mit hoher Nährstoffdichte besonders empfohlen. Das sind Produkte, die wenig Kalorien, aber viel Mineralstoffe und Vitamine enthalten, z. B. Gemüse, die meisten Obstsorten, fettarme Milchprodukte und magere Fischsorten. Diese neuen Empfehlungen zur richtigen Ernährung sollen bei der Aufstellung des Versorgungsplanes miteinbezogen werden.

Die Vorratsmenge kann nach folgender Formel ermittelt werden:

Durchschnittlich verzehrte Lebensmittelmenge pro Person und Tag[1]) × Anzahl der Verpflegspersonen[2]) = Täglicher Bedarf[3]) × Häufigkeit pro Woche[4]) = Wöchentlicher Bedarf[5]) × Anzahl der zu bevorratenden Wochen[6]) = Vorratsmenge für den Versorgungszeitraum[7])

[1]) Die täglich verzehrte Lebensmittelmenge richtet sich nach Alter, Geschlecht, körperlicher Tätigkeit u. a. In der Tabelle sind Beispiele für Portionsgrößen nach unterschiedlicher Energiemenge angegeben:

[2]) Bei der Anzahl der Verpflegspersonen müssen die berücksichtigt werden, die bestimmte Lebensmittel ablehnen oder »Außer-Haus« verpflegt werden.

[3]) Der tägliche Bedarf wird für solche Lebensmittel errechnet, die täglich oder mehrmals wöchentlich eingekauft werden, z. B. Milch, Wurst.

[4]) Die Häufigkeit pro Woche richtet sich nach dem Speiseplan und den Verzehrgewohnheiten. Dabei sollten die Empfehlungen der DGE berücksichtigt werden: 3–4 Fleischmahlzeiten, einmal Seefisch, Vollkornprodukte, Kartoffeln, täglich Gemüse und Obst, Rohkost, bis zu ½ l Milch oder Milchprodukte pro Tag.

[5]) Der wöchentliche Bedarf wird für kurzfristig lagerfähige Lebensmittel errechnet, z. B. Milchprodukte, Fleisch, Brot.

[6]) Die Anzahl der zu bevorratenden Wochen richtet sich nach der Häufigkeit des Großeinkaufs, nach den Lagerungsmöglichkeiten in den Wintermonaten usw. Es betrifft langfristig lagerfähige Produkte.

Portionsgrößen nach unterschiedlicher notwendiger Energiemenge für eine Tagesverpflegung

Lebensmittel	Leichte körperliche Tätigkeit		Frau 65 Jahre	Kind 6 Jahre 20 kg Körpergewicht 115 cm Körpergröße
	Frauen	Männer		
	2200[1]) kcal/ 9240 kJ	2500[1]) kcal/ 10 500 kJ	1800[1]) kcal/ 7960 kJ	1600[1]) kcal/ 6780 kJ
1. und 2. Frühstück				
Brot	150 g	200 g	80 g	40 g
Käse oder Wurst	30 g	40 g	25 g	–
Butter oder Margarine	10 g	15 g	5 g	10 g
Marmelade/Konfitüre	15 g	15 g	15 g	5 g
Milch	250 ml	250 ml	250 ml	250 ml
Obst	200 g	200 g	200 g	100 g
Mittagessen				
Kartoffeln (Reis oder Teigwaren)	250 g (75 g)	300 g (100 g)	200 g (60 g)	100 g (30 g)
Gemüse	200 g	200 g	200 g	100 g
Fleisch oder Fisch (Ei oder Hülsenfrüchte)	100 g (70 g)	125 g (90 g)	80 g (60 g)	60 g (40 g)
Fette, Öle	10 g	15 g	5 g	5 g
Nährmittel	15 g	15 g	15 g	10 g
Milch, Quark	100 ml/ 100 g	100 ml/ 100 g	100 ml/ 100 g	100 ml/ 100 g
Zwischenmahlzeit und Abendessen				
Brot (Reis, Haferflocken oder Teigwaren)	100 g (60 g)	150 g (90 g)	100 g (50 g)	30 g (40 g)
Butter oder Margarine	10 g	10 g	5 g	5 g
Käse, Schinken oder Wurst	30 g	40 g	30 g	20 g
Gemüse oder Salat	50 g	75 g	50 g	50 g
Öl	5 g	5 g	5 g	5 g
Alkoholfreie Getränke (Mineralwaser, Säfte u. a.)	1,5 l	1,5 l	1,5–2 l	2 l
Süßigkeiten, Kuchen, Gebäck, Zucker	50 g	50 g	50 g	50 g

[1]) Der genaue Energiebedarf mit der entsprechenden Lebensmittelmenge steht im »Ernährungs-Paß«, der nach den persönlichen Angaben in den Staatlichen Beratungsstellen für Ernährung und Hauswirtschaft kostenlos ausgestellt wird. Der Energiebedarf kann auch bei anderen Beratungsstellen erfragt werden, z. B. bei den Beratungsstellen der DGE oder den Verbraucherberatungsstellen.

Beispiel eines Versorgungsplans für einen 4-Personen-Haushalt
(1 Person ißt mittags in der Kantine – monatlich Großeinkauf)

Lebensmittel	Menge pro Person/Tag ×	Verpflegspersonen =	Täglicher Bedarf ×	Häufigkeit pro Woche =	Wöchentlicher Bedarf ×	Anzahl der Wochen =	Vorratsmenge
Milch	250 ml	3	750 ml	3	2250 ml		
Käse	70 g	4	280 g	4	1120 g		
Fleisch	150 g	3	450 g	3	1350 g	12[1])	ca. 16 kg
Wurst	80 g	4	320 g	2	640 g		
Obst, frisch	100 g	4	400 g	7	2800 g	50[3])	ca. 35 kg
Obst, Konfitüre	25 g	4	100 g	7	700 g		
Obst, Lagervorrat	100 g	4	400 g	7	2800 g	30[2])	ca. 100 kg
Obst, Kompott	200 g	3	600 g	1	600 g	50[3])	ca. 30 kg
Gemüse, frisch	250 g	3	750 g	2	1500 g		
Gemüse, Lagervorrat	200 g	3	600 g	1	600 g	30[2])	ca. 25 kg
Gemüse, Tiefkühlkost	150 g	3	450 g	2	900 g	4	ca. 3 kg
Essiggemüse	70 g	4	280 g	7	1960 g	4	ca. 8 kg
Kartoffeln	250 g	3	750 g	5	3750 g	30[2])	ca. 130 kg
Zucker	40 g	4	160 g	7	1120 g	4	ca. 5 kg
Brot (Misch- und Vollkornbrot)	250 g	4	1000 g	7	7000 g		
Teigwaren	60 g	3	180 g	2	360 g	4	ca. 1,5 kg
Streichfett	30 g	4	120 g	7	840 g	4	ca. 3,5 kg
Kochfett	20 g	3	60 g	7	420 g	4	ca. 2 kg
Alkoholfreie Getränke usw.	1 l	4	4 l	7	28 l	4	ca. 112 l = 9–10 Kisten

[1]) Gefriervorrat für 3 Monate
[2]) Wintermonate + 20% für Schwund + Abfall
[3]) Selbsthergestellter Jahresbedarf

Nach diesem Schema kann ein Plan für jede gewünschte Mengenangabe und Personenzahl errechnet werden (siehe auch Seite 11).

Gewichtsschwund während der Lagerung

Bei der Aufbewahrung von frischen Produkten, besonders von Obst und Gemüse, ändern sich während der Lagerdauer die äußere Beschaffenheit, die Größe, das Gewicht und die Inhaltsbestandteile.

Ein Gewichtsverlust zeigt sich durch Welkwerden und Schrumpfen. Allgemein gilt: je niedriger die Lagertemperatur und je höher die Luftfeuchtigkeit, desto niedriger der Gewichtsschwund. Zu diesem Wert kommt der Lagerabfall, z. B. beim Auskeimen der Kartoffeln, und der Verlust durch Fäulnis hinzu.

Beispiele für Gewichtsschwund:
Kartoffeln: bei 4–14 °C/80–90% relativer Luftfeuchtigkeit/6 Monate 3% Schwund; bei 7–14 °C/60–70% relativer Luftfeuchtigkeit/6 Monate 10% Schwund.
Äpfel: sortenabhängig – 6 Monate bis 20% Schwund.
Möhren, rote Beten (Rüben): 4 Monate bis 50% Schwund.

Für Gewichtsschwund während der Lagerung und Abfall bei der Zubereitung müssen je nach vorgesehener Lagerdauer und den vorliegenden Lagerbedingungen 20–25% zugerechnet werden.

Notvorrat

Als »eiserne Reserve« sollte immer ein gewisser Grundvorrat vorhanden sein. Die folgende Tabelle zeigt, was eine erwachsene Person durchschnittlich in 14 Tagen braucht. Es wurden hauptsächlich Dauerwaren ausgesucht, weil das Gefriergerät ausfallen kann.
Es ist sinnvoll, diesen Notvorrat möglichst in Form von Dosenkonserven zu kaufen und andere Produkte, soweit möglich, in Blechdosen zu lagern, denn Metalle halten eventuelle Strahleneinwirkungen ab. Die Lebensmittel können entsprechend den Bedürfnissen innerhalb der Gruppen ausgetauscht werden. Es sollte aber von jeder etwas dabei sein, um Abwechslung zu ermöglichen.
Sondervorräte für Säuglinge, Diätbedürftige und eventuell für Haustiere dürfen nicht vergessen werden! Besser ist es, Säuglings- und Diätkost für einen längeren Zeitraum immer im Hause zu haben, weil in diesen Fällen Ernährungsumstellungen problematisch sind.
Zum Notvorrat gehört neben Mineralwasser auch eine Tonne für Regenwasser oder normales Trinkwasser.

Beispiel eines Notvorrats für einen Erwachsenen für 14 Tage

Lebensmittel	Menge pro Person	Haltbarkeit	Verpackung/ Lagerung
Trockenvorräte			
Vollkornbrot in Dosen	1000 g	12 Monate	In Blechdosen kühl und trocken lagern.
Knäckebrot	1000 g	12 Monate	
Zwieback/Hartkekse	250 g	12 Monate	
Haferflocken	500 g	6–12 Monate	
Teigwaren	500 g	12 Monate	
Reis	250 g	2 Jahre	
Kartoffeltrockenprodukte	500 g	6 Monate	
Hülsenfrüchte	500 g	12 Monate	
Trockensuppen (Pakete für je ½ l Flüssigkeit)	5 Pakete	6 Monate	
Zucker	500 g	unbegrenzt	

Vorratsplanung

Lebensmittel	Menge pro Person	Haltbarkeit	Verpackung/ Lagerung
Dauerkonserven			
Fleischkonserven	1200 g	12 Monate	Dosenkonserven bevorzugen.
Wurstkonserven	1000 g	12–24 Monate	
Fischkonserven	400 g	12–24 Monate	
Fertiggerichte (z. B. Eintopfgerichte)	1600 g	12–24 Monate	Glaskonserven vor Licht und Strahlung schützen.
Gemüsekonserven	1600 g	12 Monate	
Sauerkonserven	220 g	12 Monate	
Obstkonserven	1600 g	12 Monate	
Fruchtsaft	1 l	12 Monate	
Konfitüre/Honig	450 g	12 Monate	
Milch und Milchprodukte			
H-Milch	1½ l	etwa 6 Wochen	
Kondensmilch	340 g	12 Monate	
Magermilchpulver[1])	250 g	12 Monate	
Schmelz- oder Hartkäse	750 g	6–9 Monate	In Vakuumfolienverpackung und Blechdosen lagern.
Fette			
Speiseöl	¼ l	6–12 Monate	Vor Licht und Strahlung schützen.
Plattenfett	250 g	6–12 Monate	
Streichfett	250 g	3– 4 Monate	
Tafel- oder Mineralwasser			
(davon für Aufgußgetränke ca. ¾ l pro Tag, für Speisenzubreitung ca. 4 l pro Woche)	19 l	6–12 Monate	Wasservorrat besondere Aufmerksamkeit schenken.
Sonstiges			
Kaffee	nach Bedarf	12 Monate	In Vakuumdosen oder Blechdosen kühl und trocken lagern.
Tee	nach Bedarf	36 Monate	
Kakao	nach Bedarf	6 Monate	
Schokolade	nach Bedarf	6 Monate	
Nüsse/Mandeln/Rosinen	nach Bedarf	2 Monate und länger	
Salz	150 g	unbegrenzt	

[1]) Magermilchprodukte in geringer Menge im Handel selten erhältlich, deshalb ersatzweise Kleinkinderkost.
Nach diesem Muster einen festen Karton beschriften, mit den eigenen Ernährungsgewohnheiten ergänzen, im Vorratsraum aufhängen und die Haltbarkeitsdaten kontrollieren.

Einkaufsplanung

Das Lebensmittelangebot ist groß. Ständig kommen neue Erzeugnisse aus dem In- und Ausland auf den Markt. Die Werbung der Hersteller in den Medien, die eigentlich objektiv informieren sollte, trägt meist mehr zur neuen Bedarfsweckung als zur richtigen Bedarfsdeckung bei.

Ratschläge für einen guten Einkauf

Grundlage eines optimalen Einkaufsplanes ist ein bis in die Einzelheiten feststehender Speiseplan. Die Versorgung der Haushaltsmitglieder wird immer teurer und schnell einseitig, wenn der Speiseplan »aus dem Kopf«, vor der Gefriertruhe oder dem Kühlschrank, unter Zeitdruck improvisiert wird.

Vor dem Kauf sollte man sich genau informieren. Angebote und Marktberichte können schon zu Hause studiert werden. Informationen erhält man aus der Tageszeitung, aus Anzeigenblättern, über Rundfunk und Fernsehen oder über Bildschirmtext.

Die Verbraucherberatungsstellen, die Staatlichen Beratungsstellen für Ernährung und Hauswirtschaft, die Hausfrauenvereinigungen, die Beratungsstellen der Landwirtschaftskammern und andere Stellen geben kostenlose, neutrale Auskunft.

Marktschwemmen sollten berücksichtigt werden. Frische Lebensmittel können oft direkt beim Erzeuger erworben werden.

Sonderangebote bringen nur dann Vorteile, wenn man genau über Preise und benötigte Mengen Bescheid weiß. Nicht alles was als Sonderpreis ausgezeichnet ist, ist wirklich preiswert. Große Plakate, Wühlkörbe, auffallende Stapel an engen Stellen, vermitteln zwar den Eindruck einer guten Gelegenheit, ob es aber wirklich so ist, muß die kritische Einkäuferin selbst erkennen.

Die Lebensmittel müssen nach dem Verwendungszweck ausgewählt werden! Dies ist sehr wichtig bei Fleisch, Fisch, Obst, Wein.

Größere Einkäufe an ruhigeren Tagen, an denen die Belastung durch andere Arbeiten gering ist, vor allem nicht hungrig, durchführen.

Anfang des Monats und am Wochenende sind die Preise häufig höher. Dies sollte der Verbraucher bei der Planung berücksichtigen und seinen Einkaufsrhythmus darauf abstellen.

Preiswerte Großpackungen sind teuer, wenn ein Teil der Menge verdirbt. Nicht alle Großpackungen sind wirklich günstiger – Preisvergleiche sollten angestellt werden.

Nach den Ergebnissen der Stiftung Warentest wurden nur ⅔ der jeweils teuersten Produkte auch qualitativ am besten beurteilt. Ca. ⅓ der Produkte mit den besten Beurteilungen sind billiger als die schlechter beurteilten. D. h., ein hoher Preis bedeutet nicht immer gute Qualität.

Das Mindesthaltbarkeitsdatum ist kein Verfallsdatum. Die Ware darf auch nach dem angegebenen Datum noch verzehrt werden. Bis zum angegebenen Zeitraum garantiert der Hersteller die Haltbarkeit, später muß der Händler diese kontrollieren. Er kann die Ware billiger abgeben, muß es aber nicht.

Für die Qualität der Lebensmittel sind letztlich nicht die Handels- oder Güteklassen ausschlaggebend, es ist vielmehr wichtig

- ▷ welche Wirkung sie im Körper haben,
- ▷ daß sie hygienisch einwandfrei hergestellt wurden,
- ▷ daß sie frei sind von schädlichen Stoffen aller Art.

Nach der Kennzeichnungsverordnung müssen abgepackte Lebensmittel die *Zutatenliste* aufweisen. Die Reihenfolge der Zutaten muß den

Mengenverhältnissen entsprechen, d. h. an erster Stelle steht die Zutat, von der die größte Menge verwendet wurde. Nur bei Produkten, deren Inhalt für den Verbraucher nicht genau vorstellbar ist, müssen prozentuale Angaben gemacht werden, z. B. bei Multivitaminsäften. Auch bei diätetischen Lebensmitteln und wenn ein Teil des Inhalts besonders hervorgehoben ist, z. B. »Pudding mit Sahne“, ist die genaue Mengenangabe vorgeschrieben. Es lohnt sich, das Etikett zu studieren!

Auf der Zutatenliste sind auch alle Aromastoffe, Gewürze und Zusatzstoffe angegeben. Für die Zusatzstoffe gibt es verschiedene Klassen. Der Klassenname muß dem Verbraucher über den Zweck des Stoffes Auskunft geben, z. B. Verdickungsmittel. Farbstoffe, Konservierungsstoffe, Antioxidationsmittel, Trennmittel, Überzugsmittel, künstliche Süßstoffe und Mehlbehandlungsmittel müssen nach EG-Vorschrift auch eine Nummer tragen.

Nur bei verpacktem, frischem Obst und Gemüse, bei Kartoffeln, alkoholischen Getränken, bei Erzeugnissen mit nur einer Zutat und bei kleinen Packungen ist die Zutatenliste nicht erforderlich.

Arbeitswirtschaftlich ist es vorteilhafter, wenn nicht täglich eingekauft wird. Frischmilch, Fleisch, Wurst, Brot, Obst und Gemüse kann auch so ausgewählt werden, daß nur 1–2mal in der Woche eingekauft werden muß.

Monatlich werden Getränke gekauft und vierteljährlich Konserven und Trockenvorräte. Gibt es entsprechende Lagermöglichkeiten, werden im Herbst Kartoffeln, Äpfel und Gemüse eingelagert.

Für einen guten Einkauf müssen Preise und Qualität verglichen und die richtige Menge ausgewählt werden.

Obst und Gemüse einkaufen

Jede Obst- und Gemüsesorte hat ihre spezifische Wachstums- und Haupterntezeit. Wird das Lebensmittel in dieser Zeit herangezogen, wächst es unter gesünderen Umständen als im Treibhausklima. Die jeweiligen Haupterntezeiten sind in den Tabellen (Seite 31 ff.) angegeben.

Rückstände von Düngemitteln und Schädlingsbekämpfungsmitteln wurden in Freilandgemüse seltener festgestellt, besonders dann nicht, wenn Sonneneinstrahlung, Bodenverhältnisse und Ausreifung optimal waren.

Güteklassen der EG (Extra, I, II, III) und deutsche Güteklassen (I, II – nur bei Kulturchampignons auch Extra) geben Auskunft über Größe und äußere Qualität, z. B. gesundes, sauberes und frisches Aussehen, Fehlen von fremdem Geruch, Geschmack und übermäßiger Feuchtigkeit. Sie lassen aber nicht auf innere Qualität schließen. Die innere Qualität, d. h. Freisein von schädlichen Stoffen, gute Lagerfähigkeit und hoher Gehalt an Mineralstoffen und Vitaminen, ist für den Verbraucher jedoch wichtiger.

Die Lagerfähigkeit, der Mineralstoff- und Vitaminanteil sind sortenabhängig. Nach Versuchen enthalten Äpfel je nach Sorte 3–25 Milligramm Vitamin C je 100 Gramm rohem Fruchtfleisch. So enthalten Berlepsch 23 Milligramm; Ontario 20 Milligramm; Goldparmäne 18 Milligramm; Kanada-Renette 17 Milligramm; Boskop 16 Milligramm. Arm an Vitamin C sind die überwiegend erhältlichen Sorten Jonathan, Golden Delicious, Gravensteiner, James Grieve und Morgenduft.

Beim Einkauf von Obst und Gemüse ist es deshalb ratsam, weniger das Aussehen zu bewerten, als auf Merkmale, die auf die innere Qualität schließen lassen, zu achten: Festigkeit

– nicht aufgetriebene, schwammige Konsistenz; typische Farbe – nicht blaß (Tomaten) oder bläulich (Blumenkohl); entsprechende Größe – keine übergroßen Früchte oder Gemüse. Der Verbraucher sollte sortenbewußt wählen, viele hochgezüchtete Sorten sind nicht mehr widerstandsfähig gegen Schädlinge, deshalb müssen mehr Schädlingsbekämpfungsmittel verwendet werden.
Einheimisches Gemüse in der spezifischen Vegetationszeit sollte bevorzugt werden. Viele ausländische Waren werden mit Mitteln behandelt, die bei uns schon verboten sind.
Bei der Erzeugung von Obst und Gemüse im eigenen Garten müssen ebenfalls die Grundsätze für die Erzeugung von gesunder Nahrung angewendet werden. Auch mit organischem Dünger kann zuviel getan werden, kleine Mengen von Schädlingsbekämpfungsmitteln sind schwer gleichmäßig zu verteilen und die Belastung der Umwelt spielt in Kleingartenanlagen in Industriezentren ebenfalls eine Rolle.

Tiefkühlkost einkaufen

Industriell eingefrorene Lebensmittel werden als Tiefkühlkost angeboten. Die Tiefkühlkette ist vom Hersteller bis zum Einzelhandelsgeschäft bzw. bis zur Lieferung frei Haus (Heimdienst) durchorganisiert. In den Transportfahrzeugen ist gewährleistet, daß −18 °C eingehalten werden. Verarbeitet werden nur frische, erstklassige Waren. Wenn im Haushalt die Kühlkette nicht unterbrochen wird, bleiben alle wertvollen Inhaltsstoffe erhalten.
Tiefkühlkost wird kochfertig angeboten. Es entstehen keine Abfälle, z. B. bei Spinat, Erbsen, Bohnen, Fisch.
Das Sortiment wird ständig erweitert und für bestimmte Personengruppen speziell zusammengestellt, z. B. »Essen auf Rädern« für Senioren oder Verpflegung für Ganztagsschulen. Tiefkühlkost wird wie frische Ware zubereitet. Als Beilage werden 125–150 Gramm Gemüse gerechnet, als Hauptgericht 200 Gramm. Auf der Packung steht die Arbeitsanleitung.

Tips für die Praxis

▷ Vor der Entnahme aus der Gefriertruhe im Geschäft sollte man einen Blick auf das Thermometer und auf die Markierung der Ladelinie werfen. Die Temperatur muß mindestens −18 °C betragen. Oberhalb der Markierung ist diese Mindesttemperatur nicht immer gegeben. Es genügt nicht, daß sich die Ware fest anfühlt. Über −18 °C gelagerte Ware zeigt Vitamin- und Geschmacksverluste.

▷ Keine Ware aus Gefriertruhen entnehmen, die unordentlich zu Wühlbergen aufgehäuft ist. Es entstehen dadurch Temperaturschwankungen, die die Qualität der Ware mindern.

▷ Tiefkühlkost nur in unbeschädigter Originalverpackung kaufen. Gefriergut aus beschädigten Packungen könnte *Gefrierbrand* gebildet haben (durch Kälte ausgetrockenete Stellen, die im zubereiteten Lebensmittel noch erkennbar sind; unangenehmer, strohig-trockener Geschmack). Außerdem ist es unhygienisch, wenn die beschädigte Ware schon häufiger angefaßt wurde.

▷ Schneebildung und glatt gefrorenes Eis, bei Fleisch und Geflügel rötlich gefärbt, deuten darauf hin, daß das Gefriergut schon einmal angetaut war – Qualitätsminderung ist die Folge.

▷ Tiefkühlkost, die noch am Tage des Einkaufs zubereitet werden soll, benötigt für den Weg nach Hause keine zusätzliche Isolierung. Speiseeis und alle zur Lagerung bestimmten Güter sollten in Isoliertaschen transportiert werden.

- ▷ Beim Einkauf von fetthaltigen Lebensmitteln in Sichtpackungen sollte man darauf achten, daß sie in den Kühl- und Gefriervitrinen nicht direkt an den Leuchten anliegen. Abstand ist notwendig, wenn die Pakkung lichtdurchlässig ist.
- ▷ Das Haltbarkeits- bzw. Herstellungsdatum sollte beachtet werden. Bei Überlagerung verdirbt Tiefkühlkost nicht mikrobiell, sondern es kommt zu Qualitätsverlusten. Geringfügige Überschreitung des Haltbarkeitsdatum kann akzeptiert werden, wenn die Preise gesenkt wurden und das Gefriergut baldmöglichst verzehrt wird.
- ▷ Tiefkühlkost-Fertiggerichte sollten nicht in Polyäthylenbeutel ohne Papierhülle verpackt sein, weil sich wegen der Aroma-, Sauerstoff- und Lichtdurchlässigkeit der Beutel schon innerhalb eines Monats beim Gefriergut Geschmackseinbußen zeigen können.

Konserven einkaufen

Die lebensmittelverarbeitende Industrie bemüht sich durch Verträge mit den Landwirten (genaue Untersuchung der Inhaltsstoffe), durch moderne Verarbeitungsmethoden und durch optimale Lagerbedingungen die Qualität der sterilisierten Konserven zu verbessern und zu erhalten. Häufig weisen industriell hergestellte Obst- und Gemüsekonserven höhere Vitamin- und Mineralstoffgehalte auf, als im Haushalt bereitete Vorräte.

Viele Verbraucher meinen, sterilisierte Produkte sind ewig haltbar, dies gilt jedoch nur in bezug auf den mikrobiologischen Verderb. Chemische und biochemische Veränderungen (Vitaminverluste, Aromaverluste, Farbveränderungen) laufen im Inneren der Dosen während der Lagerzeit weiterhin ab und zwar bei Zimmertemperatur 2–3mal schneller als bei einer Temperatur von etwa 10 °C. Deshalb müssen auch sterilisierte Gläser, Dosen und Flaschen kühl gelagert und nach 1 Jahr Lagerzeit verbraucht werden. Zuweilen kommt es zu Wechselwirkungen zwischen Füllgut und Dosenmaterial.

Veränderungen an der Dose

Bombage Äußerlich erkennbare Vorwölbung von Deckel und Boden oder verzogene Nahtstellen. Ursache kann das Wachstum von Mikroorganismen (Clostridium botulinum) sein, oder es laufen chemische Veränderungen ab (z. B. wegen Überdüngung des Gemüses), die zur Gasbildung führen. Es gibt auch Scheinbombagen, die aufgrund eines zu hohen Luftraumes entstehen können. Der Inhalt von bombierten Dosen sollte sicherheitshalber nicht mehr verzehrt werden.

Veränderungen an der Doseninnenwand

Marmorierung Aus den Eiweißbestandteilen des Füllgutes entstehen mit Zinn und Eisen aus der Blechdose neue, unschädliche Verbindungen, die besonders in Fleisch-, Spargel- und Hülsenfruchtdosen die Doseninnenwand gelb bis violett-schwarz verfärben.

Ablösung der Zinnverkleidung Sie zeigt sich durch gleichmäßig mausgraue Verfärbung. Dies kommt häufig bei Tomatenmark, Spinat, Bohnen und sauren Inhalten, z. B. Zitrussaft, vor. Die zulässige Zinnmenge (250 Milligramm pro Kilogramm Lebensmittel) wird in solchen Fällen häufig überschritten – der Inhalt ist genußuntauglich.

Lochfraß Punktartige Metallzerstörung führt bei sauren Füllgütern und Pökelerzeugnissen aus dem gleichen Grund wie bei der Ablösung der Zinnverkleidung zu Geschmacksveränderungen bis zur Genußuntauglichkeit.

Veränderungen am Füllgut

Ranzig- und Talgigwerden von Fett Tritt u. a. bei Pökelschinken auf. Metallischer oder Medizingeschmack bei Kondensmilch führt besonders dann zur Genußuntauglichkeit, wenn die Dosen nicht ordentlich verarbeitet sind. Verfärbungen von hellem Obst und Gemüse sind nicht gesundheitsschädlich.

Tips für die Praxis

- ▷ Sonderangebote von Dosenkonserven kritisch prüfen. Zuerst nur eine Dose kaufen, zu Hause öffnen, dann erst eine Entscheidung treffen.
- ▷ Verbeulte Dosen nicht kaufen. Die Wölbung könnte die Dosenauskleidung beschädigt haben.
- ▷ Sauerkonserven nur in Glasbehältern oder mit einer Kunststoffschicht ausgekleideten Dosen kaufen.
- ▷ Für Fruchtsäfte sind dunkle Glasflaschen oder gewachste Papierpackungen mit einer Innenauskleidung ideal, weil darin die Vitamine am besten lichtgeschützt und dadurch erhalten werden.

Grundlagen des Konservierens

Im weiteren Sinne versteht man unter Konservieren alle Maßnahmen, die bei einem frischen Lebensmittel angewendet werden, um dessen Qualität zu erhalten und die Haltbarkeit zu verlängern.
Um das richtige Verfahren auswählen zu können, muß man zuerst wissen, was zum Verderb von Lebensmitteln führt, wenn sie länger gelagert werden.

Ursachen des Verderbs

Frische pflanzliche und tierische Lebensmittel sind nicht »tot«, sondern es laufen verschiedene, anfangs z. T. erwünschte, in der Mehrzahl aber unerwünschte Vorgänge ab. Die meisten dieser Vorgänge werden von Mikroorganismen verursacht. Mikroorganismen verderben Lebensmittel und verursachen Vergiftungen.
Der Verderb zeigt sich durch Fäulnis bei eiweißhaltigen Lebensmitteln, Gärung und Säuerung bei zuckerhaltigen Stoffen, Ranzigkeit bei Fetten und Schimmelbildung auf fast allen Lebensmitteln bei den entsprechenden Bedingungen. So verdorbene Produkte sind ekelerregend, weil Aussehen, Festigkeit, Geruch und Geschmack der Produkte dabei verändert werden. Sie führen meist nicht sofort zu Erkrankungen des Menschen.
Problematischer sind »verdorbene« Lebensmittel, deren gefährliche Inhaltsstoffe mit den menschlichen Sinnesorganen nicht erkannt werden, z. B. das Vorhandensein von Staphylokokken, Salmonellen, Botulinus-Bazillen, Schimmelpilzgifte und abgebaute Eiweißbestandteile (biogene Amine), aus denen einige

Bakterienarten Giftstoffe erzeugen können. Man unterscheidet physikalische, chemische bzw. biochemische und mikrobiologische Veränderungen.

Physikalische Veränderungen
Dies sind z. B.:
- ▷ Gewichtsverluste durch Schrumpfung und Austrocknung.
- ▷ Wasseraufnahme durch Quellung.

Chemische und biochemische Veränderungen
Diese Vorgänge werden z. T. durch lebensmitteleigene oder durch Mikroorganismen gebildetete Enzyme beschleunigt. Enzyme sind Eiweißstoffe in lebenden Zellen. Sie beschleunigen die chemischen Vorgänge im Stoffwechselgeschehen der Zelle.
Chemische bzw. biochemische Vorgänge sind z. B.:
- ▷ Die Spaltung von Zucker und Stärke beim Verderb von Süßwaren.
- ▷ Das Altbackenwerden von Backwaren.
- ▷ Die Spaltung der Fette, die zum Ranzigwerden von Butter, Margarine und Ölen führt.
- ▷ Die Spaltung von Eiweiß ist unter kontrollierten Bedingungen erwünscht, bei der Bierherstellung, bei der Fleischreifung, bei der Fermentierung von Tee, Tabak und Kakao, führt aber bei zu langer Lagerung zum Verderb.
- ▷ Klebereiweißveränderung bei der Lagerung von Teigen.
- ▷ Veränderungen von Farbe, Aroma und Haltbarkeit bei Obst- und Gemüsesäften und Fetten durch die Einwirkung von Luftsauerstoff.
- ▷ Die Maillard-Reaktion, eine nicht-enzymatische Bräunung, die durch Reaktionen zwischen Eiweiß- und Zuckerbestandteilen in Lebensmitteln beim Verarbeiten, Sterilisieren, Trocknen usw. auftreten kann. Es kann dabei die Verwertbarkeit und die Verdaulichkeit von Eiweiß vermindert werden.
- ▷ Reaktionen, die unter Einfluß von Luftsauerstoff, Licht, Temperatur, Säuregehalt im Laufe der Lagerzeit ablaufen und zur Zerstörung von fett- und wasserlöslichen Vitaminen führen.
- ▷ Nachreifen von Obst und Gemüse und evtl. negative Beeinflussung bei gemeinsamer Lagerung.

Mikrobiologische Veränderungen
Durch die Tätigkeit der Mikroorganismen (auch Kleinlebewesen, Mikroben oder Keime genannt) wird das Lebensmittel verdorben. Zu den Mikroorganismen gehören Bakterien, Hefen und Schimmelpilze.

> Unter Lebensmittelkonservierung im engeren Sinne versteht man ein Haltbarmachen durch Verfahren, die die Mikroorganismen abtöten oder deren Umweltbedingungen so verändern, daß kein oder nur ein verlangsamtes Wachstum möglich ist. Dies ist auch das Ziel der Vorratsbereitung im Haushalt.

Sind dabei Krankheitserreger unter den Mikroorganismen, kommt es zu *Lebensmittelinfektionen,* z. B. Salmonellose. Es kann aber auch zu *Lebensmittelintoxikationen* kommen, z. B. durch Botulinus-Toxin, Aflatoxin. Hierbei sind nicht die Keime selbst, sondern die im Lebensmittel gebildeten Stoffwechselprodukte (Toxine = Gifte) gesundheitsschädigend.
Für den Ablauf mikrobiologischer Vorgänge sind immer bestimmte Voraussetzungen notwendig:
- ▷ Anwesenheit von Mikroorganismen;

- ▷ günstige Lebensbedingungen, d. h. verfügbare Nährstoffe, saures oder neutrales Milieu, verfügbares Wasser, An- oder Abwesenheit von Sauerstoff, optimale Temperatur;
- ▷ genügend lange Lagerzeit.

Mikroorganismen

Bakterien

Bakterien (Keime) sind einzellige Lebewesen, die sich durch Teilung vermehren. Wenn Sie genügend Nahrung und eine günstige Temperatur vorfinden, können sich manche Bakterienarten alle 11 Minuten teilen. Coli-Bakterien teilen sich alle 20 Minuten.

Beispiel für die Vermehrung von Keimen

Teilung	Dauer	Anzahl der Keime
0	0	1
1	20 Minuten	2
2	40 Minuten	4
3	1 Stunde	16
4	1 Std. 20 Min.	256
5	1 Std. 40 Min.	65 536
6	2 Stunden	4 294 967 296

Enthalten Lebensmittel von Anfang an viele Keime, so sind sie im allgemeinen nur kurzfristig haltbar. Durch hygienische Verarbeitung kann die Haltbarkeit erheblich verlängert werden, weil der Anfangskeimgehalt niedrig gehalten wird.

Bakterien sind mit dem Auge nicht sichtbar. Wenn die Umweltbedingungen es verlangen, können die Bakterien der Gattungen Bazillus und Clostridium extrem hitzeverträgliche Sporen bilden, die auch widerstandsfähig gegen Austrocknen, hohes Vakuum, radioaktive Strahlen und auch gegen viele Desinfektionsmittel sind. Sporen können Jahrhunderte überdauern und dann bei günstigen Wachstumsbedingungen wieder auskeimen.

Hefen

Hefen vermehren sich durch Sprossung und sind etwa um das 10fache größer als Bakterien. Einige Hefen können auch Sporen bilden, die aber bei feuchter Hitze (60 °C) leicht abzutöten sind. Die meisten Hefen ernähren sich von Zuckerstoffen, die sie abbauen oder, wenn wenig oder kein Sauerstoff vorhanden ist, vergären. Erwünscht sind Hefen bei der Teiglockerung aller Hefegebäckarten, bei der Bierherstellung, Weinbereitung und Rohwurstreifung. Unerwünscht ist z. B. die Kahmhefe und viele andere sogenannte »wilde« Hefen, die Geschmack und Aroma bei Sauerkraut, Essiggemüse und Wein verschlechtern.

Schimmelpilze

Schimmelpilze sind sehr genügsam und wachsen auf fast allen Lebensmitteln. Sie bestehen aus Fäden, die sich auf oder im Lebensmittel verbreiten. Die Fäden werden Hyphen genannt, die Gesamtheit der Hyphenmasse ist das Myzel. Sie können zweierlei Sporen bilden: die Konidien und Ascosporen.

Schimmelpilze, die bei der Lebensmittelkonservierung eine Rolle spielen, gehören zu den Gattungen:

Köpfchenschimmel (Mucor) findet sich auf faulenden Früchten und Schwarzbrot.

Gießkannenschimmel (Aspergillus) siedelt auf Brot, Früchten, Konfitüren, Erdnüssen, Fleisch usw. Das beim Wachstum des Schimmelpilzes Aspergillus flavus gebildete *Aflato-*

Beispiele für Lebensmittelvergiftungen durch Mikroorganismen

Mikroorganismenart	Unschädlich durch Erhitzen bei	Krankheitserscheinungen	Ursachen, häufige Träger
Bakterielle Infektionen			
Verschiedene Salmonellenarten (Typhus, Paratyphus)	70 °C/ 10 Minuten	Salmonellose: Fieber, Erbrechen, Durchfall, Bauchschmerzen, kann zum Tod führen.	Nicht durchgebratenes Geflügel, Fleisch, Eier. Übertragungen bei der Lebensmittelzubereitung auf Salate, Saucen, rohes Obst.
Bakterielle Intoxikationen (Bakteriengifte)			
Bacillus cereus Clostridium perfringens	80 °C/ 10 Minuten	Durchfall, Leibkrämpfe, mittelschwere Erkrankung.	Gekochter Reis, Spaghetti, Pudding, Bratkartoffeln, Fertiggerichte mit Fleisch und Geflügel, Geflügelsalat.
Staphylococcus aureus	100 °C/ 10 Minuten	Unwohlsein, Erbrechen, Durchfall, Kollaps nach 1–6 Stunden möglich, mittelschwere Erkrankung.	Schinken, Fleisch, Geflügelzubereitungen, Fertiggerichte, Saucen, Milch, Käse.
Clostridium botulinum	121 °C/ 3 Minuten	Botulismus: Nervengift, Störung des Zentralnervensystems, Sehstörungen, Atemnot kann zum Tod führen. Sehr schwere Erkrankung.	Fehlerhafte Hitzesterilisierung, rohe und geräucherte Fische, mangelnde Pökelung im häuslichen Bereich. Warme Lagerung vakuumverpackter Produkte. Konserven mit Bombagen.
Dinoflagelatten		Schwere Muschelvergiftung, führt zum Tode.	Das Gift wird in den Kiemen und der Darmdrüse der Muscheln gespeichert.
Schimmelpilzgifte			
Aspergillus flavus/Aflatoxin	121 °C/ 30 Minuten	Aflatoxine: akute Leberentzündung. Langzeitwirkung führt zu Leberkrebs, Schädigung der Gallenblase.	Erdnüsse, Erdnußbutter, Sesam, Paranüsse, Pistazien, Haselnüsse, Walnüsse, Getreideprodukte, Müsli, Persipan und Marzipan.
Penicillium expansum	Nach 15 Minuten bei 100 °C noch nicht zerstört.	Patulin: krebsfördernde Wirkung.	Obst mit Faulstellen.
Mutterkornpilze	Durch Kochen bzw. Backen nicht zerstörbar.	Kopfschmerzen, Erregungs- und Verwirrungszustände, Augenmuskelstörungen. Früher: Gewebe- oder Knochenbrand, führte zum qualvollen Tod.	Roggen und andere Getreidearten.

xin kann Leberkrebs und eine Schädigung der Gallenblase hervorrufen. Die krebserregende Wirkung des Aflatoxins ist um das Hundertfache höher als das anderer, wissenschaftlich bekannter leberkrebsfördernder Stoffe.
Pinselschimmelarten (Penicillium) werden zur Aromabildung bei der Herstellung von Camembert, Briekäse und Edelpilzkäsen verwendet und sind nicht schädlich.

Lebensbedingungen der Mikroorganismen

Mikroorganismen benötigen zum Wachstum Nahrung, Wasser, das richtige Milieu, die richtige Temperatur und z. T. Sauerstoff.

Nahrung

Mikroorganismen brauchen zum Wachsen Nahrung. Lebensmittel bieten gute Nährböden. Die meisten Hefen ernähren sich von Zucker und bilden dabei Kohlendioxid und Alkohol (Gärung).
Bakterien entwickeln sich besonders in eiweißreichen tierischen Lebensmitteln mit einem Wassergehalt von mindestens 20% (Fäulnis, Säuerung, Ranzigkeit und Eiweißabbau zu Giftstoffen).
Schimmelpilze und Hefen wachsen vor allem auf Obst und Gemüse (Giftstoffe wandern in die Lebensmittel).

Wasser

Wasser ist eines der wichtigsten Lebenselemente für Mikroorganismen. Nicht der Gesamtwassergehalt eines Lebensmittels ist jedoch für die Entwicklungsmöglichkeit ausschlaggebend, sondern der Anteil des frei verfügbaren Wassers. Diesen Anteil bezeichnet man als Wasseraktivität (Maßeinheit ist der aW-Wert). Die Wasseraktivität wird herabgesetzt durch Zugabe von chemischen Konservierungsmitteln oder Geliermitteln, aber auch durch Trocknen, Salzen, Zuckern, Säuern, Kühlen und Gefrieren.
Dabei ist zu beachten, daß manche Mikroorganismen besonders in schwach salzigen Nährboden gedeihen, z. B. Kahmhefen und »wilde« Hefen bei der Sauerkraut- und Salzgurkenzubereitung.
Die Wasseraktivität im Lebensmittel wird während der Lagerung von der Luftfeuchtigkeit beeinflußt. Werden trockene Lebensmittel zu feucht gelagert, beginnt das Wachstum der Mikroorganismen wieder, ist die Luftfeuchtigkeit zu niedrig, trocknet das Lebensmittel aus.

Milieu (pH-Wert)

Die meisten Mikroorganismen benötigen für ihr Wachstum ein *schwach saures* bis *neutrales* Milieu (pH 4,5–7), z. B. Milch, Fleisch, Geflügel, Fisch, Möhren, Kartoffeln, Erbsen, Bohnen.
In *sauren* Produkten (pH unter 4,5), z. B. Äpfeln, Birnen, Orangen, Tomaten, entwickeln sich nur wenige Bakterien. Hefen und Schimmelpilze wachsen bei einem pH-Wert von 4–5 optimal.
Sehr saure Produkte (pH 2,5–3,5), z. B. Zitronen, Rhabarber, Beerenobst, Sauerkraut werden selten von Mikroorganismen verdorben. Bei der Sauerkrautbereitung unterdrücken die Milchsäurebakterien die Entwicklung anderer Keime. Um das Einsäuern und Marinieren erfolgreich durchzuführen, muß entweder eine sehr saure Lösung (Zitronensaft zeigt einen pH-Wert von ca. 2,0) verwendet werden, oder es ist eine zusätzliche Konservierungsmethode, z. B. Pasteurisieren oder Sterilisieren, notwendig.

Der pH-Wert ist ein Maß für die Wasserstoffionenkonzentration einer Lösung. Bei pH 14 liegt eine sehr starke Lauge vor, die Lösung reagiert alkalisch (basisch). Bei pH 7 ist die Lösung neutral. Eine sehr starke Säure hat den Wert pH 1.

Einfluß der Temperaturen auf das Wachstum der Mikroorganismen

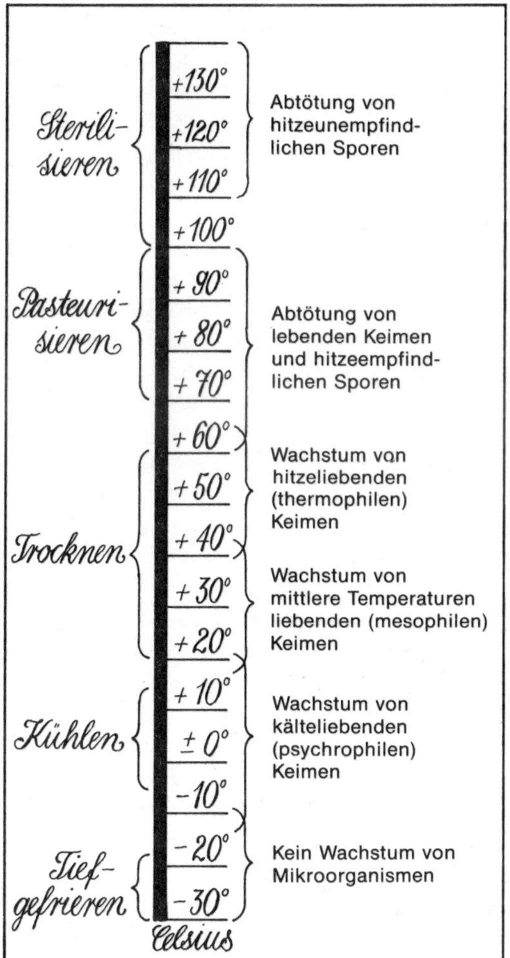

Temperatur

Es ist von der Temperatur abhängig, ob in oder auf einem Lebensmittel Keime wachsen und um welche Arten es sich handelt.

Kälteliebende (psychrophile) Mikroorganismen wachsen noch bei Temperaturen unter 0 °C. Auch noch bei −3 ° bis −12 °C vermögen einige Hefen und Schimmelpilze sich langsam zu vermehren. Sprossende Hefezellen sind sehr empfindlich gegen Gefriertemperaturen. (Deshalb müssen Teige sehr schnell gefroren werden.) Die meisten Vertreter dieser Gruppe vermehren sich bei Kühlschranktemperatur langsamer und bei Zimmertemperatur optimal. Es ist nicht möglich, ein Lebensmittel durch Gefrieren keimfrei zu machen.

Mittlere Temperaturen liebende (mesophile) Mikroorganismen wachsen zwischen 15–40 °C. Zu diesen Mikroorganismen gehören die meisten Darmbakterien, Wasserbakterien, Hefen und Schimmelpilze.

Wärmeliebende (thermophile) Mikroorganismen benötigen mindestens 40 °C und stellen bei 65 °C ihr Wachstum ein. Zu dieser Gruppe gehören die Milchsäurebakterien, aber auch einige Lebensmittelvergifter, die in tropischen Zonen beheimatet sind.

Wird das Wachstumsoptimum überschritten, verarmen die Mikroorganismen rasch an Nährstoffen, so daß sie in einen Ruhezustand übergehen, bzw. Sporen bilden. Lebensmittelverderbende Mikroorganismen und hitzeempfindliche Sporen werden bei Temperaturen über 70 °C, die mindestens 1 Minute andauern, abgetötet. Kräftiges Kochen führt zur Abtötung aller wachsenden Keime. Sporen von Clostridium botulinum werden bei 121 °C in 3 Minuten abgetötet. Die meisten Bakteriengifte (Toxine) werden bei 80 °C in 10 Minuten zerstört. Das gefährliche Aflatoxin wird bei 121 °C nach 30 Minuten unschädlich.

Sauerstoff

Für die meisten Bakterien und für alle Schimmelpilze ist Luft zum Leben unentbehrlich. Sie sind *aerob* und wachsen hauptsächlich auf der Oberfläche der Lebensmittel. Durch eine vollständige Vakuumverpackung kann man sich vor ihnen schützen. (Kunststoffbehälter, Vakuumfolienschweißgerät).

Es gibt aber auch Mikroorganismen, die besonders gut wachsen, wenn kein Sauerstoff vorhanden ist. Sie sind *anaerob* und können tief in Fleisch, Käse und Konserven wachsen. Zu dieser Gruppe gehören die Botulinus-Bazillen. Dies bedeutet, daß eine Vakuumverpackung den Kühlschrank nicht ersetzen kann und daß sich auch in fest verschlossenen Behältern gefährliche Krankheitserreger bilden können.

Alle Hefen und manche Bakterien können sowohl bei An- und Abwesenheit von Sauerstoff wachsen. Zu dieser Gruppe gehören die Salmonellen. Ohne Sauerstoff findet eine Gärung statt. Hefen vergären dabei Zucker in Alkohol, Bakterien bilden Gase, die dann z. B. bei Konserven zu Bombagen führen. Bombierte Dosen enthalten immer verdorbene Lebensmittel und sind für den menschlichen Genuß nicht mehr geeignet, auch wenn es sich nicht um den gefährlichen Botulismuserreger handelt.

Tips für die Praxis

- ▷ Oberstes Gebot bei allen Konservierungsverfahren ist Sauberkeit, um von Anfang an den Keimgehalt so niedrig wie möglich zu halten. Bei der *Verarbeitung* Geräte und Hilfsmittel immer mit Reinigungsmittellösung säubern und mit klarem Wasser nachspülen.
- ▷ Handtücher, Küchengeräte, Schneidebretter sind häufig die Überträger von Keimen. Besonders gefährlich ist es, wenn ein vorher gekochtes Lebensmittel infiziert wird.
- ▷ Waschen in sauberem Wasser verringert bei roh verzehrtem Obst und Gemüse die Oberflächenbesiedlung mit Mikroorganismen erheblich. Allerdings lassen sich die Mikroorganismen nicht restlos beseitigen, vor allem nicht, wenn biologisch gedüngt wurde.
- ▷ Bei der Vorratsbereitung Begleitstoffe verwenden, die Mikroorganismen hemmen, z. B. Kräuter, ätherische Öle, Alkohol, Zitronensaft, Essig, Zimt, Senf und Nelken.
- ▷ Der Verzehr von rohem Fleisch, Fisch sowie Muscheln und Austern ist immer riskant, besonders wenn sie aus unsauberen Gewässern stammen.
- ▷ Rohes Geflügel mit bereits gebratenem nicht in Berührung bringen. Keine Holzbretter verwenden. Hände und Küchengeräte sorgfältig säubern. Rohes Geflügel ist häufig mit Salmonellen infiziert. Durch gutes Durchbraten werden diese zwar abgetötet, es könnte aber eine Übertragung auf roh verzehrte Speisen erfolgen (Kartoffelsalat, Geflügelsalat).
- ▷ Beim Auftauen von Gefrierkost bei Zimmertemperatur im Tropfwasser kann sich, je nach Ausgangskeimgehalt, ein idealer Nährboden für Krankheitserreger bieten.
- ▷ Langsames Abkühlen, ausgehend von der Brattemperatur im Inneren des Fleisches, kann Krankheitserreger, die ihre beste Wachstumstemperatur bei 37 °C haben, sehr begünstigen. Deshalb Fleisch nicht am Tag vor der Verwendung anbraten; Aufwärmen vermeiden; wenn nötig, stark erhitzen.
- ▷ Lagerbedingungen überwachen: Luftfeuchtigkeit und Temperatur so niedrig wie möglich halten!

- ▷ Auf festen Marmeladen mit gleichem Frucht-Zucker-Gehalt, in Puddingpulver, Gelatine, vakuumverpacktem Fleisch, raffiniertem Speiseöl und Bier sind bei wissenschaftlichen Untersuchungen keine Schimmelpilzgifte entdeckt worden. Nach dem Entfernen des Schimmelrasens können diese Lebensmittel zum menschlichen Verzehr verwendet werden.
- ▷ Bei verschimmelten Pfirsichen, Tomaten, Birnen und anderen weichen und wasserreichen Früchten genügt es nicht, die befallenen Stellen auszuschneiden. Penicillium expansum, ein Pilz, der die Lagerfäule von Äpfeln verursacht, bildet das Gift *Patulin,* das sich im ganzen Fruchtfleisch von weichen Früchten ausbreitet.
- ▷ Erdnüsse, Paranüsse, Haselnüsse, Walnüsse, Mandeln, Getreideprodukte, Fleischwaren müssen besonders kritisch auf Schimmelbildung geprüft werden. Der gefährliche Aspergillus flavus bevorzugt diese Produkte. Wenn Schimmelbildung eingetreten ist, sind diese Lebensmittel grundsätzlich nicht mehr für die Ernährung von Mensch und Tier geeignet.

Möglichkeiten des Konservierens

Obwohl die Lebensmittelhaltbarmachung vielfältig und sicher durchgeführt werden kann, verderben noch erstaunliche Mengen an Lebensmitteln. Schätzungsweise wenigstens 20% der erzeugten Nahrungsgüter erreichen nicht den Tisch des Verbrauchers, weil sie zuvor von Mikroorganismen, Nagetieren oder Insekten vernichtet wurden.

Einteilung der Konservierungsmöglichkeiten

Physikalische Verfahren

Kühlen
Gefrieren
Sterilisieren
Pasteurisieren
Trocknen
Bestrahlen (in der BRD z. Zt. nicht erlaubt)

Chemische Verfahren

Im weiteren Sinne	Im engeren Sinne
Zuckern und/oder Hitze	Sorbinsäure
Zucker und Alkohol	Benzoesäure
Essigsäure und Zucker	PHB-Ester
Milchsäuregärung	Ameisensäure
Alkoholische Gärung	Propionsäure
Einlegen in Öl	Schwefeldioxid
Einlegen in Kalkwasser, Wasserglas	Diphenyl
Salzen	
Pökeln (Nitrat/Nitrit)	
Räuchern	

Man unterscheidet grundsätzlich physikalische und chemische Verfahren des Konservierens.

Physikalische Verfahren

Bei physikalischen Verfahren wird das Lebensmittel einer physikalischen Maßnahme unterzogen, d. h. Wärmeentzug, Wasserentzug oder Hitzeeinwirkung, dadurch wird eine längere Haltbarkeit ermöglicht. Physikalische Verfahren sind Kühlen und Gefrieren, Sterilisieren und Pasteurisieren, Trocknen und Bestrahlen. (Diese Maßnahme ist in der BRD z. Zt. nicht erlaubt.)

Chemische Verfahren

Bei den chemischen Verfahren wird versucht, durch Zusatz eines Konservierungsstoffes die Entwicklung der Mikroorganismen zu hemmen bzw. sie abzutöten.

Konservierungsstoffe im weiteren Sinne sind z. B. Kochsalz, Essig, Zucker, Alkohol, Milchsäure, Stoffe im Rauch, Öl. Diese werden in einer Konzentration von mehr als 0,5% angewendet.

Konservierungsstoffe im engeren Sinn werden in einer Konzentration von weniger als 0,5% eingesetzt, z. B. Propionsäure, Sorbinsäure, Benzoesäure, Ameisensäure, PHB-Ester (Parahydroxybenzoesäureethylester), Nitrat, Schwefeldioxid usw.

Konservierungsmittel im engeren Sinne

Daß durch die Zugabe von geringen Mengen bestimmter Stoffe das Wachstum der Mikroorganismen gehemmt werden kann, ist schon seit dem vorigen Jahrhundert bekannt. Anfangs war man nicht sehr kritisch, bezüglich des Einsatzes und der verwendeten Mengen, denn die Vorstellung, daß so kleine Mengen eine ausreichende Wirkung bringen, war nicht leicht erklärlich.

Früher erlaubte Stoffe, z. B. Fluoride, Salzsäure, Chlorate, Salicylsäure, Borsäure, besitzen zwar gute konservierende Eigenschaften, sind gesundheitlich für den Menschen jedoch nicht risikolos.

Nach dem Lebensmittel- und Bedarfsgegenständegesetz (Zusatzstoffzulassungsverordnung) dürfen heute vier Konservierungsstoffe bestimmten Lebensmitteln in der Bundesrepublik Deutschland zugesetzt werden: Sorbinsäure und deren Natrium-, Calcium- und Kaliumsalze; Benzoesäure und ihre Salze; Parahydroxybenzoesäureethylester, -propylester, -methylester und -n-propylester (PHB-Ester) und ihre Natriumverbindungen; Ameisensäure und deren Natrium- und Calciumsalze.

Als Konservierungsmittel gilt in der Praxis auch die Propionsäure, die vor der Zusatzstoffzulassungsverordnung nicht kenntlich gemacht werden mußte.

Auf Speisekarten werden die Konservierungsstoffe mit den Zahlen 1, 2, 3, 4, 5 nach oben angegebener Reihenfolge deklariert.

Wirkungsweise

Konservierungsstoffe hemmen den Stoffwechsel und das Wachstum von Bakterien, Schimmelpilzen und Hefen.

Sind die Wirkstoffe in ausreichender Menge vorhanden, zerstören sie entweder die Zellmembran oder hemmen bestimmte Stoffwechselreaktionen in der Zelle des Mikroorganismus. Sind sie nicht in ausreichender Konzentration vorhanden, werden die Mikroorganismen dagegen resistent (widerstandsfähig).

Es ist anzunehmen, daß diese Wirkungsweise auch grundsätzlich im menschlichen Organismus abläuft, sie aber durch die geringe Konzentration nicht nachweisbar ist. Beachtlich kann der Effekt werden, wenn die Stoffe nicht abgebaut und ausgeschieden, sondern angereichert werden, z. B. bei Fluoriden und Borsäure. Deshalb wurden diese Mittel verboten.

Die einzelnen Konservierungsmittel wirken nicht gleich stark gegen Bakterien, Schimmelpilze und Hefen. Um die Wirkung zu verbessern, ohne die zugegebene Menge erhöhen zu müssen, werden die zugelassenen Stoffe kombiniert, z. B. Sorbinsäure mit Benzoesäure bei Konfitürenzucker.

Sorbinsäure und ihre Salze Sorbinsäure ist in der Regel gegen Bakterien kaum wirksam, sondern vor allem gegen Schimmelpilze und Hefen. Viele Schimmelpilze bauen Sorbinsäure ab, deshalb können verschimmelte Lebensmittel durch Sorbinsäure nicht wieder genußtauglich gemacht werden. Sorbinsäure gehört zu den kurzkettigen Fettsäuren und wurde erstmals aus Vogelbeeröl hergestellt. Auch in Preiselbeeren kommt sie natürlich vor. Sorbinsäure wird nach Möglichkeit den anderen Konservierungsmitteln vorgezogen, weil sie gesundheitlich unbedenklich ist und keinen starken Eigengeruch hat. Sie wird hauptsächlich verwendet für die Konservierung von Margarine, Mayonnaise, Käse, Rohwürsten, Fischerzeugnissen, bei den Gemüseprodukten zur Vermeidung von unerwünschten Kahmhefen, als »Einmachhilfe« und »Gurkendoktor« bei der häuslichen Vorratsbereitung, in Trokkenfrüchten, Konfitüren, alkoholfreien Erfrischungsgetränken, Wein, Backwaren und Süßwaren.

Benzoesäure und ihre Salze Die Wirkung richtet sich hauptsächlich gegen Schimmelpilze und Hefen, gegen Milchsäurebakterien ist sie wirksamer als Sorbinsäure. Am besten wirken Kombinationen von Benzoesäure und Sorbinsäure. Ihre Anwendungsgebiete sind ähnlich der Sorbinsäure.

Parahydroxybenzoesäureester (PHB-Ester) Sie wurde als Ersatzmittel für Salicylsäure entwickelt und ist besonders gegen Bakterien wirksam. Da sie sich auch in geringen Konzentrationen geschmacklich bemerkbar macht, wird sie heute seltener zur Lebensmittelkonservierung eingesetzt als zur Haltbarmachung von Salben im pharmazeutischen und kosmetischen Bereich.

Ameisensäure und ihre Salze Ameisensäure und ihre Salze sind besonders wirksam im sauren Milieu. Sie sind gegen Hefen und manche Bakterien wirksam. In den USA ist dieses Mittel verboten, in der Bundesrepublik Deutschland ist es für Sauergemüse, Obsterzeugnisse und Fischmarinaden erlaubt. Ameisensäure ist geschmacklich in der zur Konservierung erforderlichen Menge bereits bemerkbar.

Propionsäure Propionsäure wird bei der Brot- und Backwarenherstellung verwendet, weil sie speziell gegen den Fadenzieherbazillus wirkt, aber auch gegen Schimmelpilze. Bei der Herstellung von Hefeteiggebäck wird die Gärung der Hefe stark gehemmt.

Propionsäure entsteht im menschlichen Körper beim Abbau von Eiweiß. Sie ist deshalb keine körperfremde Substanz. Früher wurde angenommen, Propionsäure entwickelt sich auch bei der Sauerteiggärung im Brot. Dies hat sich wissenschaftlich nicht nachweisen lassen. Bei der Reifung des Emmentalerkäses spielen Propionsäurebakterien eine Rolle. Die Konzentration ist aber so niedrig, daß ein Verschimmeln dadurch nicht vermieden werden kann. Außer bei Backwaren wird Propionsäure nur noch in der Futtermittelindustrie verwendet, weil die notwendigen Konzentrationen im Lebensmittel schon geschmacklich hervortreten.

Schweflige Säure und ihre Salze Dieses Mittel wird in der Lebensmittelverarbeitung sehr vielfältig eingesetzt. Es wirkt konservierend, farberhaltend und enzymhemmend. Bei der Weinherstellung ist es zugelassen, ebenso bei der Trockenobst- und Kartoffelverwertung. Bei der Zubereitung von rohen Kartoffelknödeln und rohen Obstsäften wurde früher im Haushalt mit Hilfe von Schwefelpapierblättchen ein unerwünschtes Bräunen verhindert.

Aus gesundheitlicher Sicht ist Schwefeldioxid nicht unbedenklich, denn es blockiert die Wirkung von Vitamin B_1. Viele Menschen reagieren schon auf geringe Mengen mit Übelkeit und Kopfschmerzen.

Obwohl diese Substanz in der Lebensmittelkonservierung als unerwünscht gilt, kann z. Zt. noch nicht darauf verzichtet werden,

denn es ist noch nicht gelungen, andere Stoffe zu finden, die gleichwertige Ergebnisse bei der Lebensmittelverarbeitung bringen.
Die festgesetzte tägliche duldbare Aufnahmemenge (ADI-Wert) von 0–0,7 mg je Kilogramm Körpergewicht ist in 168 ml Wein enthalten, wenn dieser mit der maximal zugelassenen Höchstmenge von 200 mg Schwefeldioxid je Liter hergestellt wurde (nach E. LÜCK).

Neuerdings versucht die lebensmittelverarbeitende Industrie in Verbindung mit Pasteurisieren die Menge der chemischen Konservierungsmittel niedriger zu halten. Die Verbraucher sollten die Zutatenliste auf dem Etikett der verpackten Lebensmittel genau studieren und durch eine gezielte Auswahl die Anstrengungen der Hersteller unterstützen.

Haltbarmachungsverfahren für den Haushalt

Jedes Haltbarmachungsverfahren hat Vor- und Nachteile. Teilweise sind besondere Geräte erforderlich und auch die persönliche Einstellung zur Vorratsbereitung muß berücksichtigt werden.

Wahl des Verfahrens
Gesundheitliche Gründe sprechen für das sachgemäße Kühlen und Gefrieren, für das Sterilisieren und Pasteurisieren und für die Gärgemüsebereitung. Die Konfitürenbereitung mit Geliermittel ist gut, aber es ist nicht immer sinnvoll Zucker einzusparen und dafür ein chemisches Konservierungsmittel zu verwenden.
Aus *Kostengründen* kann das Trocknen, Sterilisieren, Pasteurisieren, Einsalzen, Räuchern und die Gärgemüsebereitung empfohlen werden.
Kann wenig *Arbeitszeit* für die Vorratsbereitung eingesetzt werden, wird Gefrieren und Sterilisieren besonders in Verbindung mit dem Mikrowellengerät empfohlen. Wenig Zeitaufwand erfordert auch das Einlegen in Alkohol, Öl, Essig und das Einsalzen.
Werden kleinere Mengen verarbeitet, (Geschenke, Spezialitäten) spielt ein größerer Arbeitsaufwand keine entscheidende Rolle. Vorfreude, die Begeisterung an der schöpferischen Arbeit und der Erfolg lassen die Anstrengungen vergessen.

Ziel des Haltbarmachens
Ziel des Haltbarmachens ist es, den Verderb einzuschränken und dabei die wertvollen und empfindlichen Inhaltsstoffe in den Lebensmitteln möglichst vollständig und natürlich zu erhalten. Bei der Vielfalt der Möglichkeiten, die es für die häusliche Vorratsbereitung gibt, sollte nur in Ausnahmefällen auf die chemischen Konservierungsstoffe im engeren Sinne, z. B. Einmachhilfe, Gurkendoktor, Schwefeln usw. zurückgegriffen werden.

Haltbarmachen von Lebensmitteln (außer Obst und Gemüse)

Lebensmittel	Haltbarmachungsverfahren	Vorratsprodukte
Fleisch	Einfrieren, Sterilisieren, Salzen, Pökeln, Räuchern	Koch-, Brüh- und Rohwurstwaren
Fertiggerichte	Einfrieren, Sterilisieren, Einlegen in Fett	
Fisch	Einfrieren, Salzen, Räuchern, Einlegen in saure Marinaden	
Eier	Einfrieren, Einlegen in Wasserglas oder Kalkwasser	Soleier
Milch und Milchprodukte		Sauermilch, Joghurt, Kefir, Butter, Butterschmalz, Käse
Käse	Einfrieren, Einlegen in Öl	
Butter	Einfrieren	Butterschmalz
Brot und Backwaren	Einfrieren, evtl. Sterilisieren	

Haltbarmachen von Obst

Obstart	Haupterntezeit	Haltbarmachungsverfahren	Vorratsprodukte[1])	Hinweise
Äpfel	September–März	Trocknen, Einfrieren	Kompott, Konfitüre, Gelee, Mus, Apfelkraut, Chutney, Saft, Wein, getrocknete Apfelschalen, Tee	Zum Einfrieren unbedingt blanchieren. Frischlagerung in Horden im frostfreien Keller, in isolierten Kisten auf dem Balkon oder in der Garage
Aprikosen	Juni–August	Einlegen in Alkohol, Trocknen	Kompott, Konfitüre, Likör	Zum Einfrieren bedingt geeignet
Berberitzen	September–Oktober		Konfitüre, Gelee	
Birnen	August–November	Trocknen	Kompott, Mischkonfitüre, Saft	Zum Einfrieren bedingt geeignet
Brombeeren	August–September	Einfrieren, Einlegen in Alkohol	Kompott, Fruchtsauce, Konfitüre, Gelee, Saft	
Ebereschen (veredelte Vogelbeeren)	August		Konfitüre, Kompott	
Erdbeeren	Mai–Juli	Einfrieren (im ganzen oder als Mark), Einlegen in Alkohol	Kompott, Fruchtsauce, Konfitüre (roh oder gekocht), Saft, Wein, Likör	Nur kleine Früchte von gefriergeeigneten Sorten im ganzen einfrieren.

Obstart	Haupterntezeit	Haltbarmachungsverfahren	Vorratsprodukte[1])	Hinweise
Hagebutten	Oktober–November		Konfitüre, Wein, Tee	
Heidelbeeren (Schwarzbeeren, Bickbeeren)	Juni–Juli	Einfrieren, Trocknen	Kompott, Mischkonfitüre, Saft, Wein, Likör, roh in Flaschen	
Himbeeren	Juli–August	Einfrieren, Einlegen in Alkohol	Kompott, Konfitüre, Gelee, Saft, Fruchtessig	
Holunderbeeren	September–Oktober	Einfrieren	Kompott, Mischkonfitüre, Gelee, Saft	Nicht roh essen!
Holunderblüten	Mai–Juni		Limonade, Schaumwein, Tee	
Johannisbeeren, rot	Juni–Juli	Einfrieren, Einlegen in Alkohol	Kompott, Konfitüre, Fruchtsauce, Gelee, Saft, Wein	
Johannisbeeren, schwarz	Juli	Einfrieren	Kompott, Fruchtsauce, Gelee, Saft, Wein, Likör	
Johannisbeeren, weiß	Juli	Einfrieren	Kompott	
Kirschen, sauer (Weichseln)	Juli	Einfrieren, Einlegen in Alkohol	Kompott, Konfitüre, Gelee, Mus, Saft, Wein, Likör	
Kirschen, süß	Juni–Juli	Einfrieren, Einlegen in Alkohol	Kompott, Konfitüre, Saft, Essig-Zucker-Früchte, Likör	
Kiwi	August–November	Einfrieren, Einlegen in Alkohol		
Mirabellen	Juli–August	Einfrieren, Einlegen in Alkohol	Kompott, Likör	
Pfirsiche/ Nektarinen	Juli–August	Trocknen, Einlegen in Alkohol	Kompott, Konfitüre	Zum Einfrieren bedingt geeignet
Pflaumen	August–September	Einfrieren, Einlegen in Alkohol, Trocknen	Kompott, Konfitüre	

Beim Einkochen im Backofen lassen sich bis zu 6 Gläser gleichzeitig sterilisieren.

BOSCH

BOSCH
16:30

Obstart	Haupterntezeit	Haltbarmachungs-verfahren	Vorratsprodukte[1])	Hinweise
Preiselbeeren (Kronsbeeren)	September	Einfrieren, Trocknen	Kompott, Konfitüre, Gelee	
Orangen (Apfelsinen)	November–März	Einlegen in Alkohol, Trocknen	Konfitüre, Saft, kandierte Früchte und Schalen	Zum Einfrieren bedingt geeignet
Quitten	Oktober–November		Kompott, Konfitüre, Paste, Gelee, Essig-Zucker-Früchte, Likör	
Renekloden	Juli–August		Kompott, Mischkonfitüre, Saft	Zum Einfrieren bedingt geeignet
Schlehen	November		Konfitüre, Saft, Essig-Zucker-Früchte, Likör, Wein	
Stachelbeeren	Juni–Juli	Einfrieren	Kompott, Konfitüre, Gelee, Saft, Wein	
Wacholderbeeren	September	Trocknen (als Gewürz), Einlegen in Alkohol	Likör	
Walnüsse, grüne		Einlegen in Alkohol	Likör	
Weintrauben	August–September	Einfrieren, Trocknen	Mischkompott, Gelee, Saft, Wein	
Zitronen		Einfrieren	Konfitüre, Saft	Ungespritzte Schalen trocknen oder kandieren.

[1]) Kompott kann sterilisiert, pasteurisiert und heiß eingefüllt haltbar gemacht werden. Fruchtsauce wird heiß eingefüllt.

Verschiedene Möglichkeiten, Lebensmittel zu sterilisieren.

Oben: im Mikrowellengerät

Unten: im Dampfdrucktopf

Haltbarmachen von Gemüse

Gemüseart	Haupterntezeit	Haltbarmachungsverfahren	Vorratsprodukte	Hinweise
Artischocken	Oktober–Februar	Einfrieren, Sterilisieren		
Auberginen	August–Oktober	Einfrieren, Sterilisieren		
Blumenkohl	Juni–September	Einfrieren, Sterilisieren, Einlegen in Essig	Mixed Pickles	
Bohnen	Juli–August	Einfrieren, Sterilisieren (als Brech-, Prinzeß- und Schnittbohnen), Einsalzen, Einlegen in Essig, Trocknen		
Brokkoli	August–September	Einfrieren, Sterilisieren		
Chicorée	November–Februar			Frischlagerung. Zum Einfrieren bedingt geeignet
Erbsen	Juli–September	Einfrieren, Sterilisieren, Trocknen	Mixed Pickles	
Fenchel	Oktober–Februar	Einfrieren, Sterilisieren		
Gurken	Juli–September	Sterilisieren, Einlegen in Essig, Einfrieren	Mixed Pickles, Salzgurken, Essiggurken, Senfgurken	
Kartoffeln	Juli–Oktober			Frischlagerung. Fertiggerichte können z. T. eingefroren werden
Küchenkräuter	Mai–September	Einfrieren, Trocknen, Einsalzen	Kräuteressig, Kräuteröl	
Knoblauch	August	Trocknen, Einlegen in Essig oder Öl		
Kohlrabi	Juni–September	Einfrieren, Sterilisieren		Frischlagerung
Mangold	Juni–September	Einfrieren, Sterilisieren		
Meerrettich	April	Einfrieren	Chutneys	Frischlagerung
Melonen, Kürbisse	September–Oktober	Einfrieren	Kompott, Essig – Zucker – Früchte	

Gemüseart	Haupterntezeit	Haltbarmachungsverfahren	Vorratsprodukte	Hinweise
Möhren	August–Oktober	Einfrieren, Sterilisieren, Einlegen in Essig	Mixed Pickles	Frischlagerung
Paprika, Peperoni	August–September	Einfrieren, Sterilisieren, Trocknen, Einlegen in Essig	Mixed Pickles	
Pilze	Juli–September	Einfrieren, Trocknen, Einlegen in Essig		
Porree (Lauch)	September–Oktober	Einfrieren		Frischlagerung
Rhabarber	Mai–Juni	Einfrieren, Sterilisieren	Mischkonfitüre, Kompott, Chutneys, roh in Flaschen	
Rosenkohl	November–Dezember	Einfrieren, Sterilisieren		Frischlagerung
Rote Bete (Rote Rüben, Rannen)	September–Dezember	Sterilisieren, Einlegen in Essig		Frischlagerung
Rotkohl (Rotkraut, Blaukraut)	August–Oktober	Sterilisieren, Milchsäuregärung	Gärgemüse	Evtl. als Fertiggericht einfrieren
Schwarzwurzeln	Oktober–Dezember	Einfrieren, Sterilisieren		Frischlagerung
Sellerie	Oktober–Februar	Einfrieren, Sterilisieren, Einlegen in Essig	Mixed Pickles	Frischlagerung
Spargel	April–Juni	Einfrieren, Sterilisieren		
Spinat	Juni–September	Einfrieren, Sterilisieren, Trocknen		
Suppengrün (Porree, Sellerie, Möhren, Petersilienwurzel)		Einfrieren, Einsalzen, Trocknen		
Tomaten , reif	August–Oktober	Einfrieren, Sterilisieren (im Ganzen oder als Mark), Trocknen	Ketchup, Chutneys	
Tomaten, grün	August–September		Essig – Zucker – Früchte, Konfitüre	Vorsicht: Solaningehalt!
Zucchini	Juli–September	Einfrieren, Sterilisieren, Einlegen in Essig, Trocknen		
Zuckermais	August	Einfrieren, Sterilisieren, Einlegen in Essig		
Zwiebeln	August	Trocknen	Silberzwiebeln	Frischlagerung

Kühlen und Gefrieren

Kälte wurde schon im frühen Altertum zur Haltbarkeitsverlängerung von Lebensmitteln genutzt. Kühle Keller, kalte Wasserquellen, Schnee und Eis brachten die Voraussetzungen, die Lebensmittel frisch zu erhalten.

Der Florentiner Procopio Coltello stellte um das Jahr 1660 mit Hilfe von Mischungen aus Natureis und Kochsalz gefrorene Fruchtsäfte und Speiseeis her. Bis zur Erfindung der Kältekompressionsmaschine 1876 durch Karl von Linde diente hauptsächlich Natureis aus Seen und Flüssen zur Kühlung. 1880 wurden die ersten Kühlhäuser eingerichtet.

Prof. Rudolf Planck veröffentlichte 1916 wissenschaftliche Untersuchungsergebnisse über das Tiefgefrieren von Fisch. Fleisch stand von Anfang an ebenfalls im Mittelpunkt der gewerblichen Gefrierkonservierung in Amerika und Deutschland. Für den privaten Haushalt wurde diese Konservierungsmethode erst nach dem zweiten Weltkrieg entwickelt. Heute sind ca. 95% der Haushalte in der Bundesrepublik Deutschland mit einem Kühl- und Gefriergerät ausgestattet.

Wirkungsweise

Der Verderb der Lebensmittel (Seite 25) verlangsamt sich mit sinkender Temperatur. Es handelt sich dabei um chemische Reaktionen, für die das van't Hoffsche Gesetz gilt: »Sinkt die Temperatur um 10 °C, dann verlangsamen sich diese Vorgänge um das 2–3fache.« Die Verderberscheinungen treten entsprechend später auf. Die Mikroorganismen vermehren sich langsamer, die Tätigkeit von lebensmitteleigenen Enzymen wird stark gemindert, und andere unerwünschte chemische Umsetzungen, z. B. Abbau von Vitamin C, werden verzögert.

Kühlen und Tiefkühlen Die Haltbarkeit wird dadurch verlängert, daß die Temperatur in den Lebensmitteln bis oberhalb des Gefrierpunktes gesenkt wird:

Kühlen 4–15 °C »Kühlzone«, »Kellerzone«
Tiefkühlen nahe 0 °C »Frischlager-Zone«

Gefrieren, Einfrieren, Tiefgefrieren, Gefrierkonserven Lebensmittel werden dadurch langfristig haltbar, daß die Temperatur in den

Lebensmitteln unterhalb des Gefrierpunktes gesenkt wird, und anschließend diese Lebensmittel bei mindestens −18 °C gelagert werden. Die Temperaturbereiche beim Gefrieren sind nicht genau festgelegt. Das Tiefgefrieren erfolgt nach vorgegebenen Richtlinien: Einfrieren bei Temperaturen unter -20 °C, lagern bei mindestens -18 °C im »Gefrierraum«.

Kühlen

Lebensmittel sind während des Kühlens von trockener Luft umgeben, sie geben Feuchtigkeit an den Kühlraum ab. Dadurch kommt es zu unerwünschten Austrocknungserscheinungen an den Lebensmitteln. Doch darf die umgebende Luft nicht zu feucht sein, da sonst das Wachstum der Mikroorganismen begünstigt wird. Schwankt die Temperatur im Kühlraum, schlägt sich die Feuchtigkeit der wärmeren Luft am Kühlgut nieder (Kondenswasser) und begünstigt das Wachsen der Mikroorganismen.

Frischkühlen

Mit der »Frischkühltechnik« wird die Vorratshaltung perfektioniert. Bei nahe 0 °C und ca. 50 % Luftfeuchtigkeit werden Fleisch, Wurst, Milch trocken gelagert, bei nahe 0 °C und ca. 90 % Luftfeuchtigkeit Obst und Gemüse.
Durch eine sachgerechte Lagerung bei richtigen Temperaturverhältnissen und richtiger Luftfeuchtigkeit kann man allen negativen Einflüssen auf die Lebensmittel entgegensteuern.
Am wohlsten fühlen sich Mikroorganismen bei Temperaturen zwischen +5 °C und +45 °C. Je wärmer, desto schneller vermehren sie sich.

Fleisch verdirbt bei: +6 °C 3 × so schnell
+10 °C 5 × so schnell

Bei Temperaturen von > +4 °C vermehren sich Mikroorganismen extrem schnell: Innerhalb von 2 Tagen und bei +5 °C um das 100fache!
Tiefgefrieren ist nicht immer die Lösung. Zum kurzfristigen Lagern ist Tiefgefrieren nicht notwendig. Abgesehen davon, daß sich nicht alle Lebensmittel für diese Vorratshaltung eignen.
<u>Beispiel:</u> Rohe Äpfel und Blattsalate, auch Gurken und Tomaten bekommt dieser Kälteschock nicht. Die Knackigkeit geht beim Auftauen verloren.
<u>Fazit:</u> Ideal ist eine Lagermethode, die unerwünschte Abbauprozesse verlangsamt, den Mikroorganismen das Leben schwer macht und keine Kälteschäden verursacht.
<u>Die Lösung heißt: Differenzierte Lagerung bei 0 °C bis 2 °C.</u>
Temperaturbereich nahe 0 °C »taufrisch« bis maximale Luftfeuchte von 90 % für Salate, junges Gemüse, empfindliches Obst und frische Kräuter.
Temperaturbereich nahe 0 °C »trocken« für überwiegend tierische Produkte, die im verpackten Zustand bestens in dieser Klimazone ihre Ausgangsfrische behalten. Selbst Fisch und Schalentiere können bei nahe 0 °C »trocken« gut aufbewahrt werden.
In Verbindung mit der »nahe 0 °C Frischkühltechnologie« hat beispielsweise die Firma Bosch ein neues Feuchtefiltersystem entwickelt.
<u>Das Feuchtefilter:</u> Die nahe 0 °C »taufrisch«-Fächer sind durch einen Feuchtefilter abgedeckt. Mit dieser Filtertechnologie ist sichergestellt, daß die Feuchtigkeit, die vom eingelagerten Obst und Gemüse abgegeben wird, immer »unter Dach und Fach« bleibt.

Was sollte wo, wie gelagert werden?

Auf den folgenden Seiten finden Sieunsere Lagerempfehlungen für alle gängigen Lebensmittel von A–Z.

Alkohol, hochprozentig	Kühlzone (oder im Gefrierfach liegend)	dicht verschließen, stehend lagern
Ananas	Kühlzone	verpackt
Äpfel, kälteunempfindlich (Golden Delicius, Jonagold)	*0 °C Frischlagerzone »feucht«*	*unverpackt*
Äpfel, kälteempfindlich (Jonathan, Boskop, Gravensteiner)	Kühlzone	verpackt
Aprikosen	*0 °C Frischlagerzone »feucht«*	*unverpackt*
Artischocken	*0 °C Frischlagerzone »feucht«*	*langen Blütenstiel belassen*
Auberginen	Kühlzone	verpackt
Avocado	Kühlzone	unverpackt
Bananen	Kühlzone	unverpackt
Bier	Kühlzone	
Birnen	*0 °C Frischlagerzone »feucht«*	*unverpackt*
Blumenkohl	*0 °C Frischlagerzone »feucht«*	*vorher grüne Blätter entfernen*
Bohnen, grün	Kühlzone	verpackt
Broccoli	*0 °C Frischlagerzone »feucht«*	*unverpackt*
Brombeeren	*0 °C Frischlagerzone »feucht«*	*unverpackt*
Brunnenkresse	*0 °C Frischlagerzone »feucht«*	*unverpackt*
Butter, streichfähig	Kühlzone	Butterdose
<u>Butter</u>	<u>0 °C Frischlagerzone »trocken«</u>	<u>verpackt</u>
Chicorée	*0 °C Frischlagerzone »feucht«*	*unverpackt*
Chinakohl	*0 °C Frischlagerzone »feucht«*	*unverpackt*
Dill	*0 °C Frischlagerzone »feucht«*	*unverpackt*
Datteln, frisch	*0 °C Frischlagerzone »feucht«*	*unverpackt*
Eier	Kühlzone	
Eisbergsalat	*0 °C Frischlagerzone »feucht«*	*unverpackt*
Endiviensalat	*0 °C Frischlagerzone »feucht«*	*unverpackt*
Erbsen, Zuckererbsen	*0 °C Frischlagerzone »feucht«*	*unverpackt*
Erdbeeren	*0 °C Frischlagerzone »feucht«*	*unverpackt*
Feigen, frisch	*0 °C Frischlagerzone »feucht«*	*unverpackt*
Feldsalat	*0 °C Frischlagerzone »feucht«*	*unverpackt*
Fenchel	*0 °C Frischlagerzone »feucht«*	*unverpackt*
<u>Fertiggerichte</u>	<u>0 °C Frischlagerzone »trocken«</u>	<u>dicht verschließen, um ein Austrocknen zu verhindern</u>
<u>Fisch</u>	<u>0 °C Frischlagerzone »trocken«</u>	<u>verpackt in Frischhaltebeutel</u>
<u>Fleisch</u>	<u>0 °C Frischlagerzone »trocken«</u>	<u>aufbewahren in Kunststoffbehälter mit Deckel oder abgedeckter Schüssel</u>

Geflügel	0 °C Frischlagerzone »trocken«	aufbewahren s. Fleisch
Getreide	Kühlzone	verpackt
Granatapfel	*0 °C Frischlagerzone »feucht«*	*unverpackt*
Grapefruit	Kühlzone	verpackt
Grünkohl	*0 °C Frischlagerzone »feucht«*	*unverpackt*
Guaven	Kühlzone	verpackt
Gurken	Kühlzone	verpackt
Hackfleisch	0 °C Frischlagerzone »trocken«	aufbewahren in Kunststoffbehälter mit Deckel oder abgedeckter Schüssel
Heidelbeeren	*0 °C Frischlagerzone »feucht«*	*unverpackt*
	Kühlzone	*nur für kurze Lagerzeiten*
Himbeeren	*0 °C Frischlagerzone »feucht«*	*unverpackt*
Honig	Kühlzone	verschließen
Innereien	0 °C Frischlagerzone »trocken«	aufbewahren in Kunststoffbehälter mit Deckel oder abgedeckter Schüssel
Joghurt	0 °C Frischlagerzone »trocken«	
	Kühlzone	zum baldigen Verzehr
Johannisbeeren	*0 °C Frischlagerzone »feucht«*	*unverpackt*
Kartoffeln	Kühlzone	unverpackt
Käse	0 °C Frischlagerzone »trocken«	aufbewahren in Kunststoffbehälter mit Deckel oder in Wachspapier oder Alufolie verpacken
	Kühlzone	zum baldigen Verzehr
Kirschen, süß und sauer	*0 °C Frischlagerzone »feucht«*	*unverpackt* *ohne Stiel kürzere Haltbarkeit*
Kiwi	*0 °C Frischlagerzone »feucht«*	*unverpackt*
Knoblauch	0 °C Frischlagerzone »trocken«	
Kohlrabi	*0 °C Frischlagerzone »feucht«*	*unverpackt*
Kokosnuß	*0 °C Frischlagerzone »feucht«*	*unverpackt*
Kondensmilch	0 °C Frischlagerzone »trocken«	
Konserven, geöffnet	0 °C Frischlagerzone »trocken«	Doseninhalt umfüllen in Kunststoff-, Glas-, oder Porzellangeschirr
Kopfsalat	*0 °C Frischlagerzone »feucht«*	*unverpackt*
Kräuter	*0 °C Frischlagerzone »feucht«*	*unverpackt*
Kürbis	Kühlzone	verpackt
Limetten	Kühlzone	verpackt
Litschi (Lychee)	*0 °C Frischlagerzone »feucht«*	*unverpackt*
Mandarinen	Kühlzone	verpackt
Mandeln	0 °C Frischlagerzone »trocken«	verpackt
Mango	Kühlzone	verpackt
Margarine	Kühlzone	verschließen
Marmelade	Kühlzone	verschließen

Maronen	*0 °C Frischlagerzone »feucht«*	*unverpackt*
Mayonnaise	Kühlzone	verschließen
Meeresfrüchte	0 °C Frischlagerzone »trocken«	aufbewahren in Kunststoffbehälter mit Deckel oder abgedeckter Schüssel
Meerrettich	*0 °C Frischlagerzone »feucht«*	*unverpackt*
Melonen	Kühlzone	verpackt
Milch	0 °C Frischlagerzone »trocken«	
	Kühlzone	zum baldigen Verzehr
Milchprodukte	0 °C Frischlagerzone »trocken«	verschließen
Möhren	*0 °C Frischlagerzone »feucht«*	*unverpackt*
Nüsse	0 °C Frischlagerzone »trocken«	verpackt
Obstkuchen	Kühlzone	abgedeckt
Oliven, frisch	Kühlzone	verpackt
Öl	Kühlzone	verschließen
Orangen	Kühlzone	verpackt
Papaya	Kühlzone	verpackt
Paprikaschoten	Kühlzone	verpackt
Passionsfrucht	Kühlzone	verpackt
Petersilie	*0 °C Frischlagerzone »feucht«*	*unverpackt*
Pfirsich	*0 °C Frischlagerzone »feucht«*	*unverpackt*
Pflaumen	*0 °C Frischlagerzone »feucht«*	*unverpackt*
Pilze	*0 °C Frischlagerzone »feucht«*	*unverpackt*
Porrée (Lauch)	*0 °C Frischlagerzone »feucht«*	*unverpackt*
Preiselbeeren	*0 °C Frischlagerzone »feucht«*	*unverpackt*
Quark	0 °C Frischlagerzone »trocken«	
	Kühlzone	zum baldigen Verzehr
Quitten	*0 °C Frischlagerzone »feucht«*	*unverpackt*
Radicchiosalat	*0 °C Frischlagerzone »feucht«*	*unverpackt*
Radieschen	*0 °C Frischlagerzone »feucht«*	*unverpackt*
Rettich	*0 °C Frischlagerzone »feucht«*	*unverpackt*
Rhabarber	*0 °C Frischlagerzone »feucht«*	*unverpackt*
Rosenkohl	*0 °C Frischlagerzone »feucht«*	*unverpackt*
Rote Rüben, Rote Beete	*0 °C Frischlagerzone »feucht«*	*unverpackt*
Rotkohl	*0 °C Frischlagerzone »feucht«*	*unverpackt*
Saft (Obst-, Gemüse-)	Kühlzone	
	0 °C Frischlagerzone »trocken«	geöffnete Flaschen
Sahne	0 °C Frischlagerzone »trocken«	
Schinken, geräuchert	Kühlzone	verpackt in Pergamentpapier
Schnittlauch	*0 °C Frischlagerzone »feucht«*	*unverpackt*
Sekt	Kühlzone	
	0 °C Frischlagerzone »trocken«	angebrochene Flaschen nicht dicht verschließen
Sellerie	*0 °C Frischlagerzone »feucht«*	*unverpackt*
Spargel	*0 °C Frischlagerzone »feucht«*	*unverpackt*

Spinat	*0 °C Frischlagerzone »feucht«*	*unverpackt*
Stachelbeeren	*0 °C Frischlagerzone »feucht«*	*unverpackt*
Steckrüben	*0 °C Frischlagerzone »feucht«*	*unverpackt*
Suppengrün	*0 °C Frischlagerzone »feucht«*	*unverpackt*
Tomaten, halbreif	Kühlzone	verpackt
Tomaten, reif	*0 °C Frischlagerzone »feucht«*	*unverpackt*
Torten	Kühlzone	abgedeckt
Trockenfrüchte	0 °C Frischlagerzone »trocken«	verpackt
Wein	Kühlzone	
Weintrauben	*0 °C Frischlagerzone »feucht«*	*unverpackt*
Weißkohl, Wirsing	*0 °C Frischlagerzone »feucht«*	*unverpackt*
Wurst	0 °C Frischlagerzone »trocken«	aufbewahren in Kunststoffbehälter mit Deckel
Zitronen	Kühlzone	verpackt
Zucchini	Kühlzone	verpackt
Zuckermais	*0 °C Frischlagerzone »feucht«*	*unverpackt in Hüllblättern lagern*
Zwiebeln	0 °C Frischlagerzone »trocken«	nur gut vorgetrocknete Zwiebeln lagern

Lebensmittel für die Kühlzone
Lebensmittel für die 0 °C Frischlagerzone »feucht«
Lebensmittel für die 0 °C Frischlagerzone »trocken«

Gefrieren

Lebensmittel werden durch Temperatursenkung und Ausfrieren von Wasser langfristig haltbar. Der Gefriervorgang vollzieht sich auf folgende Weise: Das in den Lebensmitteln vorhandene Wasser gefriert je nach Konzentration der in der Gewebe- und Zellflüssigkeit gelösten Stoffe (Salze, Kohlenhydrate, Eiweiße usw.) bei Temperaturen zwischen −0,5 °C und − 3 °C. Mit sinkender Temperatur kristallisiert Wasser aus, die Konzentration innerhalb und außerhalb der Zellen wird dadurch höher und erfordert noch niedrigere Temperaturen für den weiteren Gefriervorgang. Bei frischem Fisch und Fleisch gefrieren z. B. bis 75% des vorhandenen Wassers bei Temperaturen von −1 °C und −5 °C aus. Wird der Bereich von 0 °C bis −5 °C rasch durchschritten, bilden sich kleine Eiskristalle innerhalb der Zellen, das Wasser bleibt hauptsächlich dort, wo es war. Beim Auftauen kann sich das geringfügige Konzentrationsgefälle bestmöglich ausgleichen, der Saftverlust ist niedrig, unnötige Qualitätsverluste werden vermieden.

Die Qualität aller Lebensmittel wird beim langsamen Gefrieren auch dadurch herabgesetzt, daß im Temperaturbereich bis −12 °C verschiedene Mikroorganismen noch wachsen können. Außerdem bringt die Tätigkeit der lebensmitteleigenen Enzyme vermeidbare, geschmackliche Qualitätseinbußen mit sich.

Werden Fleisch und Fisch eingefroren, beginnt der Vorgang zuerst in den Zellzwischenräumen. Bei einem langsamen Gefrierprozeß entsteht ein Konzentrationsgefälle zum Inneren der Zelle, Wasser wandert (diffundiert) von innen nach außen und lagert sich an die schon bestehenden Eiskristalle in den Zellzwischenräumen an. Durch diesen Vorgang kommt es zum Schrumpfen der Zellen. Die übermäßige Ansammlung von Wasser kann beim Auftauen nicht mehr in die Zellen zurückwandern. Je schneller das Auftauen vor sich geht, um so mehr Saftverluste treten auf. Beim langsamen Gefrieren von Obst und Gemüse kommt es ebenfalls zur Eiskristallbildung außerhalb der Zellen. Die Produkte sind nach dem Auftauen weicher als vor dem Einfrieren. Durch schnelles Gefrieren entstehen auch hier viele kleine Kristalle, die Beschädigung der Zellen wird vermieden und die Konsistenz besser erhalten (besonders wichtig bei Tomaten, Pilzen, Bohnen, Spargel).

Tips für die Praxis

▷ Vor dem Einlagern von Lebensmitteln mit Hilfe der »Superschaltung« (Dauerbetrieb) 3–5 Stunden, je nach einzulagernder Menge, eine Kältereserve schaffen, um den Gefriervorgang zu beschleunigen.

▷ Je nach Bedarf des Haushalts die Lebensmittel in Portionsstücke (bei Fleisch max. 3 kg, bei Gemüse und Obst max. 1 kg) möglichst flach, sachgemäß verpacken.

▷ Neu eingelegte Ware ins Schnellgefrierfach bzw. auf die Verdampferfläche geben.

▷ Durch Blanchieren (kurzfristige Wärmebehandlung) von Gemüse und teilweise Obst lebensmitteleigene Enzyme unwirksam machen, die bei einer längeren Lagerdauer unerwünschte Verfärbungen, Geschmacksveränderungen oder einen stärkeren Vitaminabbau verursachen könnten.

Als Gefriervorrat empfehlenswert:
25% Fleisch – wenn nicht selbst geschlachtet wird.
50% Gemüse – Zukauf zur Haupterntezeit, wenn kein eigener Garten vorhanden ist.
Bis 25% Obst – denn die meisten Obstsorten lassen sich auch gut sterilisieren.

Gesundheitliche Gesichtspunkte

Wichtig sind beim Gefrieren die Nährwerterhaltung und Gesichtspunkte, die der Gesundheitsvorsorge (Hygiene) dienen. Grundsätzlich sind gefrorene Lebensmittel den frischen ähnlicher als auf andere Art haltbar gemachte. Es ergeben sich, besonders nach längeren Lagerzeiten, Veränderungen des Geschmacks und der Konsistenz.

Nährstofferhaltung

Besonders bei eiweißreichen, überlagerten Lebensmitteln wird die sogenannte Gefrierdenaturierung festgestellt. Kennzeichen dafür ist ein übermäßiger Saftverlust beim Auftauen, z. B. von Fleisch oder Fisch. Das Fleisch selbst wird dabei zäh und strohig. Es ist nicht bewiesen, ob die Verdaulichkeit tatsächlich verbessert wird, so wie häufig angenommen.
Lebensmittel mit einem hohen Anteil an Fett, besonders an ungesättigten Fettsäuren, werden nach längerer Lagerzeit ranzig. Feststellbar ist dies vor allem bei Schweinefleisch und Geflügel, fettem Fisch, fetthaltigen Teigen, aber auch bei nicht blanchierten Gemüsen. Durch den Gefriervorgang selbst gehen wenig Vitamine verloren, entscheidend für die Wirkstofferhaltung sind Lagerdauer und Temperatur.

Tips für die Praxis

- ▷ Gemüse bzw. Obst rasch verarbeiten und sachgemäß blanchieren. Blanchieren im Wasserdampf oder im Mikrowellengerät verursacht geringere Nährwertverluste.
- ▷ Möglichst sauerstoffrei verpacken (Vakuum).
- ▷ Lagertemperatur mindestens −18 °C.
- ▷ Sachgemäß auftauen und Verwenden des Tropfsaftes (außer bei Geflügel).

Hygienische Gesichtspunkte

Nach R. Heiss überleben von den in frischen Lebensmitteln vorhandenen Mikroorganismen bei Fleisch und Gemüse 30–70%, bei Obst 5–10% den Gefriervorgang, weil viele Keime bei niedrigen Temperaturen ihre Lebenstätigkeit einstellen und im noch vorhandenen Zellwasser überleben können. Infolge des Saftaustritts wird beim Auftauen der mikrobiologische Verderb begünstigt, wenn ein entsprechender Anfangskeimgehalt vorhanden ist.

Tips für die Praxis

- ▷ Gekochte Fertiggerichte immer aufkochen, nicht nur aufwärmen.
- ▷ Lagertemperatur von −18 °C unbedingt einhalten.
- ▷ Beim Kauf eines Gefriergerätes auf eine möglichst lange maximale Lagerdauer im Störungsfall achten.
- ▷ Nicht für die maximale Vorratsmenge Gefrierraum anschaffen, sondern für den durchschnittlichen Bedarf, weil die festen Kosten und die Energiekosten je Kilogramm Gefriergut unverhältnismäßig steigen, wenn das Gefriergerät längere Zeit im Jahr nur halb belegt ist.
- ▷ Gefrierraum überlegt ausnutzen:
  Frühjahr: Fleisch direkt vom Bauern;
  Sommer: je nach Gartennutzung bzw. Obstanfall;
  Herbst: Wild, Geflügel, Fleisch vom Bauern bzw. Jäger;
  Winter: Fleisch, Wild;
  ständig: Backwaren, Fertiggerichte, Eiscreme, Tiefkühlkost.

Kühl- und Gefriergeräte

Der Haushaltsgerätemarkt bietet ein vielfältiges Angebot an Kühl- und Gefriergeräten. In allen Geräten befinden sich entweder Kompressions- oder Absorptions-Kältemaschinen. Außerdem bestehen Unterschiede in der Bauart, in der Bauform und im nutzbaren Innenraum.

Bauarten

Kühlschränke ohne Verdampferfach
Der Temperaturbereich ist zwischen 0 und 15 °C wählbar. Diese Geräte werden häufig als »Vorratsschrank mit Kellertemperatur« oder als Getränkekühlschrank angeboten.

Kühlschränke mit Verdampferfach
Ohne Sternkennzeichnung bzw. mit Sternfächern:
1 Stern: mindestens −6 °C; für die Lagerung von gefrorenem Gut für 1–3 Tage;
2 Sterne: mindestens −12 °C; für die Lagerung von gefrorenem Gut für 1–2 Wochen;
3 Sterne: mindestens −18 °C für Lagerung von gefrorenem Gut für 2–3 Monate;
4 Sterne: mindestens −18 °C und tiefer, auch zum Einfrieren geeignet.

Kältemodule
In Kompaktbauweise für die Kühllagerung in speziellen Räumen von 8 bzw. 16 m³ und Gefrierlagerung von 5 m³.

Kühlzellen
Für größere Haushalte gibt es begehbare Kühlzellen als Baueinheit, Bruttoinhalt von 1600–3500 l, in denen Kältemaschinen eine Temperatur von 0–15 °C aufrechterhalten.

Kühlgeräte mit Frischkühltechnik
bei nahe 0 °C und zwei Zonen zu 50 und 90 % rel. Luftfeuchtigkeit. Die differenzierten Bedingungen ermöglichen eine optimale Frischhaltung (s. S. 39).

Gefriergeräte
Gefriergeräte werden mit dem Vier-Sterne-Symbol gekennzeichnet und sind zur Erzeugung von hochwertigen Gefrierprodukten im Haushalt geeignet.
Beim Kauf eines Gefriergerätes ist es wichtig, den täglichen Stromverbrauch und die maximale Lagerdauer im Störungsfall zu berücksichtigen. Es gibt Geräte, die bis zu 60 Stunden Gefriertemperaturen halten.
Sie sind besonders gut isoliert. Beim »No-Frost«-System schlägt sich die Luftfeuchtigkeit im Gefrierraum nicht mehr als Eis bzw. Reif am Gerät oder Gefriergut ab. Das Gerät wird vollautomatisch bedarfsgerecht abgetaut.

Unserer Umwelt zuliebe: Alle Kühl- und Gefriergeräte FCKW-, FKW-frei!

Nutzbarer Innenraum

Das Volumen des gesamten Innenraumes wird als Bruttoinhalt (in Liter) auf der Produktinformation des Gerätes angegeben. Für die Praxis ist aber der Nutzinhalt (Fassungsvermögen) aussagekräftiger. Er errechnet sich aus dem Bruttoinhalt abzüglich des Raumbedarfs für die Innenausstattung (ca. 20%).
100 Liter Nutzinhalt nehmen ca. 50–70 kg gemischtes Tiefgefriergut auf. Wird der Inhalt der Gefriertruhe umgelagert, ist mehr Raum notwendig, weil die gefrorenen Güter sperriger sind als frisch eingelegte.

Richtwerte für die Größe der Geräte
Kühlgeräte: 1-Personen-Haushalt: 120 Liter
Mehr-Personen-Haushalt: 60 Liter pro Person
Gefriergeräte: Mit großer Vorratshaltung: 100–130 Liter pro Person
Für Tiefkühllagerung und gelegentliches Einfrieren: 50–80 Liter pro Person

Energieverbrauch (Kilowattstunde je 100 Liter in 24 Stunden)
Kühlschränke mit Kompressions-Kältemaschinen: 0,2–1,3 kWh;
Kühlschränke mit Absorptions-Kältemaschinen: 2,3–4,7 kWh;
Gefrierschränke: 0,3–2,6 kWh;
Gefriertruhen: ohne besondere Isolierung: bis 2,3 kWh; mit »Spar-Isolierung«: bis 0,9 kWh. »economic«

Eurolabel und Energie-Effizienz-Klassen

Der Energieverbrauch richtet sich nach der Isolierung der Geräte, nach der Temperatur des Raumes, in dem das Gerät steht, und nach der Pflege des Gerätes.
Ab 1995 werden europaweit alle Kühl- und Gefriergeräte im Verkaufsraum mit dem »Eurolabel« gekennzeichnet. Damit werden die Geräte aller Anbieter in »Energie-Effizienz-Klassen« von A bis G unterteilt. Klasse A bezeichnet die wirtschaftlichsten, Klasse G die unwirtschaftlichsten Geräte. Außerdem wird der Energieverbrauch in Kilowattstunden (kWh) pro Jahr angegeben.

Gefriergut richtig verpacken und beschriften

Alle zum Einfrieren bestimmten Lebensmittel müssen verpackt werden. Je länger die Lagerdauer, desto genauer müssen folgende Forderungen erfüllt sein, wenn die Qualität optimal erhalten werden soll.
Wichtig ist es, Wasserverluste im Gefriergut zu verhindern. Wasserverluste erhöhen den Pflegeaufwand für das Gefriergerät stark, da die Verdampferflächen schneller vereisen. Zum anderen führen sie an der Oberfläche der Lebensmittel zur Austrocknung (Gefrierbrand). Die betroffenen Stellen erscheinen als helle, meist runde Flecken. Es handelt sich dabei um eine Schädigung des Zellgewebes, die auch während des Auftauens und Garens nicht rückgängig gemacht werden kann.
In fetthaltigem Gefriergut führt der Luftsauerstoff zu negativen Geschmacksveränderungen. Licht beschleunigt diesen Vorgang. Deshalb ist es sinnvoll, Butter in Alufolie einzufrieren.
Aromastoffe durchdringen viele Verpackungsmaterialien. Die Aromastoffe gelangen dann in die umgebende Luft und können geschmacksneutrale Lebensmittel verändern. Eine gute Verpackung verhindert, daß sich die Lebensmittel gegenseitig geruchlich und geschmacklich beeinflussen. Außerdem soll die Verpackung ausreichenden Schutz vor Druck und Stoß gewährleisten. Abgebröckelte Lebensmittel verschmutzen den Lagerraum unnötig.
Zu diesen Forderungen, die eine optimale Verpackung in bezug auf das Gefriergut erfüllen soll, kommen Überlegungen über die Wirtschaftlichkeit von Verpackungsmaterial, der höheren Raumausnutzung und der besseren Übersichtlichkeit im Gefriergerät.

Geeignetes Verpackungsmaterial für Gefriergut

Packstoff	Lebensmittel	Hinweise
Meterware/Rollen Alufolie, extra stark 0,025 mm	Butter, Käse, Aufschnitt, Torten, Kuchen, alle Teige, ganze Gurken, Spargel	Für Fleisch, Geflügel und Fisch auch geeignet. Dafür gibt es aber auch preisgünstigere Möglichkeiten (Umweltschutz!). Alufolie friert leicht fest, deshalb vorgefrieren, dann verpacken. Falten wie beim Postpaket, mit gefrierbeständigem Klebeband verschließen.
Polyäthylenfolie, Polyäthylenschlauch, mindestens 0,05 mm stark	Fleisch, Geflügel, Fisch, Obst, Gemüse, Kräuter, Backwaren, Teige, Fertiggerichte	Am besten mit Folienschweißgerät vakuum verschließen oder mit Gummiring, Draht bzw. Clips versehen.
Beutel Polyäthylenbeutel, flach oder mit Seitenfalte in verschiedenen Größen, mindestens 0,05 mm stark	Wie Polyäthylenfolien	Wie bei Polyäthylenfolien. Die Beutel sind als »gefriergeeignet« bezeichnet. Nicht geeignet sind Frischhaltefolien.
Gefrier-Kochbeutel	Fertiggerichte	Speisen können im Beutel aufgetaut und erwärmt werden. Im Mikrowellengerät langsam erwärmen, sonst schmilzt der Beutel.
Behälter mit Deckel Schlagfestes Polystrol oder Polyäthylen	Fertiggerichte, Obst in Zuckerlösung, breiiges Gefriergut, Sahne, Säfte, Backwaren, Milch, Eier	Beim Einkauf Sonderangebote hinsichtlich Deckelverschluß prüfen. Gefriergut nicht zu heiß einfüllen. Behälter nach der Verwendung gut reinigen und auslüften. 2 cm Kopfraum frei lassen.
Vitri-Corning »Mikro-dur 2000«	Für alle Gefriergüter, besonders für solche, die anschließend im Mikrowellengerät gegart werden.	Das Spezialkunststoffgeschirr zum Einfrieren, Auftauen und Erhitzen im Mikrowellengerät.
Alubehälter mit Deckel, Alu-Kuchenformen	Für alle Gefriergüter, außer stark säurehaltigen Produkten	Mehrmalige Verwendung bei sorgfältiger Reinigung möglich. Speisen können im Behälter (ohne Deckel) erwärmt und gegart werden (nicht im Mikrowellengerät!)
Glasbehälter mit Kunststoffdeckel (Twist-off-Gläser)	Obst in Zuckerlösung, Fertiggerichte für Babynahrung, Petersilie, Schnittlauch, Dill und andere Kräuter	Vorsicht beim Umpacken – Glas bricht leicht. Aromasicherer Verschluß! 2 cm Kopfraum frei lassen. Im Glas bei Raumtemperatur oder im Mikrowellengerät auftauen.
Faltkarton mit Beutel	Gemüse, Obst, breiiges Gut	Gebrauchsanweisung beachten.
Pergabecher gewachst (z. B. Milchpackung)	Breiiges Gut	Nicht heiß einfüllen, langsam auftauen, sonst löst sich die Wachsschicht auf. Nur einmal verwenden.
Hartplastikbecher (z. B. Joghurtbecher)	Für kleine Portionen	Material bricht leicht, besonders auf luftdichten Verschluß achten, nur einmal verwenden.

Tips für die Praxis

▷ Lebensmittelechtes, gefriergeeignetes Verpackungsmaterial auswählen. Folien, die sich im Haushalt ansammeln, z. B. Verpakkungen von Textilien, Spielzeug u. ä., Pappkartons, Pergamentpapier, Packpapier, Fleischverpackungsschalen aus Preßpappe usw. dürfen nicht für Gefriergut verwendet werden.

▷ Ungeeignet sind Frischhaltefolien und Cellophan von verpackten Lebensmitteln, diese Folien sind nicht wasserdampf- und aromadicht.

▷ Es lohnt sich, ein Sortiment an gefriergeeigneten Dosen anzuschaffen. Für den Einkauf gelten folgende Kriterien: Die Dosen müssen stapelbar und spülmaschinenfest sein und einen festschließenden Deckel haben. Rechteckige, konisch zulaufende Formen sollten bevorzugt werden, sie sind platzsparender als runde und die kalte Luft kann trotzdem zirkulieren.

▷ Die Dosengröße muß auf die Menge des Gefriergutes abgestimmt sein.

▷ Hat ein Behälter den Geruch des vorherigen Inhalts angenommen, sollte er mit Essigwasser ausgespült werden.

▷ Polyäthylenbeutel, in denen Fleisch und andere fetthaltige Lebensmittel eingefroren wurden, sollen nicht wieder verwendet werden. An den Folien haftende Fettreste begünstigen das Ranzigwerden des neuen Gefriergutes.

▷ Ist im Haushalt ein Mikrowellengerät vorhanden, schon bei der Auswahl der Verpackung an die Weiterverarbeitung des Gefriergutes denken! Es gibt im Handel Kunststoffbehälter, die gefrier- und mikrowellengeeignet sind. Zum Auftauen bis 20 °C können alle Kunststoffmaterialien verwendet werden. Zum Erwärmen auf Eßtemperatur sind Kunststoffgeschirre geeignet, die bis 95 °C hitzebeständig sind (»Tiefkühldosen«). Zum Garen gibt es spezielle Behälter, die bis 180 °C hitzefest sind.

Verschlußmöglichkeiten

Zur Erhaltung der Qualität ist eine möglichst luftfreie Verpackung wichtig. Dies gilt in besonderer Weise für den Verschluß.
Gummiringe, Metallstreifen und Klammern sowie kältestabile Klebebänder müssen besonders sorgfältig angebracht werden. Aus einem Polyäthylenbeutel wird die Luft durch Ausstreichen oder mit Hilfe eines Strohhalmes bzw. einer Vakuumpumpe herausgesaugt. Die Anschaffung eines Folienschweißgerätes mit Vakuumverschluß lohnt sich.
Günstig ist es, durch Faltverschluß und Klebebänder ein möglichst rechteckiges Paket zu formen. Der Nutzinhalt im Gefrierraum kann damit besser ausgenutzt werden.
Der Drehverschluß wird bei Beuteln angewendet, die mit Gummi oder Klammern verschlossen werden.

Gefriergut beschriften und kontrollieren

Werden unbeschriftete Pakete und Behälter in das Gefriergerät gelegt, verliert die Hausfrau bald die Übersicht. Die Lagerzeiten werden nicht eingehalten, langwieriges Suchen fördert die Reifbildung am Verdampfer und kostet unnötig Zeit und Nerven.
Am einfachsten ist es, die Folie mit einem feuchtigkeitsbeständigen Folienschreiber zu kennzeichnen. Es können aber auch auf kältestabile Etiketten oder Klebebänder folgende

Was muß spätestens wann aus dem Gefriergerät?

Übersicht im Jahre...

Januar	Februar	März	April	Mai	Juni
Ente IIII[1] Poularden II – fertig –	Nuß-kuchen III Gulasch III		Schweine-braten IIII Sahnetorte I	ausgelöste Koteletts III Quarkstreusel-kuchen IIII	Schweine-filet II

1) Beim Verbrauch jeweils einen Strich durchkreuzen.

Daten mit einem gefrierfesten Filzstift oder Wachsstift geschrieben werden:

▷ Inhalt;

▷ Menge;

▷ Zusätze, z. B. Zucker, Salz;

▷ Vorbehandlung, z. B. zerkleinert, gegart;

▷ Datum: entweder den Tag der Einlage oder das Mindesthaltbarkeitsdatum.

Manchmal ist ein Vermerk, z. B. »Mitbringsel aus dem Urlaub« oder »vom Huber-Metzger« für später interessant.

Eine Vorratsliste (siehe oben) hilft der Hausfrau zusätzlich, den Überblick zu behalten. Es hat sich bewährt, die neuen Lebensmittelpakete jeweils beim Einlegen mit ihrem Verfallsmonat in eine Kontrolliste einzutragen, um die Lagerzeit einhalten zu können.

▷ Den obigen Übersichtsplan auf einen festen Karton kopieren.

▷ Auf der Rückseite das 2. Halbjahr analog aufzeichnen.

▷ Wenn das Lebensmittel in das Gefriergerät gelegt wird, in diesem Plan, in der der Haltbarkeit entsprechenden Monatsspalte eintragen und die Anzahl der Portionen mit Strichen kennzeichnen.

▷ Diese Übersicht mit Bleistift in die Nähe des Gefriergerätes hängen.

Gefriergut richtig auftauen

Das dem Nahrungsmittel entsprechende Auftauen ist für die Erhaltung der Qualität genauso wichtig, wie das schnelle Einfrieren und die Gefrierlagerung bei −18 °C.
Es gibt verschiedene Möglichkeiten:

▷ *Im Kühlschrank* oder *Keller* (+2° bis +6 °C), besonders bei größeren Fleischteilen (über 5 cm Höhe).

▷ Bei *Zimmertemperatur* (+20 °C).

▷ *Im Backofen* bei Unter- und Oberhitze oder mit Heißluft. Ideal für Backwaren, die schon in hitzebeständigem Material, z. B. Alufolie, verpackt wurden. Jedes Gefriergut soll im Backofen nur verpackt aufgetaut werden (Austrocknungsgefahr!).

▷ *Im Mikrowellengerät* entweder mit Auftauautomatik oder mit niedriger Leistung und entsprechender Ausgleichszeit (= anschließende Ruhezeit im Gerät) arbeiten.

Oben: *die Frischkühltechnik bietet einen optimalen Erhalt der Ausgangsfrische.*
Unten links: *große Auszugsfächer bieten viel Platz zum Lagern.*
Unten rechts: *das Frischezentrum – hier finden alle Lebensmittel ideale Lagerbedingungen.*

rischegrad eines Kopfsalates
n nahe 0°C - Fach " taufrisch "
mit max. 90% Feuchtigkeit)

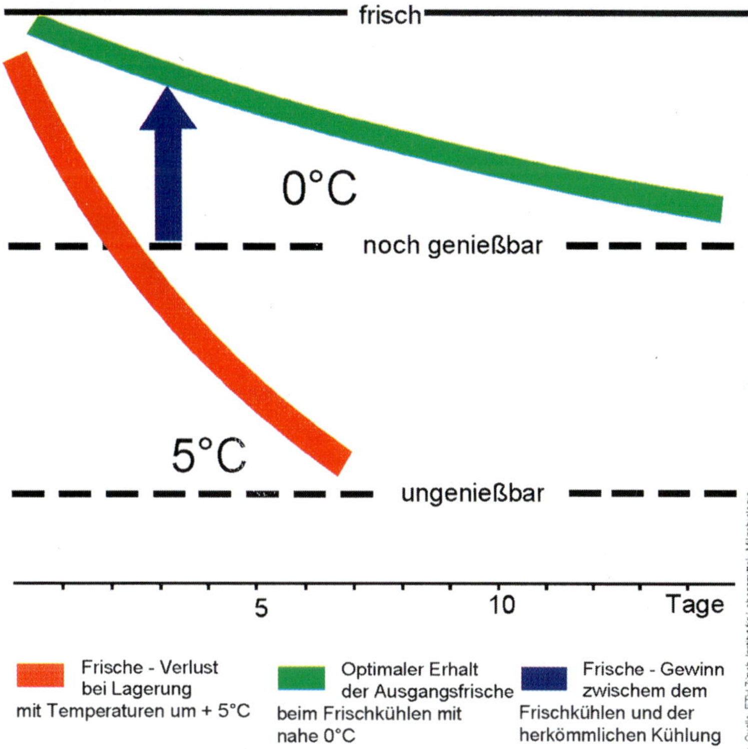

Fazit: Beim nahe 0°C - Frischkühlen
st der Frischegrad der Lebensmittel
zu jedem Zeitpunkt ihrer Lagerung
nehr als doppelt so gut wie unter
ormalen Kühlbedingungen.

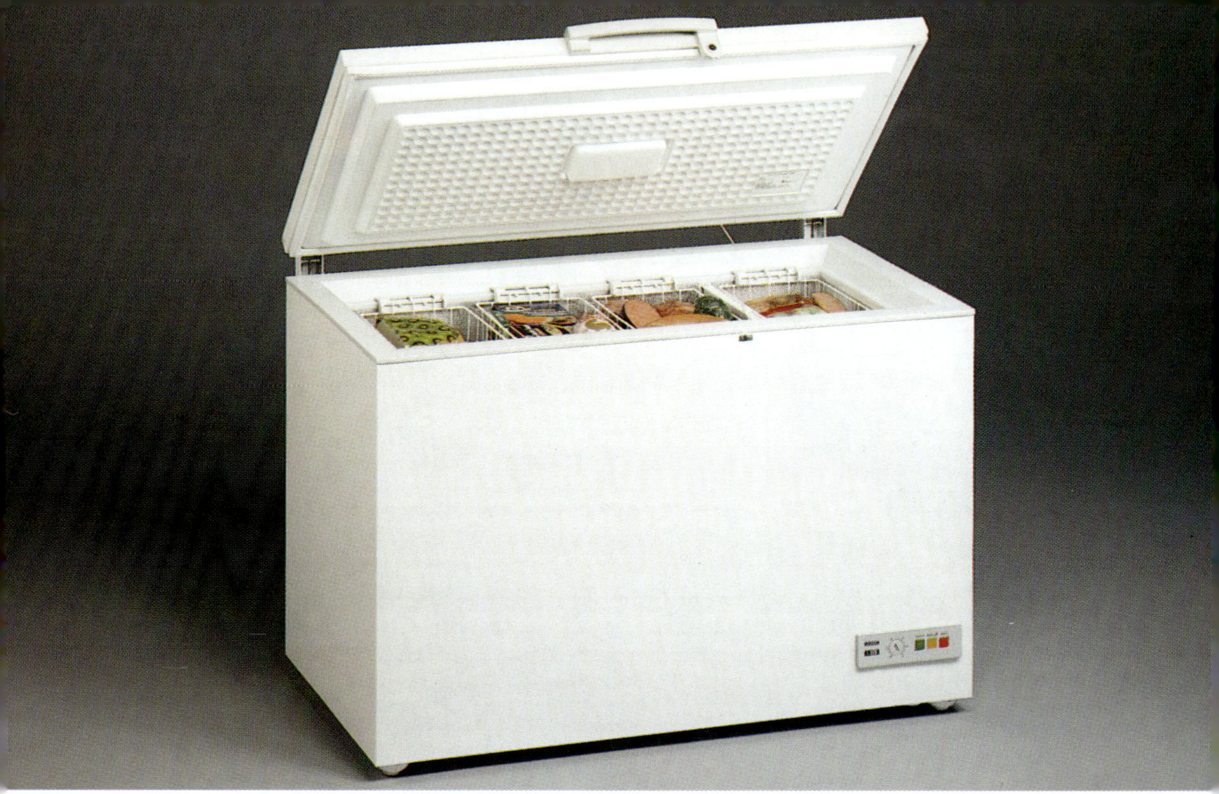

Oben: *Moderne Gefriertruhe*
Unten links: *Vorrats- und Tiefkühldosen für das Kühlen und Gefrieren von Lebensmitteln*
Unten rechts: *belüftbarer Vorratsschrank*

Voraussichtliche Auftauzeiten
Verschiedene Möglichkeiten im Vergleich

Lebensmittel	Menge	Voraussichtliche Auftauzeit in Stunden oder in Minuten						
		Kühlschrank 2–6 °C	Zimmertemperatur 20 °C	Backofen Ober-/Unterhitze 40–50 °C	Backofen Heißluft 40–50 °C oder Auftau-Stellung	Mikrowellengerät mit 180 bzw. 240 Watt (oder Auftauautomatik) Auftauzeit	+	Ausgleichszeit[1]
		Stunden	Stunden	Minuten	Minuten	Minuten		Minuten
Koch- und Bratenfleischstücke	je cm Fleischhöhe	3	1–2	35	30	7–10	+	3–5
				Stunden	Stunden			
Hähnchen	1 St. (0,8 kg)	12	7	1,5–2	1–1,5	30–35	+	10–15
Ente	1 St. (1,5 kg)	12	12	2–2,5	1,5–2	35–40	+	25–30
						Gänsebrust/Putenkeulen		
Gans, Pute	1 St. (5 kg)	30–35	16–18	3,5–4	3–3,5	15	+	15
				Minuten	Minuten			
Brot	1 Laib (1 kg)	–	2–2,5	bei 180 °C/20	bei 160 °C/15	bei 450 Watt 10	+	10
Brötchen	4 Stück	–	–	bei 180 °C/10	bei 160 °C/10	bei 450 Watt 4	+	5
Rührkuchen	1 Stück	–	3	bei 180 °C/20	bei 160 °C/15	bei 450 Watt 3	+	10
Beerenobst	500 g	8	5	40	35	10	+	10
Steinobst	500 g	15	10	45	40	12	+	10

[1]) Ausgleichszeit = Ruhezeit im Gerät

Die verschiedenen Gewebe in Lebensmitteln werden unterschiedlich schnell erwärmt, z. B. im Fleisch.
Bei zu großer Energiezufuhr kann es vorkommen, daß große Stücke außen schon gar sind und zerfallen, während sich innen noch ein fest gefrorener Kern befindet. Beim Auftauen von Geflügel im Mikrowellengerät müssen deshalb die abstehenden Teile mit Alufolie umwickelt werden.

▷ Auftauen *in Wasser,* wenn das Gefriergut wasserdicht verpackt ist.
▷ Auftauen *in heißem Fett,* z. B. bei Pommes frites.

Bei sachgemäßem Auftauen liegt die Tropfwasserbildung unter 1%. Sie kann aber auch 30% und mehr ausmachen, wenn die vorhergehenden Arbeitsgänge nicht sorgfältig durchgeführt wurden.
Von Geflügel soll die ausgetretene Flüssigkeit aus hygienischen Gründen nicht verwendet werden (wegen eventueller Salmonellenübertragung). Von Fleisch, Gemüse und Obst trägt sie zur Nährwerterhaltung bei, wenn sie z. B. zur Sauce gegeben wird.

Arbeitsanleitungen und Rezepte

Fleisch, Geflügel, Wild

Grundsätzlich ist jedes frische Fleisch von guter Qualität gefriergeeignet. Für minderwertiges Fleisch und Knochen ist der Gefrierraum zu kostspielig.
Nach den neuesten Erkenntnissen der Fleischforschung können Nachteile für die geschmackliche Qualität des Fleisches dann auftreten, wenn die Temperatur im Fleisch vor Eintreten der Muskelstarre zu schnell unter +10 °C gesenkt wird. Es kommt aufgrund komplizierter biochemischer Zusammenhänge zu starken Muskelfaserverkürzungen (»Cold-shortening«). Dieses Zusammenziehen der Muskelfasern läßt sich durch die spätere Fleischreifung nicht mehr vollständig lösen. Besonders Braten- und Kurzbratfleisch, z. B. Filet, Lende, Schlegel wird zäh und fest.
Deshalb ist es bei der Hausschlachtung wichtig, das frisch erschlachtete Fleisch bis zum Eintritt der Muskelstarre bei ca. +15 °C auskühlen zu lassen und erst nach abgelaufener Fleischreifung weiter zu verarbeiten.
Die Fleischreifung muß bei Hausschlachtungen durchgeführt werden. Beim Großeinkauf in Metzgereien ist das Fleisch im allgemeinen bereits abgehangen.
Vakuumverpacktes Frischfleisch kann 3–10 Wochen bei −1 bis +2 °C gereift bzw. aufbewahrt werden.
Entgegen der bisherigen Auffassung muß zweimaliges Gefrieren von Fleisch nicht immer zu einer größeren Qualitätsminderung führen, als eine längere Aufbewahrung im Kühlschrank. Auch mikrobiell bestehen keine grundsätzlichen Bedenken, wenn es sich um größere Fleischstücke handelt. Problematisch ist es, wenn relativ große Muskelschnittflächen erheblichen Fleischsaftaustritt ermöglichen. Wichtig ist es, schnell zu gefrieren, richtig aufzutauen und während der Zwischenlagerung die Oberflächen des Fleisches trocken zu halten.

Temperaturen und Dauer der Fleischreifung

Fleischart	Kühlraumtemperatur +1 °C bis +3 °C	Außentemperatur +8 °C bis +12 °C
Rindfleisch zum Kochen	3–5 Tage	3–4 Tage
Rindfleisch zum Schmoren und Braten	10–12 Tage	–
Rindfleisch zum Kurzbraten (Steaks)	Bis 20 Tage	–
Schweinefleisch	2 Tage	1 Tag
Kalbfleisch	2 Tage	1 Tag
Lammfleisch	3–5 Tage	2–3 Tage
Geflügel	Bis 1 Tag	–
Reh oder Hirsch in der Decke	Einige Tage	Einige Tage

Tips für die Praxis

▷ Mageres Fleisch eignet sich besser zum Gefrieren als fettes, gespicktes oder gewürztes Fleisch.

▷ Der Haushaltsgröße entsprechende Portionen, gut verpackt einfrieren (Richtwert: 120–150 g pro Person)!

▷ Nicht mehr als 2,5 kg Fleisch in eine Pakkung geben! Bei kleineren Paketen läuft der Gefrier- und Auftauvorgang nährwertschonender ab.

- ▷ Fleisch ohne Knochen benötigt weniger Lagerraum, deshalb evtl. auch den Kotelettstrang auslösen.
- ▷ Aus allen *Knochen* eine konzentrierte Brühe zubereiten, abgekühlt in Portionsbehälter füllen, einfrieren und als Saucengrundlage verwenden.
- ▷ *Kochfleisch* so portionieren, daß die Stücke im gefrorenen Zustand in den Kochtopf passen. Evtl. Suppengemüse, gesondert verpackt, beilegen.
- ▷ Zwischen *einzelne Schnitzel* oder *Koteletts* ein Stück Folie (neues Material) legen, um ein Zusammenfrieren zu vermeiden.
- ▷ *Hackfleisch* sorgfältig verarbeiten: Entweder nicht gewürzte 500-g-Pakete flach formen und einfrieren, oder angemachte rohe Fleischteige entsprechend formen und später nur angetaut weiterverarbeiten.
- ▷ Durch den Gefrierprozeß werden evtl. vorhandene tierische Parasiten (Trichinen, Bandwurmfinnen), z. T. auch Mikroorganismen, abgetötet. Wenn deshalb gefrorenes Fleisch zu Tatar oder Hackfleisch verarbeitet wird, ist dies hygienischer als Hackfleisch aus Frischfleisch. Vorausgesetzt, es wird nach dem Zerkleinern baldmöglichst verzehrt.
- ▷ *Gulaschfleischwürfel* entweder einzeln vorfrieren, dann können sie auch in kleineren Portionen, z. B. für einen Eintopf, verbraucht werden oder angetaut auseinanderlösen und zubereiten.
- ▷ *Herz* und *Lungen* sind roh oder zubereitet, *Leber* und *Nieren* nur im rohen Zustand gefriergeeignet.
- ▷ *Wildschwein, Hirsch, Reh, Hase* und *Kaninchen* werden wie Fleisch der übrigen Warmblüter eingefroren;
- ▷ *Federwild* wird wie Geflügel behandelt. Abstehende Teile mit Folie umwickeln.

Zwischenlagen bei Koteletts

- ▷ Junge *Hähnchen* mindestens 4 Stunden, *Puten* bis zu 16 Stunden im Kühlschrank vorkühlen (reifen lassen!). Wird zerlegtes Geflügel eingefroren, sollte es zur Vermeidung des Zähwerdens erst vor dem Einlegen in das Gefriergerät zerteilt werden.
- ▷ *Putenschnitzel* und *-schlegel* werden zäh, wenn sie aufgetaut zubereitet werden, besser diese Teile unaufgetaut verarbeiten.
- ▷ *Geflügel* kann auch *gefüllt* eingefroren werden. Die Lagerdauer ist dann kürzer (bis 3 Monate haltbar).
- ▷ Werden beim Verzehr von Gefriergeflügel rotbraune Knochen festgestellt, ist dies kein Qualitätsmangel. Die Verfärbung beruht auf einer Veränderung der roten Blutkörperchen im Knochenmark während des Gefrierprozesses.

Fleisch, Geflügel, Wild einfrieren

Lebensmittel	Arbeitsanleitung	Lagerdauer Monate	Zubereitungshinweise
Fleisch und Knochen Bratenstücke von Rind Schwein Kalb Lamm	Portionsstücke max. 2,5 kg/10 cm hoch. Bei Hausschlachtung Fleisch entsprechend reifen lassen; gut verpacken; Gefriergerät auf »Superschaltung« stellen; nicht zu viel auf einmal in das Verdampferfach legen; Knochen möglichst herauslösen;	6–9 3–8 6–8 8–10 Abhängig von Fettgehalt und unbeschädigter, luftdichter Verpackung	Braten über 5 cm Höhe langsam auftauen, sonst nur Antauen notwendig. Tropfsaft, mit Mehl verquirlt, zur Sauce geben. Besonders mürbe wird das Fleisch, wenn es in einer Schüssel langsam aufgetaut wird, in die vorher 1 Eßlöffel Öl gegeben wurde. Wenn es das Rezept vorsieht, Fleisch in Beize auftauen.
Kotelett, Schnitzel, Rouladen	Scheiben mit Folie trennen, Knochen entweder herauslösen oder speziell umwickeln, um die Verpackung nicht zu beschädigen.	Wie entsprechende Bratenstücke	Flache Scheiben nur soweit notwendig antauen. Panade hält an gefrorenem Fleisch nicht. Wie Frischfleisch verarbeiten. Mehl zur Sauce mit Tropfflüssigkeit binden, dann gerinnt diese nicht.
Gulasch	Je nach späterem Verwendungszweck nach Fleischart bzw. gemischte Fleischsorten verpacken. Evtl. Gulaschstücke einzeln vorgefrieren (z. B. für Eintopfgericht)	Wie entsprechende Bratenstücke	Antauen, bis sich die Stücke voneinander lösen. Gulasch eignet sich besonders zum Einfrieren als Fertiggericht (1 × kochen/ 4 × essen).
Hackfleisch	Flache Pakete formen – max. 500 g –, es kann auch fertig gewürzt und geformt werden.	1	So weit antauen lassen, bis Weiterverarbeitung möglich. Idealer Vorrat für viele Hackfleischgerichte.
Kochfleisch	Portionsgröße max. 2,5 kg. Beim Zuschneiden auf spätere Topfgröße achten. Fett und Knochen entfernen.	Wie entsprechende Bratenstücke	Unaufgetaut in Kochflüssigkeit geben. Die Kochzeit ist dadurch ca. ⅓ verlängert.
Knochen	Konzentrierte Brühe einfrieren; aus Markknochen Markklößchen herstellen und einfrieren; ebenso Ochsenschwanzsuppe.	Bis 8	Wasser und gefrorene Brühe zusammen erhitzen. Im kleinen Haushalt eiswürfelgroße Portionen für eine Tasse einfrieren.

Lebensmittel	Arbeitsanleitung	Lagerdauer Monate	Zubereitungshinweise
Innereien			
Hirn	Kalt wässern, in Salzwasser blanchieren, häuten, verpacken.	1	Angetaut wie frisch zubereiten.
Zunge, Herz	Gut waschen, über Nacht im Kühlschrank auskühlen lassen, verpacken.	6–9	Unaufgetaut kochen, Zunge dann enthäuten.
Lunge	Roh oder gekocht, in Portionen verpacken.	1	Wie üblich zubereiten. Rohe Lunge unaufgetaut kochen.
Leber	Enthäuten und durch Fleischwolf drehen oder schaben. In Portionen für Spätzle oder Knödel verpacken.	1–2	Leber zerfällt leicht, deshalb verarbeitet einfrieren.
Fleischwaren			
Bratwurst	Rohe Bratwurst, gebrühte Bratwurst evtl. einzeln vorgefroren verpacken.	1–2 1–2	An- oder aufgetaut, abgetrocknet braten oder grillen.
Fleischkäse Leberkäse	Entweder roh in Backform gut verpackt einfrieren oder gegart portionsweise, durch Folien getrennt, verpacken.	1–2 1–2	Angetaut im Backofen oder Mikrowellengerät fertig garen.
Kasseler	Portionsweise, durch Folien getrennt, oder vorgefroren verpacken.	1–2	Je nach Verwendungszweck auftauen oder angetaut wie üblich garen.
Schinken roh oder gekocht	Portionsweise, am besten in Alufolie verpackt, einfrieren.	1–3	Wie frischen Schinken verarbeiten bzw. lagern.
Kochwurst	Portionsweise in Beutel verpacken.	1–2	Blut- und Leberwürste werden je nach Rezeptur leicht grießig.
Brühwurst Aufschnitt Würstchen	Geschnitten, am besten verschiedene Sorten portionsweise in Alufolie verpacken. Ganze Würstchen zusätzlich in Beutel geben, weil Därme wasser- und aromadurchlässig sind.	1–2 Je nach Fettgehalt	Wie üblich verwenden. Lagerdauer im Kühlschrank wie Frischware.

Anmerkung Geräucherten Speck, Rohwurst u. a. nur in Ausnahmefällen eingefrieren. Es ist zur Erhaltung der Qualität besser und wirtschaftlicher, diese Produkte an einem kühlen Ort aufzubewahren.

Lebensmittel	Arbeitsanleitung	Lagerdauer Monate	Zubereitungshinweise
Geflügel Hähnchen Suppenhuhn Ente	Küchenfertig herrichten, 1 Tag im Kühlschrank lagern, dressieren, Knochenenden mit Alufolie umwickeln, möglichst vakuum verpacken. Zum Schutz der Verpackung von anderem Gefriergut evtl. in Baumwollsäckchen oder in eigenem »Gefrierkorb für Geflügel« sammeln.	Je nach Fettgehalt: 3–6 Bis 4	Ohne Verpackung, nicht in der Tropfflüssigkeit auftauen lassen. Gut durchgaren. Unaufgetaut in Kochflüssigkeit geben (⅓ längere Kochzeit). Angetaut würzen und wie frische Ente zubereiten.
Gans	Evtl. portionsweise einfrieren.	Bis 4	Aufgetaut zubereiten.
Pute	Evtl. »Putenschnitzel«, »Putenbrust« usw. getrennt verpacken.	3–6	Ganze Pute aufgetaut verarbeiten. Portionsstücke unaufgetaut zubereiten.
Wild Hirsch, Reh, Hase, Kaninchen	Wildfleisch ca. 2 Tage abhängen lassen. Fleisch nicht waschen, sondern mit Küchenkrepp abwischen. Portionieren, gut verpackt einfrieren. Kleinfleisch gewürfelt (für Ragout) oder durch Fleischwolf gedreht (für Pasteten) einfrieren.	6–9 gespickt eingefroren: 3	Kurzbratstücke müssen nicht aufgetaut werden. Evtl. in Beizflüssigkeit auftauen lassen. Für die Zubereitung mit Speck umwickeln (ist besser als gespickt einfrieren, da das Fett leicht ranzig wird).
Wildgeflügel	Fleisch 3 Tage reifen lassen, wie »Geflügel« vorbereiten, verpacken.	4–6	Je nach Rezept mit Speckscheiben umwickelt zubereiten.

Richtig lagern

Die richtige Lagertemperatur für gefrorenes Fleisch liegt zwischen −18 °C und −30 °C. Bei –30 °C kann das Fleisch erheblich länger gelagert werden. Im Haushalt wird aus wirtschaftlichen Gründen eine Gefrierlagerung von –18 °C als sinnvoll und ausreichend angesehen.

Die Lagerdauer wird durch folgende Veränderungen begrenzt: Ranzigwerden der Fette (Fettabbau), Austrocknen des Fleisches sowie Aromaverluste, besonders bei unsachgemäßer Verpackung.

Je höher der Fettanteil und je größer der Anteil an ungesättigten Fettsäuren sind, um so schneller sind Fettveränderungen zu erwarten.

Je größer die Oberfläche im Verhältnis zum Gewicht ist, desto schneller treten Austrocknungserscheinungen auf.

Je mehr Luftsauerstoff in der Verpackung verblieben ist, desto stärker sind Aromaveränderungen feststellbar.

Bemüht sich die Hausfrau, die Voraussetzungen und Arbeitsanweisungen optimal zu erfüllen, kann das gefrorene Fleisch von frischem kaum unterschieden werden.

Fische, Krusten- und Schalentiere

Aufgrund der besonderen Struktur des Fischfleisches ist der schnelle Gefriervorgang sehr wichtig. Bei langsamem Gefrieren kommt es zu Veränderungen des Fischfleisches, die einen großen Saftverlust beim Auftauen hervorrufen. Hand in Hand damit laufen im gefrorenen Fisch Vorgänge ab, die das Fleisch zäh und gallertartig machen. Der Fisch wird weich und fasrig, der Geschmack strohig. Diese Veränderungen hängen mit der Totenstarre zusammen. Wird das Gefrieren vor Beginn der Totenstarre vorgenommen, so wie es bei Seefischen auf See der Fall ist, wirkt sich dies vorteilhaft auf die Qualitätserhaltung aus. Seefische sollte man aus diesem Grund im Haushalt nicht roh einfrieren.

Fische, Krusten- und Schalentiere einfrieren

Lebensmittel	Arbeitsanleitung	Lagerdauer Monate	Zubereitungshinweise
Forelle	Fangfrisch ausnehmen, unverpackt vorgefrieren, in kaltes Wasser tauchen (glacieren) und verpacken.	2–4	Unaufgetaut im Sud garen, angetaut dünsten bzw. braten.
Forellenfilet geräuchert	Einzeln vorgefrieren, dann verpacken.	2–4	Auftauen, wie üblich servieren.
Hecht, Schleie, Zander u. a. Karpfen	Fangfrisch ausnehmen, evtl. portionieren, gut verpacken, max. 1,5 kg.	3–6 2–4	Große Portionen aufgetaut verarbeiten. Wenn der Fisch im Sud zubereitet wird, Antauen nicht notwendig.
Austern	Aus der Schale lösen, roh mit Mineralwasser und Zitronensaft oder Ascorbinsäure (1 g/l) gefrieren.	2–3	Antauen, wie üblich zubereiten und servieren.
Hummer, Krebs, Langusten	In kochendem Wasser töten, knapp gegart (evtl. aus der Kruste lösen) in Behälter füllen, mit kaltem Sud übergießen und gefrieren, Ascorbinsäure 1 g/l Sud.	2–3	Auftauen, wie üblich zubereiten.
Garnelen (Shrimps), Krabben	Werden entweder als ganze Tiere oder geköpft in Behältern zu Blöcken gefroren, die dann glasiert werden. Es ist besser, sie roh einzufrieren.		Evtl. Schwarzfleckigkeit beruht auf enzymatischen Reaktionen. Unaufgetaut in Wasser oder Sauce garen.
Weinbergschnecken	Wie üblich garen, mit Kräuterbutter verschließen, gut verpacken, einfrieren (wenig würzen).	2–3	Im Backofen erhitzen.

Tips für die Praxis

- ▷ *Ganze Süßwasserfische* sofort nach der Schlachtung schockgefrieren. Die Fische sollen aber langsam auftauen, damit genügend Zeit zum Ablauf der Totenstarre bleibt. Sonst kommt es zu einer starken Schrumpfung, verbunden mit großem Saftverlust und den oben beschriebenen Erscheinungen.
- ▷ Nach einer Lagerzeit von mehr als 8 Wochen kann der Fisch jedoch ohne Auftauen verarbeitet werden, weil selbst unter niedrigen Temperaturen die Stoffwechselvorgänge der Fischfleischreifung ablaufen.
- ▷ Fisch nie bei Zimmertemperatur auftauen lassen.
- ▷ *Ganze Fische* evtl. einzeln 4 Stunden vorgefrieren, dann in Eiswasser tauchen (glacieren). Bei fetten Fischen kann dem Eiswasser 5 g Ascorbinsäure zugegeben werden. Die Haltbarkeit wird damit verlängert.

Milch, Butter, Käse, Eier

Viele Hausfrauen bevorraten diese Produkte, um Sonderangebote und Marktschwemmen auszunützen. Es handelt sich deshalb meistens um eine kurzfristige Lagerung.

Tips für die Praxis

- ▷ *Frischmilch* wird nur in Ausnahmefällen gefriergelagert, denn Milch ohne entsprechende Vorbehandlung in der Molkerei bringt keine zufriedenstellenden Ergebnisse. Am besten geeignet ist fettarme, homogenisierte Milch.
  Paraffinierte, plastikbeschichtete Kartons oder Plastikbeutel, d. h. handelsübliche Verpackungen, sind als Verpackungsmaterial geeignet. Die Lagerdauer ist auf 2 Monate beschränkt, weil auch während der Gefrierlagerung Eiweiß- und Aromaveränderungen eintreten.
- ▷ Um die Lagerzeit von *Butter* zu verlängern, wird sie schnell auf Temperaturen von mindestens −18 °C gebracht. Wird sie dabei in Alufolie verpackt, ist sie bis zu 6 Monaten haltbar. Beim Auftauen bildet sich innerhalb der Verpackung leicht Kondenswasser, dadurch wird Schimmelbildung begünstigt. Wird Butter im angetauten Zustand verarbeitet, kann dies zum Reißen und Brechen der Butter führen.
- ▷ Sogenannte Vorratsbutter, die im Einzelhandel bei Sonderaktionen angeboten wird, kann in Aluminiumfolie verpackt bis zu 3 Monaten gefriergelagert werden. Sie wird dann als »Kochbutter« verwendet. Als Brotaufstrich ist sie aus Geschmacksgründen nicht mehr geeignet.
- ▷ *Margarine* kann wie Butter eingefroren werden. Im allgemeinen ist es jedoch nicht notwendig, weil Margarine bis 6 Wochen auch im Kühlschrank optimal gelagert werden kann.
- ▷ Die Herstellung von *Gefriersahne* ist im Haushalt gut möglich. Es treten jedoch Veränderungen in der Fettemulsion auf, die ein »Ausölen« hervorrufen und damit die Schlagfähigkeit aufgetauter Sahne mindern. Zusätze von 10–20% Zucker vor dem Einfrieren verbessern die Schlagfähigkeit und das Aroma.
- ▷ Sahne nicht in Metallbehältern einfrieren. Sie begünstigen Geschmacksveränderungen.
- ▷ Sahne muß besonders sorgfältig aufgetaut werden: Empfohlen wird ein langsames Auftauen im Kühlschrank oder im Mikrowellengerät auf kleinster Energiestufe. Vor dem Schlagen auf 4 °C kühlen.

▷ Das Gefrieren von *Hartkäsesorten* kann nur bedingt empfohlen werden. Nur wenn sie nach dem Auftauen z. B. für die Zubereitung von Fondue und als Reibkäse verwendet werden, fallen die Qualitätseinbußen nicht auf. Für Hartkäse gibt es bessere Möglichkeiten der Lagerhaltung. Hartkäse, der einen Reifungspozeß durchlaufen hat, sollte besser nicht unter −2 °C gelagert werden!

Milch, Butter, Sahne, Käse, Eier einfrieren[1])

Lebensmittel	Arbeitsanleitung	Lagerdauer Monate	Zubereitungshinweise
Homogenisierte Milch	Verkaufsverpackung kann verwendet werden. Glasflaschen sind ungeeignet.	2–3	Zu Süßspeisen, Aufläufen und Gebäck wie frische Milch verarbeiten.
Butter	Wenn längere Lagerzeit als 1 Monat, dann zusätzliche Verpakkung notwendig. Süßrahmbutter, ungesalzen, am besten geeignet.	6–8	Aufgetaute Butter kann wie frische Butter verwendet werden. Arbeitssparend ist es, Kräuterbutter in größerer Menge herzustellen und, portionsweise verpackt, einzufrieren.
Süße Sahne (Rahm)	Je höher der Fettgehalt, je besser die Gefriereignung. Sahne mit Zuckerzusatz bleibt schlagfähiger. Portionsweise einfrieren (evtl. ½ Becher).	Ungeschlagen: 3–4 Geschlagen: 2–3	Für Kaffee nicht mehr geeignet (flockt aus!). Arbeitssparend ist es, Garnituren vorzufrieren, dann zu verpacken und bei Bedarf zu verwenden.
Quark (Topfen)	Kann, richtig portioniert, gleich in der Verkaufspackung gefroren werden. Bei langer Lagerzeit zusätzliche Verpackung notwendig.	Nicht zubereitet: bis 12 Zubereitet: bis 6	Quark kann mit Salz und Kräutern bzw. Zucker und Früchten in kleinen Mengen (Joghurtbecher) eingefroren werden. Gut geeignet für Zwischenmahlzeiten.
Käse	Je höher der Fettgehalt, desto besser die Gefriereigenschaften. Am besten ist die Verpackung in Alufolie.	2–4	Fonduekäse kann im erhitzten Wein aufgetaut werden. In der Verpackung entsteht beim Auftauen Kondenswasser, das den Verderb begünstigt.
Eier	Auf 100 g Eimasse oder 100 g Eigelb 2 g Salz bzw. 5 g Zucker zugeben. Getrennt oder gemischt in Behältern einfrieren. Evtl. im Eiwürfelbehälter je Abtrennung 1 Eigelb vorgefrieren, dann die Würfel verpacken.	8–10	Verarbeitung zu Rühreiern, Pfannkuchen, Gebäcken, Teigen. Die Mengen berechnen Sie so: 1 Ei = 50 g Eimasse 1 Eigelb = 20 g 1 Eiweiß = 30 g

[1]) Für das Gefrierkonservieren ungeeignet: Milch direkt vom Erzeuger; Joghurt; saure Sahne (Fettgehalt 10%); Dickmilch; gekochte Eier

- ▷ *Quark* läßt sich bis zu 6 Monaten ohne Qualitätsminderung gefrierlagern.
- ▷ *Kefirkörner* für die Herstellung von Kefir im Haushalt können bis zu 9 Monaten gefriergelagert aktiv erhalten werden.
- ▷ Werden im Haushalt Eier für das Gefrieren vorbereitet, muß jedes einzeln aufgeschlagen und auf Geruchs- und Geschmacksabweichungen überprüft werden. Ein faules Ei kann die ganze Masse verderben. Das Aufschlagen ist notwendig, da die Schale während des Gefrierens platzen würde.
  Eiweiß und *Eigelb* kann sowohl als verrührte Masse als auch getrennt eingefroren werden. Eine Zugabe von 2 g Salz oder 5 g Zucker je 100 g ist notwendig, um ein Eindicken zu verhindern. Eigelb ohne Zusatz gerinnt leicht. Eiweiß läßt sich auch mit Zusatz nach dem Auftauen zu einer steifen Masse schlagen.

Gemüse, Küchenkräuter

Produkte, die in frischem Zustand verzehrt werden, eignen sich nicht für die Gefrierkonservierung; z. B. Rettiche, Radieschen, Blattsalate, rohe Zwiebeln und ganze, große Tomaten.

Die Mehrzahl der gekocht verzehrten Gemüsearten lassen sich so gut einfrieren, daß nach der Zubereitung kein Unterschied zur frischen Ausgangsware feststellbar ist.

Einige Gemüsesorten werden wirtschaftlicher im Keller oder in einer Miete gelagert oder durch Sterilisieren haltbar gemacht; z. B. alle Kohlarten, Sauerkraut, Möhren, Zwiebeln, Schwarzwurzeln, Porree, Sellerie.

Nicht jede Gemüsesorte ist gleich gut gefriergeeignet. Bei der Auswahl der Sorten für den Hausgarten sollte daran gedacht werden. Doch spielt diese Frage bei der Verarbeitung im Haushalt nicht die Rolle wie bei der Herstellung von Tiefkühlkost im gewerblichen Bereich.

Blanchieren

Für die spätere Qualität wirkt sich in besonderem Maße die Vorbereitung aus, wichtig ist das Blanchieren. Unter Blanchieren wird ein kurzzeitiges Erhitzen in Wasser, Wasserdampf oder im Mikrowellengerät verstanden. Zur Gewinnung von qualitativ einwandfreiem Gefriergemüse ist Blanchieren unerläßlich. Ausnahmen sind auf Seite 64 ff. angegeben. Nicht blanchiertes Gemüse entwickelt bei −18 °C schon nach 1–3 Monaten einen fremdartigen Geruch und Geschmack. Es zeigt Verfärbungen, besonders in den grünen Teilen, und erleidet größere Vitaminverluste als durch den Blanchiervorgang auftreten. Ursache für diese Erscheinungen sind Enzyme im Gemüse, deren Tätigkeit durch kalte Temperaturen nur verlangsamt, aber nicht völlig ausgeschaltet wird.

Für das Blanchieren gibt es verschiedene Möglichkeiten:

<u>In kochendem Wasser</u> Dabei wird 1 Kilogramm kochfertig vorbereitetes Gemüse in einem Drahtkorb in einen Topf (5–10 Liter) mit kräftig kochendem Wasser gehängt und mehrfach geschwenkt, damit das Gemüse gut durchflutet wird. Die Kochzeiten, in der Regel 2–4 Minuten, sind auf Seite 64 ff. angegeben. Anschließend muß möglichst schnell abgekühlt werden (Eiswürfel in das Kühlwasser), um Farbe, Aroma und Vitamin-C-Gehalt zu schonen. Zum Abtropfen wird das Gemüse auf ein saugfähiges Tuch gelegt. Das Kochwasser kann 8–10mal verwendet, das Eiswasser zum Abkühlen muß für jede Portion erneuert werden.

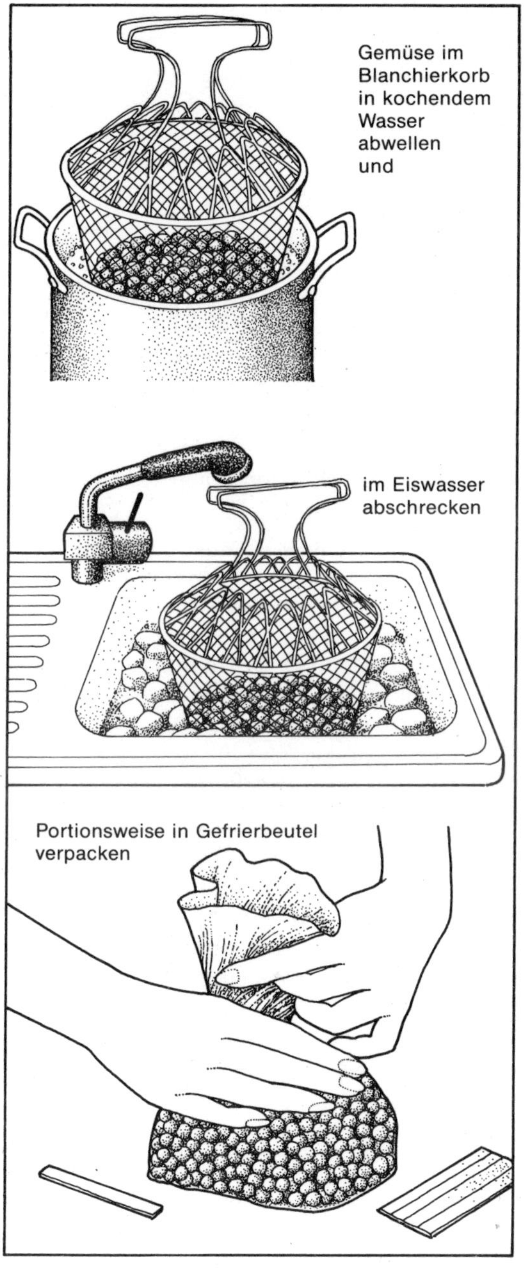

In Wasserdampf Dazu eignet sich die Verwendung des Dampfentsafters. Die Blanchierzeit beträgt 3–5 Minuten für 1 Kilogramm Gemüse.

Im Mikrowellengerät Dabei werden 500 Gramm Gemüse mit Tropfwasser zugedeckt ca. 3–4 Minuten auf höchster Leistungsstufe gegart und anschließend in einer Schüssel mit Eiswasser rasch gekühlt.

Tips für die Praxis

▷ Kleinere Mengen, nach Möglichkeit am frühen Morgen, ernten. Je schneller das Gemüse in das Gefriergerät kommt, desto besser bleiben die Vitamine und die geschmackliche Qualität erhalten.

▷ Das Gemüse nach dem Waschen sorgfältig putzen, zerkleinern und blanchieren.

▷ Das abgetrocknete Gemüse wird am besten in Beutel portionsweise vakuumverpackt, zu rechteckigen, flachen Paketen geformt, gekennzeichnet und schockgefroren.

▷ Bei der Zubereitung wird Gemüse in der Regel gefroren in den Kochtopf gegeben bzw. im Mikrowellengerät aufgetaut und gegart in einem Arbeitsgang.

▷ Küchenkräuter werden nicht blanchiert, jedoch ebenfalls küchenfertig hergerichtet. Besonders wichtig ist die aromadichte Verpackung. Bewährt hat sich ein Vorfrieren im Eiswürfelbehälter und anschließendes Verpacken in Folien oder Beutel. Sehr zu empfehlen ist auch das Abfüllen des trockenen Gutes in Schraubdeckelgläser. Im Handel werden spezielle Beutel angeboten, in denen die kleinen Portionen schon vorgeformt sind.

Blanchieren von Gemüse

Gemüse, Küchenkräuter einfrieren

Gemüseart, gefrier-geeignete Sorten	Blanchierzeit Minuten	Arbeitsanleitung
Artischocken	5 + Ascorbinsäure	Unter fließendem Wasser gründlich waschen, Stiele und harte Spitzen abschneiden. Platzsparend ist es, nur die Böden einzufrieren oder nur junge Blütenköpfe zu verwenden. Vor dem Verzehr in Salzwasser garen.
Auberginen	2 + Ascorbinsäure	Schälen, in Scheiben schneiden. Für Gemüse, Ratatouille oder zum Überbacken.
Blumenkohl »Saxa« »Erfurter Zwerg«	ganzer Kopf 4 Röschen 2 + Ascorbinsäure	Frisch geerntete, feste, ganz weiße Köpfe verarbeiten. Ganzen Kopf oder gleichmäßig geteilte Röschen in warmes Salzwasser legen (evtl. vorhandene Raupen werden dadurch herausgelöst). Besonders vorteilhaft ist eine Vakuumpackung.
Gelbe, grüne Bohnen fadenlose Sorten »Saxa«, »Favorit«, »Sperlings Nova«, »Wachs Beste von Allen«	3	Waschen, abspitzen und evtl. abfädeln, in gleichlange Stücke brechen oder schneiden. Schnittbohnen weniger geeignet. Mit Bohnenkraut einfrieren. Gefrieren ist für die Haltbarmachung von Bohnen im Haushalt die günstigste Konservierungsart, weil sporenbildende Bakterien dabei am sichersten unwirksam gemacht werden.
Dicke Bohnen Puffbohnen Saubohnen	4	Enthülsen, verlesen. Für die spätere Verwendung als Salat nicht blanchieren, sondern gar kochen.
Brokkoli (Spargelkohl)	3	Die rechtzeitig vor dem Öffnen der Blütenknospen geernteten Röschen werden gewaschen und gleichmäßig geteilt. Ist der Stiel nicht mehr weich, muß er geschält werden. Brokkoli nicht in sprudelndem Wasser blanchieren, denn er ist sehr empfindlich.
Chicorèe	4	Waschen, halbieren und bitteren Kegel entfernen. Bei der Zubereitung warm verzehren oder mit Käsesauce überbacken. Für Salat nicht mehr geeignet.
Erbsen Mark- und Palerbsen	2	Enthülsen, waschen, junge zuckerreiche Sorten sind besser geeignet als überreife, stärkehaltige. Erbsen können mit Karotten gemischt werden.
Fenchel	4 +Ascorbinsäure	Waschen, halbieren oder vierteln, blanchieren. Je nach Rezept vor dem Verzehr zubereiten.
Gurken für Gemüse	–	Waschen, schälen, entweder in 6 cm lange und 1½ cm dicke Stücke schneiden, nicht blanchieren, und in Beutel verpacken oder Gurken halbieren, mit Hackfleisch füllen, in Alufolie verpacken und als gefülltes Gemüse zubereiten. Evtl. gleich Dill u. a. Kräuter in die Packung geben.

Gemüseart, gefrier-geeignete Sorten	Blanchierzeit Minuten	Arbeitsanleitung
Gurken für Salat »Produkta«, »Giganta«	–	Nur bedingt geeignet. Schlanke, festfleischige Salatgurken mit wenig entwickelter Samenanlage werden gewaschen, geschält, in ca. 3 mm dicke Scheiben geschnitten und verpackt. (Kostprobe am Stielende, denn bittere Gurken sind nicht brauchbar!) Bei Zimmertemperatur auftauen. Gurken nach spätestens 6 Monaten verbrauchen, evtl. unter Kartoffelsalat mischen.
Kräuter	–	Schnittlauch schneiden, Petersilienstengel entfernen und fein wiegen, andere Kräuter entweder geschnitten einfrieren oder im gefrorenen Zustand zerreiben, z. B. Dill.
Grüne, blaue Kohlrabi »Rogglis Freiland« »Rogglis Treib« »Wiener Glas«	3	Waschen, schälen, halbieren und in gleichmäßige Stifte schneiden. Junge Blätter kurz blanchieren, zerkleinern und mitgefrieren.
Meerrettich	–	Waschen, schneiden, reiben bzw. im Mixer pürieren, mit Zitronensaft verrühren und roh einfrieren. Bei der Zubereitung in kochender Flüssigkeit auftauen und Sauce zubereiten. Meerrettich kann auch mit Sahne oder geriebenen Äpfeln vermischt eingefroren werden.
Möhren, Karotten, Gelbe Rüben »Nantaiser« »Markgärtner« »Rothild«	3	Waschen, schaben, gleichmäßig in Stifte schneiden, oder Karotten 5–8 Minuten im ganzen kochen, dann schälen, schneiden und verpacken. Wirtschaftlich ist es, wenn bei der Ernte im Hausgarten nur die kleineren Möhren zu Gefriergut verarbeitet werden, denn sie können auch in Sand oder im Keller gut aufbewahrt werden.
Pilze	–	Wie üblich vorbereiten, mit Zitronensaft beträufeln, in Butter andünsten, ausgekühlt sofort verpacken. Pilze werden nicht blanchiert. Werden sie roh eingefroren, ist ihre Lagerdauer 3–6 Monate.
Paprika	2 oder roh einfrieren	Waschen, Samen und weiße Fächer sorgfältig entfernen, zerschneiden. Als frischer Salat ungeeignet, aber als Gemüse oder als Beigabe zu Tomatensauce gut. Die Haut wird leicht zäh und schwerer verdaulich.
Rhabarber	–	siehe Tabelle Obst
Rosenkohl »Hilds Ideal« »Wilhelmsburger«	3	Vor der Ernte soll Rosenkohl einmal durchgefroren sein. In Salzwasser waschen, putzen, Strunk kreuzweise einschneiden, nicht in Dampf blanchieren (wird bitter), gut verpacken.

Gemüseart, gefrier-geeignete Sorten	Blanchierzeit Minuten	Arbeitsanleitung
Sauerkraut	–	Wenn Sauerkraut vor Übersäuerung (wegen langer Lagerzeit oder zu hohen Lagertemperaturen) geschützt werden soll, dann kann es portionsweise gefroren werden. Für rohen Sauerkrautsalat ist es dann zwar ungeeignet, aber gekocht ist kaum ein Geschmacksunterschied feststellbar.
Schwarzwurzeln	Wenn blanchiert wird: 5 + Ascorbinsäure	Zarte, nicht holzige Stengel waschen, knapp garen, schälen, in 5 cm lange Stücke schneiden, mit Zitronensaft beträufeln, einfrieren. Nicht dampfblanchieren, schmeckt dann bitter.
Sellerie und Rote Rüben (Rote Bete)	Wenn blanchiert wird: 4 + Ascorbinsäure	Ungeschält knapp garen, schneiden, mit Zitronensaft einfrieren. Diese Konservierungsart ist für Suppengemüse günstig, sonst ist es wirtschaftlicher, Sellerie frisch zu bevorraten.
Spargel Bleichspargel Grünspargel	3–4 je nach Dicke	Entweder waschen, schälen, blanchieren oder ungeschält blanchieren und vor der Zubereitung in angetautem Zustand schälen. Es gibt in Haushaltsgeschäften preisgünstig spezielle Spargelschälmesser, deren Anschaffung sich lohnt! Unblanchiert eingefrorener Spargel ist nur bis 6 Monate lagerfähig und wird bei der Zubereitung leicht zäh.
Spinat Grünkohl Mangold	1–2	Stiele entfernen, waschen, blanchieren, hacken oder passieren, in 500-g-Paketen einfrieren, weil dann das Auftauen schonender möglich ist. Als »Rahmspinat« ebenfalls gute Gefriereigenschaft.
Suppengemüse-mischung	2–4 + Ascorbinsäure	Möhren, Lauch, Petersilienwurzeln und -grün, Sellerieknollen und -laub werden küchenfertig hergerichtet, blanchiert und in kleine Portionen abgepackt. Für eine Lagerzeit von 2–3 Monaten kann das Gemüse auch roh eingefroren werden.
Tomaten – ganz	–	Waschen, kleine Tomaten im ganzen einfrieren, als Salat nach dem Auftauen nicht mehr verwendbar. Geeignet für Pizza, Suppen, Saucen und Mischgemüse. Die Schale wird beim Gefrieren zäh, deshalb in gefrorenem Zustand in kochendes Wasser geben, bis die Schale platzt, an der Blüte kreuzweise einschneiden, gegenüberliegend mit 2 Fingern fassen und abziehen.
– für Saft und Mark		Entweder vorgekocht die ganze Frucht pürieren, nach Belieben eindicken und in Behälter verpacken, oder Tomaten vierteln, 10 Minuten ohne Wasser dämpfen, Saft abseihen, Mark einfrieren, oder Tomaten roh mixen, einfrieren.

Gemüseart, gefriergeeignete Sorten	Blanchierzeit Minuten	Arbeitsanleitung
Zuckermais	7	Körner sollen milchreif geerntet werden, also dann, wenn das Korn hellgelb, saftig und weich ist. Die Hüllblätter werden entfernt und die Kolben gewaschen, blanchiert, ausgekühlt verpackt. Bei der Zubereitung 30 Minuten in Salzwasser kochen.
Zucchini	–	Waschen, schälen, in ca. 3 mm dicke Scheiben schneiden, einfrieren. Lagerzeit: bis 6 Monate. Bei der Zubereitung als Gemüse mit Salz, Pfeffer, Zitronensaft, saurer Sahne und Dill abschmecken.

Zubereitung in der Regel ohne Auftauen. Gekochte Salate werden geschmackvoller, wenn das Gemüse beim Auftauen gegart wird und das Abkühlen in der Marinade erfolgt.
Die Kochzeit ist gegenüber frischem Gemüse bis zur Hälfte verkürzt.
Lagerdauer in der Regel bis zu 12 Monaten.
Ascorbinsäurezusatz: 2 g/5 l Blanchierwasser.
Nicht geeignet für die Gefrierkonservierung sind:
Chinakohl, Eissalat, Feldsalat, Kopfsalat, Radieschen, Rettich, Zwiebeln, Knoblauch.
Weißkraut, Rotkraut, Wirsing, Porree (Lauch) werden aus wirtschaftlichen Gründen frisch gelagert, Seite 210, 218. Als fertige Gemüsespeise zubereitet, z. B. Eintopf, ist Einfrieren sinnvoll.

Obst

Tiefgefrorene Früchte sind eine Delikatesse, wenn die Auswahl von gefriergeeigneten Sorten, reifen Früchten und die Arbeitsanleitungen für die jeweiligen Früchte berücksichtigt werden.
Obst mit intensiver Eigenfärbung, z. B. Johannisbeeren, Himbeeren, Kirschen, Erdbeeren eignet sich besser, als Obst, das sich leicht verfärbt, wie Äpfel, Birnen, Aprikosen.
Die richtige Reife ist notwendig, weil Obst während der Gefrierlagerung nicht nachreift. Überreife Früchte sind ungeeignet, weil sie häufig weich oder mehlig werden.
Obst, das nicht als Kuchenbelag und für Marmelade verwendet wird, soll mit Zuckerzusatz eingefroren werden. Dies bringt einige Vorteile: Zucker schließt den Luftsauerstoff direkt von der Obstoberfläche ab, dadurch wird ein Verfärben sowie eine Geruchs- und Geschmacksminderung verhindert. Außerdem werden Form und Konsistenz besser erhalten. Es darf aber nicht zuviel Zucker zugegeben werden, denn dadurch gefriert das Obst langsamer. Statt Rohr- und Rübenzucker kann auch Traubenzucker, Fruchtzucker oder Stärkesirup zugegeben werden. Mit Streu- oder Puderzucker wird Beerenobst eingefroren; Zuckerlösung, die abgekühlt über die Früchte gegeben wird, empfiehlt sich bei allen übrigen Obstarten (Seite 71 ff.). Eine Zugabe von 1 Gramm Ascorbinsäure auf 1 Liter Zuckerlösung erhält die Farbe bei Äpfeln, Birnen, Mirabellen, Aprikosen, Pfirsichen, Weintrauben. Das Blanchieren dieser Obstarten wirkt ebenfalls günstig auf die Farberhaltung. Die Zugabe von Pektin (z. B. 1 Eßlöffel Opekta auf 1 Liter Zuckerlösung) verbessert Aussehen und Safthaltevermögen. Dies ist nicht notwendig bei Preiselbeeren, Zwetschgen, Heidelbeeren und Stachelbeeren.

Beim Gefriervorgang tritt eine tiefgreifende Veränderung im Zellgewebe auf, deshalb verlieren aufgetaute Früchte ihre Knackigkeit, bröckeln ab (Himbeeren), werden wollig (Aprikosen), die Fruchthäute werden fester (Aprikosen, Zwetschgen) und die Kerne werden härter (Johannisbeeren, Weintrauben). Umfangreiche Untersuchungen haben gezeigt, daß die Vitamin-C-Verluste, wenn sachgemäßes Arbeiten vorausgesetzt wird, im allgemeinen 10% nicht überschreiten. Dies ist der große Vorteil der Gefrierlagerung von Obst.

Tips für die Praxis

▷ Schnell verarbeiten, Zucker zugeben, gut verpacken.
▷ Keine Metallgefäße verwenden, sondern Kunststoffbehälter oder Folien.
▷ Möglichst gleichbleibend tiefe Lagertemperatur einhalten.
▷ Das Auftauen soll nicht zu lange dauern.
▷ Früchte in Zuckerlösungen im geschlossenen Behälter auftauen.
▷ Beerenfrüchte eignen sich besonders für das Auftauen im Mikrowellengerät.
▷ Aufgetautes Obst baldmöglichst verzehren.

Kleinere Mengen Gefrierobst (250–500 g) können im Mikrowellengerät mit der gleichen Menge Gelierzucker (oder weniger) in 8–10 Minuten zu Konfitüre verarbeitet werden. Der Arbeitsaufwand ist dabei besonders gering, Vitamine und frischer Geschmack bleiben besonders gut erhalten.

Seite 69
Kühlen und Gefrieren mit modernen Elektrogeräten.

Links oben: *integrierbare Kühl- und Gefriergeräte mit Auszugstechnik.*

Rechts oben: *Tischgefrierschrank*

Links unten: *Standgefrierschrank mit »No frost«-Technik.*

Rechts unten: *integrierbares Vorratszentrum*

Seite 70
Oben: *Gefriertablett zum Einfrieren von Beerenobst.*

Links unten: *Kühlzelle plus Kältemodul – Frische bei gleichbleibender »Keller-Temperatur« für den großen Lebensmittelvorrat.*

Rechts unten:
Für Weinkenner: der Weinlagerschrank mit einer zwischen +6 °C und +15 °C stufenlos regelbaren Temperatur. Auf 13 herausziehbaren Ebenen lassen sich 100 Flaschen übersichtlich lagern.

2-6
4-8
6-12

JEVER
Sprite

Obst einfrieren

Obstart, gefriergeeignete Sorten	Streuzuckerzusatz je 500 g Obst	Zuckerlösung	Arbeitsanleitung
Äpfel »Ontario«, »Jonathan«, »Gravensteiner«, »Berlepsch«, »Cox Orange«	–	35%ig Schnitze bedecken	Schälen, achteln, Kerngehäuse entfernen, in schwache Kochsalz- oder 35%ige Zuckerlösung tauchen. 2 Minuten blanchieren (2 g Ascorbinsäure in das Blanchierwasser). Verwenden für Kompott, Süßspeisen, Eis – ohne Zucker als Kuchenbelag.
Apfelmus »Boskop«, »Jonathan«	80 g	–	Von geschälten oder ungeschälten Äpfeln zubereiten. Für Kompott, Eis und Süßspeisen. Wirtschaftlicher ist Sterilisieren.
Aprikosen »Royal« »Vintschgauer«	–	40%ig + Ascorbinsäure Früchte bedecken	Festfleischige Früchte waschen, kurz in heißes Wasser tauchen, schälen, dann entsteinen. Für Kompott ist Sterilisieren günstiger. Verwenden für Süßspeisen, Mixgetränke, Eis, Torten und als Kuchenbelag.
Birnen »Alexander Lukas« »Williams Christ« »Gute Luise«	–	20–40%ig + Ascorbinsäure	Verarbeitung und Verwendung wie Äpfel. Wirtschaftlicher ist aber die Haltbarmachung des Kompottes durch Sterilisieren.
Brombeeren »Theodor Reimers« auch Wildfrüchte	50 g	40%ig	Nur vollreife Früchte verwenden (Aromabildung), evtl. vorgefrieren, wenn Verwendung als Kuchenbelag. Für Süßspeisen, Kaltschalen, Getränke, Konfitüre.
Datteln	–	–	Ohne Zuckerzusatz. Verwenden zu Obstsalaten, Saucenverfeinerung.
Erdbeeren »Senga Sengana« »Senga Tigaiga«	75 g	–	Waschen und entstielen. Für Kompott und Bowle: halbieren, in Behälter mit oder ohne Zucker einfrieren. Für Kuchenbelag: gleichmäßige, kleine, feste Früchte auf einem Blech vorgefrieren, nach 4 Std. in Beutel verpacken. Diese Erdbeeren sind auch für die Garnitur von Süßspeisen und Torten geeignet. Für Süßspeisen, Konfitüre, Tortenfüllungen, Fruchtsaucen, Eis: Die rohen Erdbeeren werden im Mixer mit oder ohne Zucker zerkleinert, portionsweise in Behälter gefüllt und eingefroren. Diese Methode ist platzsparend und ideal für die Erdbeerhaltbarmachung.

Obstart, gefriergeeignete Sorten	Streuzucker-zusatz je 500 g Obst	Zuckerlösung	Arbeitsanleitung
Hagebutten	150 g	–	Je nach späterem Verwendungszweck mit und ohne Zucker. Früchte halbieren, kurz aufkochen und durch Fruchtpresse geben oder Kerne entfernen und pürieren. Verwenden für Konfitüre, Fruchtsaucen, Milchmix-getränken.
Heidelbeeren	100 g	–	Waschen, verlesen, für Kuchenbelag ohne Zucker verarbeiten. Verwenden für Konfitüre, Süßspeisen, Kompott.
Himbeeren »Schönermann« »Winklers Sämling«	75 g	35%	Die Form der Früchte leidet beim Waschen sehr. Möglichst vorfrosten, dann können die Früchte für Kuchenbelag und Verzierung verwendet werden, siehe Erdbeeren.
Johannisbeeren rote, schwarze und weiße, alle Sorten geeignet	100 g	40%ig	Nach dem Waschen entstielen. Auftauen evtl. mit Wasserzugabe (heiß). Verwendung für Konfitüre (Mischungen), Fruchtsaucen, Eis, Süßspeisen.
Kirschen, süß	75 g	35%ig	Feste, dunkle Sorten auswählen, helle Sorten zeigen Verfärbungen. Entsteinen, weil durch eine längere Lagerdauer bitter-mandelähnlicher Geschmack entstehen kann.
Kirschen, sauer »Schattenmorelle« »Weichsel«	75 g	45%ig	Festfleischige Früchte auswählen, entstei-nen, mit Zucker einfrieren. Den beim Ent-steinen anfallenden Saft zur Zuckerlösung geben. Verwendung für Kompott oder Obstsalat.
Kiwis	50 g	–	Schälen, in Scheiben schneiden oder für Eis pürieren.
Konfitüren	Bis 250 g Fruchtzucker	–	Früchte pürieren, bis 10 Minuten spru-delnd kochen, abgekühlte Masse ein-frieren. Diese Konfitüre enthält so wenig Zucker, daß sie ohne zusätzliche Konser-vierung nicht haltbar ist. Für Diabetiker geeignet (mit Anrechnung).
Mirabellen	50 g	35%ig	Waschen, verlesen, entsteinen, feste, nicht leicht bräunende Sorten auswählen. Verwendung für Süßspeisen, Kompott, Konfitüre.

Obstart, gefriergeeignete Sorten	Streuzucker-zusatz je 500 g Obst	Zuckerlösung	Arbeitsanleitung
Pfirsiche	–	40%ig + Ascorbinsäure	Kurz in kochendes Wasser tauchen, Haut abziehen, in ascorbinhaltiges Wasser legen, halbieren, entsteinen, einfrieren. Pfirsiche bringen nur befriedigende Ergebnisse beim Gefrieren. Verwenden für Kompott und Süßspeisen (Sterilisieren günstiger).
Preiselbeeren	–	40%ig	Wie Johannisbeeren.
Rhabarber	100 g	40%ig	Kann roh in Stücke geschnitten oder als fertiges Kompott eingefroren werden. Verwendung für Konfitüre, Mischkompott.
Stachelbeeren	100 g	35%ig	Waschen, entstielen und Blüten entfernen. Im ganzen oder püriert einfrieren. Verwendung für Konfitüren, Fruchtsaucen, als Kuchenbelag.
Zwetschgen »Hauszwetschge«	–	40–45%ig	Pflaumensorten weniger gefriergeeignet, die »Hauszwetschge« jedoch gut. Waschen, entsteinen, für Kuchenbelag nicht gezuckert, für Kompott gezuckert, auch roh verwertbar. Gibt dem Obstsalat guten Geschmack.
Zitrusfrüchte – Mandarinen – Orangen – Grapefruits – Zitronen	–	–	Am besten entsaftet einfrieren oder das Fruchtfleisch pürieren. Verwendung für Konfitüren, Getränke.
Obstsäfte	–	–	Aus vollreifen, saftigen Früchten, roh gepreßt, portionsweise einfrieren. Nach dem Auftauen verdünnen und evtl. süßen. Für sommerliche Getränke im Eiswürfelbehälter gefrieren und bei der Verwendung je 1 Würfel ins Glas, mit Sekt oder Mineralwasser aufgießen.

Zuckerlösung: 35%ige Zuckerlösung: 270 g Zucker auf 0,5 l Wasser
40%ige Zuckerlösung: 335 g Zucker auf 0,5 l Wasser
45%ige Zuckerlösung: 410 g Zucker auf 0,5 l Wasser

Wasser erhitzen, Zucker auflösen, abgekühlt über die Früchte geben. Notwendig bei Birnen, Kirschen, Mirabellen, Aprikosen, Pfirsichen, Zwetschgen.

Trockenzucker: 1 Teil Zucker auf 4–6 Teile Obst; bei Heidelbeeren, Johannisbeeren, dunklen Sauerkirschen, Brombeeren, Erdbeeren, Himbeeren.

Ascorbinsäure (0,1%) verhindert unerwünschte Bräunung (1 g/l).

Lagerdauer in der Regel bis zu 12 Monate.

Brot, Teige, Backwaren

Das Altbackenwerden von Brot und Backwaren geht in einem Temperaturbereich von +60 bis −7 °C vor sich. Das Problem beim Einfrieren dieser Lebensmittel liegt darin, diesen Bereich so schnell wie möglich zu durchlaufen; um so frischer bleibt das Gebäck. Ofenfrisches Gebäck wird deshalb rasch ausgekühlt und schockgefroren. Eine gute Verpackung ist besonders wichtig.

Brot wird am besten bei Zimmertemperatur aufgetaut. Dauert es zu lange, kann der Vorgang beschleunigt werden: Das Brot zunächst bei 50–70 °C 1 Stunde im Backofen auftauen, dann bei ca. 200 °C etwa 10 Minuten aufbacken. Unvorsichtiges Auftauen führt zum Absplittern der Kruste. Austrocknung während der Gefrierlagerung kann auch dazu führen.

Das Einfrieren von Teigen bringt deshalb Vorteile, weil größere Mengen in einem Arbeitsgang hergestellt werden können. Das langsame Auftauen benötigt jedoch erhebliche Wartezeiten.

Fertiges Gebäck, besonders Kleingebäck, kann besonders gut eingefroren werden. Steht ein Mikrowellengerät oder Heißluftherd zur Verfügung, kann überraschender Besuch schnell bewirtet werden.

Häufig treten beim Auftauen Schädigungen bei zucker- oder schokoladenüberzogenen Gebäckstücken auf, da der freiwerdende Wasserdampf den Überzug durch einen Feuchtigkeitsfilm blind werden läßt.

Brot, Teige, Backwaren einfrieren

Lebensmittel	Lagerdauer	Arbeitsanleitungen Auftauen im				Hinweise
		Kühlschrank	Zimmertemperatur	Backofen	Mikrowellengerät, Auftaustufe	
	Monate	Stunden	Stunden	Minuten	Minuten	
<u>Brot</u>						
Brötchen, Brezen, Stangengebäck	3	–	–	80 °C 4–5 + Auskühlen	1–2	1–2 Tassen Wasser auf den Backofenboden geben.
Weißbrot, Toastbrot, Graubrot, Mischbrot (1000 g)	3–6	6–8	3–4	100 °C 30 + 200 °C 10	8–10	Brotscheiben können gut im Toaster aufgetaut werden. 2 × 1 Tasse Wasser auf den Backofenboden geben.
Vollkornbrot, Pumpernickel, Grahambrot (500 g)	2	4–8	2–4	–	2–3	Für kleine Haushalte bzw. Diabetiker: Gemischte Tagesration in einen Beutel oder Alufolie verpacken.
<u>Teige</u>						
Blätterteig, Quarkblätterteig	4–6	5–6	1–2	–	2–3	Jeweils rechteckige 250-g-Portionen formen, in Alufolie verpacken. Auftauen, bis sich der Teig wie üblich formen läßt.

Lebensmittel	Lager-dauer	Arbeitsanleitungen Auftauen im				Hinweise
		Kühl-schrank	Zimmer-temperatur	Backofen	Mikrowellen-gerät, Auftaustufe	
	Monate	Stunden	Stunden	Minuten	Minuten	
Hefeteig 500 g Mehl / 50 g Hefe / 1 TL Back-pulver	2 Monate	5–6	2–3	–	–	Vor dem Einfrieren Hefeteig nicht ruhen lassen. In Behältern einfrieren.
Mürbeteig	2–3	5–6	3–4	–	2–3	In Alufolie verpacken, nur soweit antauen lassen, bis Verarbeitung möglich.
Rührteig, Back-pulverteig	2–3	5–6	2	–	–	In Alu-Kuchenformen ver-packen, nach dem Auftauen Packung öffnen und backen.
Brotteig, Sauerteig mit Hefezusatz	2	–	ca. 12	–	–	Vor dem Einfrieren nicht gehen lassen, Brotteig ver-backen, wenn doppeltes Volumen erreicht ist.
Blätterteiggebäck, z. B. Pasteten	1	–	–	220 °C 8	6–7	Glasieren nach dem Auf-tauen. Evtl. auch in der Pfanne trocken erwärmen.
Hefekleingebäck, Blechkuchen	1	–	–	170 °C 10	5–6	Wenn in Alufolie verpackt, in das Rohr einschieben; auf Glas- oder Porzellan-platte im Mikrowellengerät.
Rührkuchen, Kastenkuchen	4–6	–	4–6	50–70 °C 30	10	Günstig zum Auftauen im Mikrowellengerät. Evtl. mit Puderzuckerglasur einfrieren.
Biskuittortenboden	6–8	–	1–2	–	5	Auftauen, bis Weiterver-arbeitung möglich.
Biskuitrolle, gefüllt	4	2	1	–	Antauen 4	Backofen: Portionsstücke in Alufolie verpacken. Mikrowelle: Vorsichtig, nach Kontrolle nochmals ein-stellen.
Buttercreme-Sahnetorten	1–3	4–6	3–4	–	Antauen 5–8 Portions-stücke 2–3	Mikrowelle: Vorsichtig, nach Kontrolle nochmals ein-stellen. Evtl. vor dem Gefrieren in Portionen schneiden.
Quarksahnetorte	2	10–12	–	–	Antauen 2–3	Aufgeschnitten einfrieren, verkürzt die Auftauzeit.
Kleingebäck, Weih-nachtsplätzchen	1–3	–	0,5	–	2–3	Besonders um Arbeitsspit-zen vor Festtagen auszuglei-chen. Nach Sorten getrennt einfrieren, Geschmack!

Fertiggerichte einfrieren

Lagerdauer: 2–3 Monate

Gefriergut	Erhitzen auf der Kochplatte	Erhitzen im Backofen	Erhitzen im Mikrowellengerät[1])	Hinweise
Suppenbrühe, gebundene Suppen	Gefroren	–	Gefroren	Konzentriert einfrieren, mit heißem Wasser erhitzen. Gebundene Suppen evtl. nochmals binden.
Suppeneinlagen: Markklößchen, Leberknödel	Garen in der Suppe	–	–	Nach Rezept zubereiten, formen, roh einfrieren, getrennt nach Suppe und Einlage.
Pfannkuchen, Biskuits, Goldwürfel	In der fertigen, kochenden Brühe auftauen	–	–	Nach Rezept zubereiten, schneiden, einfrieren.
Braten, 750 g vom Rind, Schwein, Kalb, Wild	An- oder aufgetaut langsam erhitzen 30–50 Minuten	An- oder aufgetaut 175 °C 60–80 Minuten	An- oder aufgetaute Portionsscheiben am günstigsten	In Sauce einfrieren. In Scheiben geschnitten ist die Auftauzeit kürzer.
Hackbraten roh oder gebraten	–	1 kg roh, nicht angetaut 220 °C 120 Minuten gebraten: 220 °C 60 Minuten	Aufgetaut portionsweise erwärmen	Hackbraten mit wenig Zwiebeln und ohne Knoblauch zubereiten.
Fleisch- und Kohlrouladen fertig gegart	Angetaut, langsam in Sauce erhitzen 30–40 Minuten	Angetaut 220 °C bis 30 Minuten	Zuerst auftauen, dann erhitzen	Sauce evtl. nochmals binden und abschmecken.
Frikadellen, Fleischküchlein, Fleischpflanzerl Cevapcici roh eingefroren	Gefroren langsam in der Pfanne braten 20–30 Minuten	Angetaut grillen 15–25 Minuten	–	Vorrat an kleinen Hackfleischportionen für Hackfleischsaucen, gefülltes Gemüse usw. ist günstig.
Gulasch	Angetaut mit ⅛ Liter Wasser langsam erhitzen	–	Zuerst auftauen, dann erhitzen	Mit Salz und Zwiebelpulver nachwürzen.
Gefüllte Gurken, Paprika (halbgar vorbereitet)	Antauen, mit Wasserzusatz dünsten	Angetaut in feuerfester Form im Backofen 200 °C 30 Minuten	Zuerst auftauen, in feuerfester Form erhitzen	Gut geeignet

1) Auftauen und Erhitzen nach Gebrauchsanweisung des Geräteherstellers. Speisen abdecken

Fertiggerichte

Das Einfrieren von Fertiggerichten bietet eine große Arbeitserleichterung, besonders für berufstätige Frauen und Personen, die einen kleinen Haushalt zu versorgen haben.
Nach dem Grundsatz 1mal kochen – 3–4mal essen kann viel Zeit gespart werden. Auch den Haushaltsmitgliedern, die Diät halten müssen, ermöglicht überlegte Vorratsbereitung einen abwechslungsreichen Speiseplan. Auch der Vorteil der Geschmacksintensivierung durch das Zubereiten großer Mengen darf nicht unterschätzt werden. Einige Grundregeln sind jedoch zu beachten: Als Fette eignen sich: Margarine, Süßrahmbutter, gutes Öl (Olivenöl) und gehärtete Pflanzenfette. Schweineschmalz oder Erdnußöl bringen nach längerer Lagerzeit einen muffigen, talgig-dumpfen Geschmack.
Es sollte vorsichtig gewürzt werden. Bei längerer Lagerung verändern sich manche Gewürze, z. B. Basilikum, Curry, Knoblauch, Zwiebeln. Deshalb dem Essen erst vor dem Anrichten mit Kräutern die besondere Note geben. Frische Zwiebeln werden nur bei einer Lagerdauer bis zu 2 Monaten zugegeben. Bei längerer Lagerdauer besser Zwiebelpulver oder Trockenzwiebeln beim Aufwärmen zugeben. Durch Zusatz von Glutaminsäure (in Gewürzmischungen) kann man den typischen Aufwärmgeschmack unterbinden.
Als Bindemittel für Saucen eignet sich Vollkornmehl besser als Speisestärke. Mit Speisestärke kann eine grießige Sauce entstehen. Beim Aufwärmen ist es deshalb notwendig, nochmals Speisestärke zuzugeben.
Die Garzeit der Gerichte knapp bemessen (75% der üblichen Garzeit).
Sorgfältige Verpackung und Einhalten der Lagerzeit fördern die Qualität.
Ganz besonders wichtig ist das gute Durchkochen beim Wiedererwärmen. Dies ist aus hygienischen Gründen notwendig.

Reste einfrieren

Gefriergut	Verpackung	Lagerdauer	Verwendung
Zitronensaft, Grapefruitsaft, Weißwein, Kaffee, Tee	Eiswürfelfolie oder Behälter	6 Monate	Getränke, zum Abschmecken von Saucen bzw. Süßspeisen
Reis Teigwaren	Behälter oder Folie	6 Monate	Unaufgetaut in Salzwasser oder Fett erhitzen bzw. im Mikrowellengerät
Belegte Brote für Zwischenmahlzeiten	Alufolie oder Beutel	4 Wochen	Auftauen bei Zimmertemperatur
Kartoffeln gekocht	Dosen oder Beutel	6 Wochen	Zu Kartoffelbrei oder Suppe verarbeiten
Schlagsahne (Rahm)	Gespritzt auf Folie, vorgefroren verpacken	3 Monate	Für Verzierungen, zum Abschmecken von Saucen
Wurstreste, Aufschnitt, Känsereste	Alufolie	3 Monate	Nach Feiertagen oder nach zu großem Einkauf einfrieren, später verwerten
Tierfutter	Beutel	6 Monate	Größere Mengen portioniert einfrieren (geringerer Arbeitsaufwand)

Konzentrierte Knochenbrühe

Rinderknochen,
kaltes Wasser

Gewürze pro Liter Wasser: *2 Pimentkörner,*
2 schwarze Pfefferkörner,
1 kleines Lorbeerblatt, 1 Prise Thymian,
1 Knoblauchzehe, 1 Gewürznelke,
1 Liebstöckelblatt

Eine größere Menge Knochen in einen hohen Topf geben und kaltes Wasser und Gewürze zugeben, bis die Knochen knapp bedeckt sind. Ca. 1 Stunde leise kochen lassen, Suppe abseihen. Nach dem Erkalten entfetten, in Behältern einfrieren.
Um Behälter zu sparen, nach 1 Tag die Behälter kurz in heißes Wasser stellen, den Inhalt dann einzeln in Beutel verpacken und wieder einfrieren.

Auftauen
Gefrorenen Block in heißes Wasser legen und erhitzen, abschmecken.

Hinweise
Die Knochen können nochmals mit Wasser bedeckt 30 Minuten gekocht werden, dabei entsteht eine gute Suppenbrühe zum Sofortverbrauch.

Markklößchen

40 g Mark von Rinderknochen, Salz,
Muskat, 1 Ei, 50 g Semmelbrösel

Mark bei Zimmertemperatur weich werden oder im Mikrowellengerät schmelzen lassen, mit dem Handrührgerät schaumig rühren, Salz, Muskat, Ei und Semmelbrösel zugeben und die Masse gut vermischen. Kleine Klößchen formen und im Gefrierfach auf einer Platte vorgefrieren. Wenn die Klößchen fest gefroren sind, in Behälter oder Beutel verpacken.

Auftauen
Gefrorene Klößchen in kochende Brühe geben. Ca. 20 Minuten ziehen lassen. Richtig gegart sind die Markklößchen, wenn im Inneren noch ein kleiner, fester »Stern« ist.

Hinweis
Werden die Klößchen nicht weich, gibt man 1 Tasse kaltes Wasser möglichst auf die Oberfläche der Brühe, den Deckel auf den Topf und läßt alles nochmals aufkochen.

Variation
Für Semmelklößchen wird statt Rindermark Butter verwendet. Diese Klößchen können ebenfalls eingefroren werden.

Ochsenschwanzsuppe

750 g Rinderschwanzstücke,
30 g Butterschmalz, 2 Möhren, 1 kleines Stück Sellerie, 1 Lauch, 1 Zwiebel, Petersilienstengel,
2 kleine Tomaten, 1/4 Liter Rotwein,
1 1/4 l Wasser, 1 Lorbeerblatt, 2 Stengel
Thymian, 3 schwarze Pfefferkörner, evtl.
1 kleine getrocknete Peperoni, Salz, Zucker
Sherry und Petersilie zum Abschmecken

Fleisch waschen, abtupfen, in Butterschmalz anbraten. Feingeschnittenes Suppengrün zugeben, mit andünsten. Tomaten häuten, in Würfel schneiden, mit Rotwein, Wasser und Gewürzen zugeben. Zugedeckt kochen, bis sich das Fleisch vom Knochen löst. (90–120 Minuten, im Schnellkochtopf: 20–30 Minuten.) Fleisch aus der Suppe nehmen, Suppe durch ein Haarsieb abseihen, dabei wird sie »klar«. Erkaltet einfrieren. Fleisch vom Knochen lösen, getrennt einfrieren.

Auftauen
Suppe in 1 Tasse heißem Wasser auftauen und erhitzen, gefrorenes Fleisch zugeben, ziehen lassen.
Suppe mit Sherry abschmecken, mit fein gehackter Petersilie bestreuen.

Hinweis
Diese Suppe kann als Zwischenmahlzeit oder Vorspeise mit Toastbrot gereicht werden, oder als kräftige Suppe mit sättigendem Nachtisch als Mittagessen oder auch als Mitternachtssuppe.

Rinderschmorbraten

1½ bis 2 kg Rindfleisch von Kugel oder Hüfte,
50 g durchwachsener Speck, 1 EL Öl,
2 kleine Zwiebeln, 2 Tomaten, Salz, Paprika,
½ l Wasser, Saucenlebkuchen,
1 Becher Crème fraîche oder saure Sahne

Das gut abgehangene Fleisch würzen, mit Speckstreifen und Öl von allen Seiten gut anbraten. Zwiebeln und Tomaten zugeben, andünsten, würzen, Wasser aufgießen. 2 Stunden bei mittlerer Hitzezufuhr schmoren lassen, mit Saucenlebkuchen und Crème fraîche andicken.

Hinweise
Soll das Fleisch besonders zart werden, 2 Tage mit saurer Sahne oder Buttermilch bedeckt in den Kühlschrank stellen oder nach dem Anbraten 1 Eßlöffel Rum oder Weinbrand darüber gießen.
Eine Portion sofort servieren, den Rest nach Portionsgrößen mit Sauce in Kunststoffbehälter füllen, beschriften und einfrieren.
Lagerdauer: bis 3 Monate.

Variation
Mit Schweinefleisch kann dieser Schmorbraten auch hergestellt werden. Dazu passende Gewürze: Beifuß oder Nelken, Rosmarin, Basilikum, Majoran.

Sauerbraten

Marinade: *¼ l Weinessig (5%ig), ½ l Wasser,*
1 Lorbeerblatt, 4 Pfefferkörner,
4 Pimentkörner, 1 Zwiebel, 1 Möhre,
1 Stück Lauch

1½ bis 2 kg Rindfleisch vom Schaufelstück oder falsches Filet

1 EL Öl, 50 g durchwachsener Speck,
1 Zwiebel, 1 Tomate, 1 Saucenlebkuchen

Marinade aufkochen und abkühlen lassen. Fleisch waschen, in eine Schüssel legen, mit Marinade übergießen und 2–3 Tage liegen lassen. Fett und Speck erhitzen. Fleisch aus der Marinade nehmen, mit Küchenkrepp abtupfen, von allen Seiten anbraten. Zwiebel und Tomate kleinschneiden, zugeben, mit Marinade aufgießen, Saucenlebkuchen zugeben. Ca. 2 Stunden bei mittlerer Hitzezufuhr garen.

Hinweis
Eine Portion sofort servieren, die anderen in Kunststoffbehältern mit Sauce einfrieren.
Lagerdauer: 3 Monate.

Rouladen

10 Fleischscheiben (aus der Ober-, Unterschale oder Kugel vom Rind, Schweineschnitzel, Kalbsschnitzel), Salz, Pfeffer, Senf, 100 g Speckwürfel, 4 Zwiebeln, 3 EL Öl, Mehl, ½ l Wasser, 1 Becher Crème fraîche

Fleischscheiben nicht waschen, einzeln auf eine Platte legen, würzen, mit Senf bestreichen. Speckwürfel mit Zwiebeln rösten, die Rouladen damit belegen, aufrollen, mit Rouladennadeln oder einem Holzspießchen zusammenhalten. Öl erhitzen, Rouladen in Mehl wenden, von allen Seiten anbraten. Wasser aufgießen, 1 Stunde schmoren lassen, mit Crème fraîche abschmecken.

Hinweise
Ist der Topf zu klein, besser die Rouladen in zwei Portionen anbraten, weil sie dann schneller braun werden.
Eine Mahlzeit sofort servieren, den Rest portionsweise in Kunststoffbehältern verpacken.
Lagerdauer: 3 Monate

Kohlrouladen mit Hackfleischfülle

1 möglichst großer Kopf Weißkraut (Weißkohl) oder Wirsing, 750 g gemischtes Hackfleisch, 2 Eier, 1 große Zwiebel, Salz, Pfeffer, Paprika, 1 eingeweichtes Brötchen, 50 g Öl, ½ l Wasser, Vollkornmehl, saure Sahne

Den Krautkopf 10 Minuten in kochendes Wasser legen, damit sich die Blätter leichter lösen. Hackfleischteig anmachen, auf die großen Kohlblätter verteilen, wenn notwendig die Rippen abflachen, so aufrollen, daß das ganze Fleisch rundum eingehüllt ist, wenn notwendig mit Faden oder Nadel zusammenhalten. Öl erhitzen, die Rouladen mit Küchenkrepp abtupfen, auf allen Seiten bräunen, mit Wasser aufgießen, 45 Minuten schmoren lassen. Die Sauce mit Vollkornmehl binden (bleibt beim Gefrieren sämiger), mit Sahne abschmecken. Eine Portion sofort servieren, den Rest in Kunststoffbehältern einfrieren.
Lagerdauer: 3 Monate.

Hinweis
Größere Mengen können auch in der Fettpfanne des Backofens zubereitet werden. Sie werden mit Speckscheiben belegt und 60 Minuten gegart.

Kräuterbutter

125 g Butter, Paprika, Zitronensaft, Worcester- oder Pfeffersauce

Pikante Butter zu gegrilltem Fleisch oder Fisch kann in Portionen eingefroren werden, die später nach Bedarf entnommen werden.
Weiche Butter mit feingehackter Petersilie, Paprika, Zitronensaft und Worcester- oder Pfeffersauce verrühren, eine Rolle von 2 cm Durchmesser formen, im Kühlschrank fest werden lassen, in Portionen schneiden, in Alufolie wickeln und einfrieren.
Lagerdauer: 3 Monate.

Variationen
Butter mit frischem Meerrettich und Zitronensaft, Butter mit Senf, Butter mit Paprika oder anderen Gewürzen abschmecken.

Eis selbermachen mit speziellen Eisbereitern bringt Freude und Genuß für Groß und Klein

Eis

Grundrezept

¼ l Milch, 2 Eigelb, 75 g Zucker,
¼–½ l Schlagsahne

Geschmackszutaten: *1 Vanilleschote*
oder 1 Tafel zartbittere Schokolade
oder Schokolade und Haselnüsse sowie in Rum eingeweichte Rosinen, Eierlikör

Milch mit den entsprechenden Geschmackszutaten erhitzen. – Vanilleschote aufschlitzen und das Mark mit einem Messer herausschaben, Stange und Mark aufkochen, Stange dann entfernen. – Schokolade in die Milch legen und öfter umrühren, Nüsse mit aufkochen lassen, Rumrosinen vor dem Gefrieren untermischen –. Das Eigelb mit Zucker schaumig schlagen, in die heiße Milch einrühren. Nach dem Erkalten die Sahne steif schlagen, Milchmasse unterheben, in Behälter füllen und während des Gefrierens mehrmals durchrühren.

Sahneeis

Grundrezept

3 Eiweiß, 3 Eigelb, 80 g Zucker,
¼ l Schlagsahne

Geschmackszutaten: *ausgeschabtes Mark einer Vanilleschote*
oder Vanillinzucker
oder 2 EL Rum mit 100 g gehackter Schokolade und 2 EL Kakao
oder 1 Vanilleschote und 6 EL Eierlikör

Eiweiß in einer größeren Rührschüssel mit dem Handrührgerät sehr steif schlagen. In einer zweiten Rührschüssel Eigelb und Zucker schaumig schlagen, Eischnee unterheben. Die leergewordene Schüssel ausspülen, auf 4 °C gekühlte Schlagsahne darin sehr steif schlagen. Eimasse und Geschmackszutaten unterheben, in Kunststoffbehälter füllen, beim Gefrieren 3–4mal mit einer Gabel vermischen, nicht unnötig rühren.

Vanilleeis mit flambierter Orangensauce

Orangensauce: *50 g Zucker,*
50 g Mandelblättchen, 300 ml Orangensaft,
200 ml Zitronensaft, 2 Bananen

500 ml Vanilleeis, 100 ml Rum (54%)

Zucker in einer (Kupfer-)Pfanne trocken erhitzen, bis er bräunlich wird. Mandelblättchen zugeben, gut verrühren, mit Orangensaft aufgießen. Zitronensaft und geschälte, halbierte Bananen zugeben und kochen, bis die Bananen weich sind. Während dieser Zeit Vanilleeis portionieren, Rum in einem Töpfchen auf dem Herd oder in einer Tasse im Mikrowellengerät anwärmen. Eis und Pfanne mit der Sauce auf den Tisch stellen, Rum anzünden und über die Sauce gießen.

Fruchtsorbet

Sorbet ist halbgefrorenes Eis. Es kann sowohl wie Eis verzehrt, als auch mit Mineralwasser oder Sekt aufgegossen werden. Wird es als Vorrat zubereitet, muß es vor dem Verzehr angetaut oder im Mikrowellengerät 2 Minuten auf Auftaustufe gestellt werden. Sorbet kann auch durch Mixen von gefrorenen Früchten kurz vor dem Verzehr hergestellt werden.

Kiwisorbet

6 Kiwifrüchte, 3 EL kaltes Wasser, nach Belieben Zucker, 3 EL Orangenlikör

Kiwi schälen, in Scheiben schneiden, mit der Gabel zerdrücken und teilweise pürieren, Wasser zugeben, wenn erwünscht mit Zucker und Likör abschmecken. In Kunststoffbehältern einfrieren.

Hinweis
Kiwifrüchte haben einen hohen Vitamin-C-Gehalt. Wenn sie preisgünstig sind, sind sie ein guter Vorrat für die Wintermonate.
Lagerdauer: Bis 6 Monate.

Stachelbeer-Johannisbeer-Sorbet

300 g Stachelbeeren, 100 g schwarze Johannisbeeren oder beliebige Mischung der beiden Früchte, 100 g Zucker, 125 g Wasser, 3 EL Cassis (Likör aus schwarzen Johannisbeeren)

Alle Zutaten im Mixer pürieren, bis die Früchte zerkleinert sind. Zucker, Wasser und Likör zugeben. In Kunststoffbehältern einfrieren.

Gefriergeeignete Kuchen und Torten

Markscher Nußkuchen

250 g Butter, 250 g Zucker, 4 Eier, 250 g gemahlene Nüsse, 250 g Mehl, 1 Päckchen Backpulver, 1 Tafel zartbittere Schokolade, Fett und Semmelbrösel für die Form, Schokoladenglasur

Butter mit dem Handrührgerät schaumig rühren, Zucker und Eier abwechselnd zugeben, bis es eine leichte Schaummasse wird. Zuerst die gemahlenen Nüsse, dann das gesiebte Mehl mit Backpulver und die gehackte Schokolade unterheben. In eine gefettete und mit Semmelbröseln ausgestreute Gugelhupfform füllen, backen. Noch warm aus der Form nehmen, erkaltet mit weicher Schokoladenglasur bestreichen.
Backtemperatur: 170–190 °C
Dauer: 1 Stunde

Hinweis
Wird der Kuchen eingefroren, nicht mit Schokoladenglasur bestreichen, im ganzen oder stückweise in Alufolie verpacken. Nach dem Auftauen mit Glasur überziehen.

Mohnkuchen

200 g Butter oder Margarine, 200 g Zucker, 8 Eier, 250 g gemahlener Mohn, 100 g Haselnüsse, 1 Päckchen Vanillinzucker, 1 EL Mehl, 1 Messerspitze Backpulver, Fett und Mehl für die Form, Schokoladenglasur

Butter schaumig rühren. Zucker und Eier abwechselnd zugeben, bis es eine leichte Schaummasse wird. Übrige Zutaten unterheben, in eine gefettete und mit Mehl ausgestreute Kastenform füllen, backen. Noch warm aus der Form nehmen, erkaltet mit Schokoladenglasur bestreichen.
Backtemperatur: 170–190 °C
Dauer: 1 Stunde
Ohne Glasur in Alufolie verpacken und einfrieren.

Eierlikörkuchen

6 Eier, 250 g Puderzucker, 2 Päckchen Vanillinzucker, 1 Prise Salz, ¼ l Eierlikör, ⅛ l Öl, 250 g Mehl, 1 Päckchen Backpulver, Fett und Mehl für die Form

Eier mit Puderzucker schaumig rühren. Geschmackszutaten und Öl zugeben, dann gesiebtes Mehl und Backpulver unterheben. In eine gefettete und mit Mehl ausgestreute Kastenform füllen, backen. Noch warm aus der Form nehmen, mit Puderzucker bestreuen.
Backtemperatur: 150–170 °C
Dauer: 90 Minuten
In Alufolie verpacken und einfrieren.

Zitronenkuchen mit Haferflocken

180 g Butter, 200 g Zucker, 4 Eier, 150 g Mehl, 100 g zarte Haferflocken, 1 Päckchen getrocknete Zitronenschale, Fett und Haferflocken für die Form, 100 g Puderzucker und Saft von 2 Zitronen zum Beträufeln

Butter schaumig rühren, Zucker und Eier zugeben, übrige Zutaten unterheben. In eine gefettete, mit Haferflocken ausgestreute Kastenform füllen und backen. Puderzucker und Zitronensaft verrühren. Den heißen Kuchen aus der Form nehmen, mit der Mischung aus Puderzucker und Zitronensaft beträufeln.
Backtemperatur: 170–190 °C
Dauer: 1 Stunde
In Alufolie verpacken und einfrieren.

Variation
Dieser Kuchen kann auch mit Orangenschale und -saft hergestellt werden.

Hefekäsekuchen aus dem Sudetenland

600 ml Schlagsahne, 200 ml saure Sahne, 1 Tropfen Essig

Hefeteig: *40 g Hefe, 80 g Zucker, ¼ l Milch, 500 g Mehl, 2 Eier, 1 Prise Salz, 80 g Butter*

Belag: *1 kg Quark, 2 Eier, Zucker und Sahne nach Geschmack*

Zwetschgenmus, Rosinen, gestiftelte Mandeln und Saucenlebkuchen, Mohn

Sahne und Essig am Tag zuvor verrühren, warm und still 12 Stunden stehen lassen, die Masse wird dicklich.
Hefe mit wenig Zucker anrühren, 4 Eßlöffel Milch zugeben und gut verrühren. Mehl in eine Schüssel geben, mit der angerührten Hefe und allen übrigen Zutaten zu einem mittelfesten Teig verarbeiten, ruhen lassen, warm stellen.
Für den Belag alle Zutaten mit dem Handrührgerät schaumig schlagen. 12–14 desserttellergroße Pergamentpapierkreise ausschneiden, Teigplatten darauf ausrollen, einen höheren Rand formen. Quark über die Innenfläche verteilen, mit Zwetschgenmus, Rosinen und Mandeln verzieren. Den Lebkuchen reiben und auf den Rand streuen, in die Mitte ein bißchen Mohn und darüber 1–2 Eßlöffel dickliche Sahne geben. Hell backen.
Backtemperatur: 200–220 °C
Dauer: 15–20 Minuten
In Alufolie oder Gefrierdosen verpacken und einfrieren. Beim Auftauen kurz aufbacken.

Kuppeltorte

Biskuitmasse: *4 Eier, 2 EL kaltes Wasser, 100 g Zucker, 100 g Mehl, 1 TL Backpulver, 30 g Kakao, Fett und Mehl für die Form*

Creme: *3 Blatt weiße Gelatine, 600 ml Schlagsahne, 2 Tafeln zartbittere Schokolade, 1 EL Orangenlikör*

Belag: *200 g Marzipanrohmasse, 100 g Puderzucker, Orangenmarmelade*

2 EL Orangenlikör mit 100 ml Wasser verdünnt, 30 g Pistazienkerne

Biskuit herstellen: Eier mit Wasser und Zukker sehr schaumig schlagen, übrige Zutaten unterheben. In eine 26 cm große, gefettete und mit Mehl ausgestreute Springform füllen. Sofort backen.
Backtemperatur: 170–190 °C
Dauer: 40 Minuten
Für die Creme: Gelatine in kaltem Wasser einweichen. Schlagsahne mit Schokolade in einem Topf aufkochen, dabei mehrmals umrühren, damit die Schokolade verteilt wird. In die heiße Masse die ausgedrückte Gelatine geben, in eine Rührschüssel füllen und über Nacht in den Kühlschrank stellen.
Am nächsten Tag Biskuit einmal durchschneiden. Eine tiefe, aber nicht zu steil abfallende Schüssel auswählen, mit Alufolie auslegen. Marzipanrohmasse mit Puderzucker verkneten, mit einem Nudelholz eine runde, dünne Platte ausrollen, auf die Alufolie in die Schüssel legen. Mit Orangenmarmelade bestreichen, einen Biskuitboden auf die Marmelade legen, mit verdünntem Orangenlikör tränken. Die Creme aus dem Kühlschrank nehmen, mit dem Handrührgerät schaumig schlagen, Orangenlikör dazugeben. Die Hälfte der Masse in die Schüssel geben, glatt streichen. Den zweiten Boden tränken, die Creme in der Schüssel damit abdecken, 30 Minuten in den Kühlschrank stellen.
Schüsselinhalt auf eine Tortenplatte stürzen, dann ist die Torte kuppelartig geformt. Mit der restlichen Creme den »Berg« bestreichen, mit einem Messer Spitzen formen, mit Pistazien bestreuen.
Diese Torte kann im ganzen und geteilt eingefroren werden: Vorgefrieren, dann in Alufolie verpacken und gefrierlagern. Im Sommer kann sie auch als Eistorte serviert werden.

Burgstall-Torte

Biskuitmasse: *7 Eiweiß, 150 g Zucker, 7 Eigelb, 100 g Vollkornmehl, 150 g gemahlene Mandeln, 75 g geriebene Schokolade, Fett und Mehl für die Form*

Füllung: *75 g Schokolade, 150 g Butter, 100 g gesiebten Puderzucker, 2 Eier, Schokoladenraspeln nach Belieben*

Eiweiß zu festem Schnee schlagen, Zucker und Eigelb zugeben. Alle übrigen Zutaten unterheben, in eine vorbereitete 26 cm große Springform füllen, sofort backen, auskühlen lassen.
Backtemperatur: 170–190 °C
Dauer: 60–70 Minuten
Schokolade im Wasserbad oder Mikrowellengerät schmelzen lassen. Butter schaumig rühren, Puderzucker und Eier unterheben, weiche Schokolade hinzufügen und gut verrühren, kalt stellen.
Den Tortenboden einmal durchschneiden, die Hälfte der Creme auftragen, zweiten Boden auflegen und die restliche Creme auf der Torte

verteilen. Den Tortenrand nach Belieben mit Schokoladenraspeln verzieren oder mit einer Gabel Muster formen.
Vorgefrieren, dann in Alufolie verpacken und gefrierlagern.

Kirchweih-Fleck'n

Böhmische Spezialität

Hefeteig: *40 g Hefe, 80 g Zucker, ¼ l Milch, 500 g Mehl, 2 Eier, 1 Prise Salz, 80 g Butter*

Mohnbelag: *¾ l Milch, 500 g gemahlener Mohn, 100 g Butter, 150 g Zucker, 1 Saucenlebkuchen*

Quarkbelag: *500 g Quark, 1 Ei, 50 g Zucker, 1 EL Vanillepuddingpulver*

Zwetschgenmus (Powidl), Rezept Seite 144, Rosinen, Eigelb zum Bestreichen

Hefe mit wenig Zucker anrühren, 4 Eßlöffel Milch zugeben und gut verrühren. Mehl in eine Schüssel geben, mit der angerührten Hefe und allen übrigen Zutaten zu einem mittelfesten Teig verarbeiten, ruhen lassen, warm stellen.
Inzwischen den Belag vorbereiten: Milch und Mohn unter Rühren aufkochen, sonst brennt die Masse an (im Mikrowellengerät setzt es nicht an), Butter, Zucker und Saucenlebkuchen zugeben. Masse über Nacht auskühlen lassen. Ist die Masse sehr weich, wenn sie erkaltet ist, dann 1 Eßlöffel Schokoladenpuddingpulver unterrühren, damit sie beim Backen fester wird.
Quark, Ei und Zucker schaumig rühren, Puddingpulver zugeben.
Zwetschgenmus bereitstellen.
4 mal 1 Eßlöffel Hefeteig auf ein mit Backpapier ausgelegtes Backblech geben, dünn zu einer ca. 12 cm großen Platte auswellen, mit einem dickeren Rand, der mit Eigelb bestrichen wird. Die verschiedenen Beläge verteilen, z. B. auf einen »Fleck« zur Hälfte Quark, zur anderen Hälfte Mohn, mit Rosinen verziert oder die Fleck'n vierteln und je 2 gegenüberliegende Viertel mit Zwetschgenmus und Quark bestreichen. Das Gebäck soll dekorativ aussehen. Backen.
Backtemperatur: 200–220 °C
Dauer: ca. 15 Minuten
In Alufolie oder Gefrierdosen verpacken und einfrieren. Beim Auftauen kurz aufbacken.

Rohgerührte Konfitüre

Rezept aus Kanada

2 kg Erdbeeren, Himbeeren oder Pfirsiche, 1,5 kg Zucker oder weniger, ¼ l Wasser, 60 g Flüssigpektin

Früchte waschen, mit der Gabel zerdrücken, bei Erdbeeren Zitronensaft zugeben, mit Zukker 2 Minuten verrühren. Kaltes Wasser mit Pektin anrühren, aufkochen (im Mikrowellengerät setzt es nicht an), unter die Fruchtmasse geben. Schraubgläser bis 5 mm unter dem Rand füllen. 24 Stunden stehen lassen, vorgefrieren, mit Schraubdeckel verschließen und gefrierlagern.

Sterilisieren und Pasteurisieren

Die Möglichkeit Lebensmittel durch Hitze in Gläsern und Dosen zu konservieren wurde erst gegen Ende des 18. Jahrhunderts entdeckt. Durch die medizinischen Forschungen von Louis Pasteur (1822–1895) und Robert Koch (1843–1910) zur Bekämpfung der Infektionskrankheiten, wurden auch auf dem Gebiet der Lebensmittelhaltbarmachung wesentliche Fortschritte erzielt.

Heute hat das Sterilisieren in vielen Haushalten an Bedeutung verloren. Es ist jedoch eine ideale Ergänzung des Gefriervorrates:

▷ Bei Aprikosen, Birnen, Mirabellen, Pfirsichen und Renekloden bleiben Geschmack und Qualität durch Hitzekonservierung besser erhalten als durch Einfrieren.

▷ Vorteile bringt die sofortige Verwendbarkeit, z. B. von Wurstwaren und Kompott.

▷ In Gläser eingemachte Fertiggerichte eignen sich zum Erwärmen im Mikrowellengerät.

▷ In Dosen sterilisierter Vorrat ist vor Strahleneinwirkung geschützt. Deshalb gehören Dosenvorräte zum Notvorrat.

▷ Gläser und Dosen können problemlos transportiert werden, z. B. für Picknick, für den Studenten, der sich einige Spezialitäten aus Mutters Küche mitnehmen möchte.

▷ Sterilisierter Vorrat ist unabhängig von Witterungseinflüssen und von der Stromversorgung.

Wirkungsweise

Beim Haltbarmachen durch Hitze unterscheidet man Sterilisieren und Pasteurisieren. Im allgemeinen versteht man darunter Einmachen, Einkochen oder Einwecken.

Das Ziel dieser Verfahren ist es, durch das Erhitzen die

▷ Mikroorganismen abzutöten oder in ihrer Entwicklung zu hemmen.

▷ Die lebensmitteleigenen Enzyme zu zerstören oder wirkungslos zu machen.

▷ Durch einen luftdichten Verschluß der Gefäße den Inhalt keimfrei zu halten.

Sterilisieren

Nach R. HEISS bedeutet die *praktische Sterilität* die Abwesenheit von krankheitserregenden, giftbildenden und qualitätsmindernden Mikroorganismen sowie die Ausschaltung der Enzyme.
Die Erhitzungszeiten, die notwendig sind, um ein praktisch steriles Produkt zu erhalten, sind nicht nur temperaturabhängig, sie werden auch durch das Lebensmittel selbst bestimmt. Fruchtsäfte sind z. B. bei einer Temperatur von 75 °C praktisch steril, da eventuell noch vorhandene Sporen in diesem sauren Milieu nicht auskeimen können.
Nicht saure Produkte wie Fleisch, Fisch, Erbsen, Bohnen, Spargel, Spinat, Pilze, benötigen z. T. 121 °C, oder ein zweimaliges Erhitzen bei 100 °C um steril zu sein.
Fette und Öle schützen Mikroorganismen und Enzyme vor der Hitze, so daß sich der Sterilisiervorgang verzögert. Essig in der Rezeptur verkürzt die Abtötungszeit, ebenso ein Salzgehalt von mehr als 4%.
Ein niedriger Salzgehalt in Gemüserezepturen und ein niedriger Zuckergehalt bei der Kompottbereitung erhöhen die Hitzebeständigkeit der Sporen, Hefen und Schimmelpilze.
Bei flüssigem Dosen- oder Gläserinhalt wird die Wärme von außen nach innen durch Konvektion (Bewegung) während des langsamen Erhitzens übertragen. Je fester der Inhalt in seiner Beschaffenheit (Konsistenz) ist, z. B. Fleisch, Bohnen, desto größer können die Temperaturunterschiede von den Randschichten bis zum Mittelpunkt des Inhalts sein. Wird nicht im ganzen Inhalt die notwendige Sterilisiertemperatur erreicht, treten mit zunehmender Lagerzeit Verderberscheinungen auf. Dies ist eine häufige Fehlerquelle bei der häuslichen Vorratsbereitung.

Pasteurisieren

Beim Pasteurisieren werden außer hitzeverträglichen und sporenbildenden Mikroorganismen alle Krankheitserreger abgetötet. Die Einschränkung des für die Mikroorganismen verfügbaren Wassers durch Zusätze, z. B. hohe Zuckerzugaben, oder entsprechende Lagerbedingungen (Kühlschrank) verlängern die Haltbarkeit pasteurisierter Lebensmittel.

Gesundheitliche Gesichtspunkte

Die gesundheitlichen Gesichtspunkte beziehen sich hauptsächlich auf die Nährstofferhaltung. Eiweiß wird, wie bei jeder Hitzebehandlung aufgespalten, das verbessert die Verdaulichkeit. Sind im Lebensmittel zusätzlich bestimmte Zuckerstoffe enthalten, kann während der Erhitzung bzw. während der Lagerzeit eine Bräunung entstehen (Maillard-Reaktion). Die so veränderten Eiweißbestandteile werden vom menschlichen Organismus nicht mehr verwertet. Auch die Enzyme sind Eiweißstoffe. Sie werden bei einer Temperatur von 60–80 °C zerstört. Durch das Erhitzen wird das Wasserbindungsvermögen des Eiweißes verringert. Das Bindegewebe in Fleisch und Fisch wird dadurch zäh und trocken.
Hitzeempfindliche Eiweißbestandteile werden zerstört. Dabei freiwerdender Schwefelwasserstoff kann Dosenkorrosion auslösen (Seite 19). Wasserlösliche Eiweißbestandteile werden von der Aufgußflüssigkeit ausgelaugt. Die Veränderungen im Fettanteil der Lebensmittel sind unbedeutend. Die Verdaulichkeit der Kohlenhydrate wird verbessert: Stärke quillt und Zuckerstoffe werden aufgespalten.

Mineralstoffverluste treten beim Waschen und Blanchieren auf, weniger beim Sterilisieren, besonders wenn die Aufgußflüssigkeit verwendet wird. Es wurde jedoch festgestellt, daß Erbsen, Möhren und Bohnen beim Blanchieren in hartem Wasser Calcium- und Magnesiumsalze aufnehmen. Die Kocheigenschaft dieser Gemüse wird dabei nachteilig beeinflußt. 1 Messerspitze Natron – in Drogerien erhältlich – im Blanchierwasser bindet die Härte.

Die Vitaminverluste werden bei der Konservenindustrie durch genaues Einhalten der Sterilisationsbedingungen möglichst gering gehalten. Auch im Haushalt sind Rohware, Verarbeitung, Sterilisationsvorgang und Lagerbedingungen für die Vitaminerhaltung entscheidend. Bei zunehmender Reife erhöht sich der Vitamin- und Mineralstoffgehalt in Gemüse und Obst, überreif verarbeitetes Gut führt jedoch zu Qualitätsverlusten.

Für die Vitaminerhaltung besonders bedeutungsvoll ist die schnelle Verarbeitung der Rohware. Nach J. Schormüller verliert Spinat nach zweitägiger Lagerung 75% seines Vitamin-C-Gehalts. Hohe Verluste treten auch bei Möhren und neuen Kartoffeln bei einer Lagerung bei 20 °C auf.

Beim Blanchieren im Haushalt liegen die Vitamin-C-Verluste zwischen 13–60%, Vitamin-B_1-Verluste zwischen zwischen 2–30%, Vitamin-B_2-Verluste zwischen 5–40%. Trotzdem ist es sinnvoll, Gemüse für eine längere Lagerung zu blanchieren, weil damit die Enzyme und der Sauerstoff im Gemüse ausgeschaltet werden. Enzyme und Sauerstoff können während des Sterilisiervorganges größere Verluste und Qualitätseinbußen verursachen.

Verluste während des Sterilisierens werden durch Temperatur, Zeit und eingeschlossener Luft beim Füllen des Behälters bestimmt.

Durchschnittliche Verluste an wasserlöslichen Vitaminen in Gemüsen durch Sterilisieren (nach Lund 1979 – Blanchierverluste einbezogen)

Vitamine der B-Gruppe	
B_1	69%
B_2	55%
B_6	54%
Niacin	46%
Pantothensäure	61%
Folsäure	61%
Biotin	51%
Vitamin C	64%

In der Säure in den Fruchtsäften wird Vitamin C gut erhalten, B_6 geht zu 40% verloren. Nach R. Heiss gehen beim Sterilisieren von Fleisch ⅔ des B_1-Gehalts, ⅓ des B_6, B_{12} und Pantothensäure-Gehaltes verloren, B_2 und Niacin bleiben fast vollständig erhalten. Häufig ist die Mühe umsonst, die man sich durch schonendes Sterilisieren gemacht hat, wenn die Lagerung in zu warmem »Klima« erfolgt, denn in den Dosen und Gläsern laufen während der Lagerung viele Wechselwirkungen ab. Geschmackliche Veränderungen durch Sauerstoff und Lichteinfluß bei Birnen, Pfirsichen, Äpfel, Spargel in Gläsern und Vitaminverluste.

Für die Vorbereitungsarbeiten von Obst und Gemüse wurden einfache Handgeräte verwendet. Der angegebene Zeitbedarf beinhaltet das Spülen der Gläser und Gummiringe sowie das abschließende Reinigen von Arbeitsgeräten, Arbeitsfläche, Herd und Spüle. Dabei ist unterstellt, daß zwei Chargen hintereinander verarbeitet werden, d. h. der für einmaliges Reinigen erforderliche Zeitbedarf ist der Charge nur zur Hälfte angelastet.

Arbeitszeitbedarf

Arbeitszeitbedarf für das Sterilisieren von Obst und Gemüse

Art des Vorratsgutes	Arbeitszeitbedarf		
	Je Charge[1)] Minuten	Je kg Minuten	Je Behälter-einheit Minuten
Sterilisiergut in 1 Liter-Gläsern			
Obst (sofern keine gesonderten Angaben Verwendung von Streuzucker und Wasser)			
Apfelmus	40	13,2	7,9
Äpfel mit Zuckerlösung	55	18,5	11,1
Aprikosen entsteint	53	17,5	10,5
Birnen	56	18,6	11,2
Erdbeeren	45	14,8	8,9
Erdbeeren mit Zuckerlösung	46	15,1	9,1
Kirschen sauer, Mirabellen nicht entsteint	40	13,4	8,0
Kirschen sauer, entsteint mit einfachem Handgerät	61	20,3	12,2
Kirschen sauer, entsteint mit Entsteiner	54	17,9	10,7
Kirschen süß, nicht entsteint	43	14,1	8,5
Pfirsiche blanchiert und entsteint	67	22,3	13,4
Stachelbeeren	64	21,2	12,8
Zwetschgen, entsteint mit Messer	55	18,2	10,9
Zwetschgen, entsteint mit Entsteiner	50	16,6	10,0
Gemüse			
Buschbohnen	70	23,2	13,9
Erbsen roh	118	39,4	23,6
Erbsen blanchiert	133	44,6	26,7
Gurken	50	16,8	10,1
Möhren	75	25,1	15,0
Schwarzwurzeln roh	85	28,2	16,9
Schwarzwurzeln blanchiert	100	33,4	20,1
Spargel roh	80	26,7	16,1

Quelle: KTBL-Datensammlung, 3. Auflage, Seite 149.

1) Auf einmal hergestellte Menge (= Chargengröße): 3 kg vorbereitetes Vorratsgut in 5 Gläsern à 600 g Fruchteinlage.

Kosten

Kapitalbedarf und feste Kosten
Werden im Haushalt vorhandene Geräte verwendet, z. B. Backofen zum Sterilisieren oder Kochtopf, werden für die Vorratsbereitung keine speziellen Kosten angesetzt. Wird ein Sterilisiertopf angeschafft, kann mit einer Nutzungsdauer von mindestens 15 Jahren, je nach Häufigkeit der Verwendung, gerechnet werden.

Veränderliche Kosten
Kosten für Energie und Abschreibung für Dosen und Gläser (Nutzungsdauer 10 Jahre), Gummiringe (Nutzungsdauer 3 Jahre). Kosten für das Vorratsgut sind nicht enthalten.

Der Kostenberechnung liegt die verarbeitete Menge von 3 kg in 5 Gläsern à 600 g Füllmenge zugrunde.

Beispiel: 600 g Erdbeeren, gezuckert, im Glas sterilisiert

Kosten für Energie, Gläser (veränderliche Kosten)	0,21 €
Kosten für Erdbeeren, selbst gepflückt von Erdbeerplantage: 500 g € 0,67	0,80 €
+ kein Anteil von festen Kosten (weil Steriliseren in der Backröhre)	–––––
Herstellkosten im Haushalt	1,01 €
Einkaufspreis	2,15 €

Arbeitszeitbedarf 9,1 Minuten + Erdbeerenpflücken/Fahrt/kg ca. 10 Minuten.
Die Hausfrau spart je eingesetzte Arbeitsstunde 7,55 €.

Veränderliche Kosten für das Einkochen von Obst und Gemüse

Art des Vorratsgutes	Veränderliche Kosten			
	Ohne Zucker	Einschließlich Zucker	Ohne Zucker	Einschließlich Zucker
	€/kg		€/Behältereinheit	
Sterilisiergut in 1 Liter-Gläsern				
<u>Gemüse</u>				
nicht blanchiert	0,19	–	0,12	–
blanchiert	0,23	–	0,14	–
Gurken einschließlich Gewürz, nicht blanchiert	0,25	–	0,15	–
<u>Obst</u> mit Streuzucker				
süßes Obst	0,19	0,34	0,11	0,21
saures Obst	0,19	0,38	0,11	0,23
süßes Obst, blanchiert	0,22	0,37	0,13	0,22
Apfelmus	0,19	0,31	0,11	0,18

Quelle: KTBL-Datensamlung, 3. Auflage Seite 148.

Geräte und Hilfsmittel

Sterilisieren kann die Hausfrau auf verschiedene Weise:

- ▷ im Sterilisier- oder Einmachtopf mit Einsatz, Deckel und Thermometer;
- ▷ im Backofen oder Mikrowellengerät;
- ▷ im Schnellkochtopf.

Vorhandene Möglichkeiten, Menge des zu verarbeitenden Einmachgutes und die Neigung der Hausfrau sind entscheidend. Erfolgreich kann jede Methode durchgeführt werden.

Einkochtöpfe

Einkochtöpfe für Gas- oder Kohleherde haben einen normalen Boden. Für Elektroherde sollte der Boden in mehreren Schichten plangepreßt, gut wärmeleitend und qualitativ hochwertig sein, denn eine Überhitzung kommt dabei leicht vor. Bei schlecht verarbeiteten Töpfen wölbt sich der Boden, die Energieausnutzung wird ungünstig.

Nur wenn viel eingekocht wird, lohnt sich die Anschaffung eines selbst beheizbaren Spezialeinkochtopfes mit eingebautem Thermometer und Zeitschaltuhr.

Ein gelochter Einsatz für den Boden (Notlösung, dicke Zeitungspapiereinlage) und ausreichend Platz, so daß die Gläser ohne gegenseitige Berührung stehen können, sind erforderlich. Ist dies nicht gegeben, kommt es beim Erhitzen zu unregelmäßiger Wärmeverteilung und dadurch zum »Klappern«, die Gläser können springen.

Sterilisieren im Wasserbad des Einkochtopfes ist für Fleisch, Fleischwaren, Gemüse und Obst gleich gut geeignet.

Tips für die Praxis

- ▷ Gleichgroße Gläser gleichzeitig sterilisieren.
- ▷ Kaltes oder lauwarmes Wasser bis zu der Höhe auffüllen, auf der die Flüssigkeit in den Gläsern steht.
- ▷ Nach der in der Sterilisiertabelle angegebenen Zeit den Topf mit Gläsern von der Platte ziehen. Gläser entnehmen, mit einem Geschirrtuch abdecken und an einem zugfreien Ort auskühlen lassen.
- ▷ 24 Stunden später die Verschlußklammern abnehmen und durch leichtes Anfassen des Deckels den Erfolg kontrollieren.

Backofen

Sterilisieren im Backofen kann sowohl mit der herkömmlichen Unter- und Oberhitze als auch im Heißluftherd durchgeführt werden. Gefährlich ist das bei dieser Methode leicht mögliche Überkochen der verschlossenen Gläser, dabei verkleben die Glasränder mit dem eingelegten Gummi, ein Vakuum ist dadurch nicht mehr haltbar.

Für Gemüse und Obst ist dieses Verfahren gut geeignet. Für Fleisch und Fleischwaren nicht, weil während der langen Sterilisierzeit die Dichtungsgummis in der trockenen Hitze zerstört werden.

Tips für die Praxis

- ▷ Gleichgroße Gläser miteinander sterilisieren.
- ▷ Die Gläser im Heißluftherd in die Fettpfanne des Backofens auf Lücke stellen und so anordnen, daß die Luftaustrittsöffnungen des Backofens nicht verstellt werden.
- ▷ Im Heißluftherd 5–6 Gläser auf einmal sterilisieren.

Sterilisieren und Pasteurisieren im Einkochtopf

Einmachgut	Sterilisierzeit für Gläser und Dosen in Minuten		
	½–¾ l	1–1½ l	2 l
Auf 75 °C werden erhitzt			
Fruchtsäfte in Flaschen oder Ballonen	Die Pasteurisation ist abgeschlossen, wenn im Innern der Behälter die Temperatur erreicht ist (Stabthermometer)		
Auf 80 °C werden erhitzt			
Berberitzen, Brombeeren, Ebereschen, Hagebutten, Heidelbeeren, Himbeeren, Johannisbeeren, Preiselbeeren, Schlehen, Stachelbeeren, Weinbeeren	20	30	
Erdbeeren	20	20	
Auf 85 °C werden erhitzt			
Aprikosen, Kirschen süß und sauer, Mirabellen, Renekloden, Pfirsiche, Pflaumen, Zwetschgen	20	30	
Auf 90 °C werden erhitzt			
Ananas, Äpfel, Birnen, grüne Mandeln, grüne Nüsse, Einkochen von Mus	30	45	
Gurken: Essig-, Salz-, Senfgurken, Kürbis (vorgekocht), Melonen, Tomatenmark, Tomatenketchup, Zwiebeln	20	30	40
Tomaten, Mixed Pickles	30	40	
Auf 100 °C werden erhitzt			
Roh eingefüllt: Paprika, Paprika-Tomaten-Gemüse	60		
Kastanien	90	120	
Zuckererbsen	120	135	150
Fleisch, Geflügel, Fisch	150	180	200
Vorgekocht: Mais, Rhabarber, Rote Bete (Rüben)	20	30	40
Bohnen in Essiglösung	60	80	90
Artischocken, Bleichsellerie, Blumenkohl, Kohlrabi, Puffbohnen (dicke Bohnen, Saubohnen), Selleriesalat	90	120	
Bohnen, Erbsen – bei einmaligem Sterilisieren	120	135	150
Bohnen, Erbsen – oder am 1. Tag/2. Tag	60/60	70/70	80/80
Möhren, Pastinaken, Rosenkohl, Rotkraut (Blaukraut), Sauerkraut, Schwarzwurzeln, Sellerie, Spargel, Weißkraut	120	135	150
Pilze	75	90	
Fleischgerichte, z. B. Braten, Gulasch, Ragout, Rouladen, Salzfleisch, Sülze, Suppenhühner	60	75	90
Fertige, heißeingefüllte Gerichte	30	30	
Blutwurst, Leberwurst, Preßsack	120	150	180
Pasteten, Wurstwaren	100	120	150
Kuchenteige		120	

Sterilisieren von Gläsern im Backofen

Einmachgut	Gläserzahl		Fassungsvermögen	Temperatureinstellung nach Backofenart: Heißluft	Ober- und Unterhitze oder nur Unterhitze	Sterilisierzeit in Minuten: Bis zum Perlen ca.	Zurückgeschaltet auf 120 °C	Nachgaren ohne Temperatur	Summe ca.
Beerenobst	4	×	1 l	150 °C	170 °C	70–80	–	25	100
Steinobst	5	×	1 l	160 °C	–	75–85	–	30	115
Kernobst	6	×	1 l	–	180 °C	85–95	–	30	125
Tomaten	5	×	1½ l	160 °C	180 °C	85–100	–	30	130
	6	×	1½ l	–	180 °C	100–110	–	30	140
Bohnen	4	×	1 l	150 °C	170 °C	70–80	120	30	230
Erbsen	5	×	1 l	160 °C	–	75–85	120	30	235
	5	×	1½ l	160 °C	180 °C	100–110	120	30	245
	6	×	1½ l	–	180 °C	120–130	120	30	280
Essiggurken	5	×	1 l	160 °C	–	60–75	–	15	90
	6	×	1 l	–	180 °C	85–90	–	15	100
Sonstige	4	×	1 l	150 °C	170 °C	70–80	90	30	200
Gemüse	5	×	1 l	160 °C	–	75–85	90	30	205
	5	×	1½ l	160 °C	180 °C	100–110	90	30	220
	6	×	1½ l	–	180 °C	120–130	90	30	220
Pilze	5	×	1 l	160 °C	–	75–85	90	30	205
	6	×	1 l	–	160 °C	85–95	90	30	215
	5	×	1½ l	160 °C	180 °C	100–110	90	30	230
	6	×	1½ l	–	180 °C	120–130	90	30	250

Anmerkung Das Sterilisieren von Fleisch, Wurst und Pastetenmasse im Backofen bringt häufig Mißerfolge, weil Zeiten und Temperaturen nur ungenau eingehalten werden können, denn dieses Einmachgut perlt nicht auf. Außerdem werden die Dichtungsgummi durch zu langes Sterilisieren porös.

▷ Beim Backofen mit Unter-Oberhitze ist keine besondere Anordnung notwendig (maximal 6 Gläser).

▷ Die Gläser sollen sich gegenseitig nicht berühren und von der Wand frei stehen.

▷ Die Fettpfanne halb mit Wasser füllen, den Ofen nicht vorheizen.

▷ Laut Tabelle oben sterilisieren, zur Kontrolle den Backofen kurz und vorsichtig öffnen (Zugluft!).

▷ Nach der angegebenen Auskühlzeit im geschlossenen Ofen die Gläser entnehmen, mit einem Geschirrtuch abdecken, zugfrei stellen und auskühlen lassen.

▷ Nach 24 Stunden Klammern abnehmen und durch leichtes Anheben des Deckels den Erfolg kontrollieren.

▷ In Dosen soll nicht im Backofen sterilisert werden, weil hierbei im Doseninneren ein Überdruck entsteht, der zum Platzen der Gefäße und zum Beschädigen der Backofenemaillierung führen kann. Gläser mit Schraubdeckelverschluß beim Einstellen in den Backofen werden aus dem gleichen Grund anfangs nicht ganz festgedreht. Erst beim Aufperlen wird mit festem Druck der Deckel angezogen.

▷ In Heißluftöfen kann auf 2 Ebenen gleichzeitig sterilisiert werden, wenn es die Form der Gläser erlaubt.

▷ Gebrauchsanweisung des Backofenherstellers beachten!

Schnellkochtopf

Im Schnellkochtopf werden kleine Mengen sterilisiert. Vorteile bringt diese Methode beim Herstellen von Dosenfleisch und Wurstwaren. Da die Temperatur nicht genau dosierbar ist und die Auskühlungszeit für die meisten Obst- und Gemüsesorten zu lang ist, leidet die Qualität dieses Einmachgutes.

Tips für die Praxis

▷ Gelochten Einsatz unter die Gläser geben.

▷ Gleichgroße Gläser mit Gummi und Klammer verschließen, in den Topf stellen. Es gibt in Haushaltsgeschäften Spezialgläser, die es ermöglichen, gleichzeitig drei Gläser unterzubringen.

▷ Je nach Topfgröße und Füllung ¼–½ Liter Wasser auffüllen.

▷ Während des Erhitzens überträgt sich der Überdruck des Topfes in das Einkochglas. Deshalb darf der Schnellkochtopf nach Beendigung der Sterilisierzeit niemals durch Abschrecken mit Wasser oder Dampfablassen schnell geöffnet werden. Die Gläser würden springen bzw. die Flüssigkeit in den Gläsern würde übersprudeln.

▷ Nach 24 Stunden Klammern abnehmen und durch leichtes Anheben des Deckels den Erfolg kontrollieren.

Sterilisieren im Schnellkochtopf

Einmachgut	Temperatur Stufe/°C	Sterilisierzeit Minuten
Beerenobst	1/105	7
Kern- und Steinobst, Essiggemüse	1/105	10–12
Marmelade, Konfitüre, Gelee	1/105	2
Gemüse	2/110	25–30
Fleisch- und Wurstwaren	2/110	30

Mikrowellengerät

Einkochen mit dem Mikrowellengerät eignet sich für kleine Mengen sehr gut. Der Arbeits- und Energieaufwand kann niedrig gehalten werden. Die Anschaffung von speziellen Kunststoffklammern (erhältlich in Haushaltswarengeschäften) ist erforderlich. Arbeitsanleitung des Geräteherstellers beachten!

Tips für die Praxis

▷ Gläser vorbereiten, mit Spezialklammern verschließen und einzeln im Mikrowellengerät sterilisieren.

Sterilisieren im Mikrowellengerät

Einmachgut	Sterilisierzeit in Minuten – Zeiteinstellung bei 700 Watt[1]	450 Watt[2]	Hinweise
Obst in weiten Gläsern höchstens 1 l Fassungsvermögen	bis zum Perlen ca. 2–3	je nach Glasform 4–5	Wenn die Leistung des Gerätes zu hoch oder die Strahlen unregelmäßig verteilt werden, nach 2 Minuten eine Ausgleichszeit von 30 Sekunden einlegen.
Frisch gepreßte Fruchtsäfte in kleinen Portionen 600–700 ml	1,5–2	2	Für das Haltbarmachen von Diätverpflegung gut geeignet!

1) 700 Watt entspricht der höchsten Leistungsstufe
2) 450 Watt entspricht der nächstfolgenden Leistungsstufe

- ▷ Anfangs mit niedriger Leistungsstufe erhitzen. Ein zu schnelles Kochen verursacht das Aufsteigen der Früchte im Glas und ein Überkochen.
- ▷ Gleichmäßiger verläuft der Garvorgang im Glas, wenn dieses niedrig ist und höchstens 1 Liter Inhalt faßt.
- ▷ Nach den Angaben oben sterilisieren, das fertige Glas auskühlen lassen.
- ▷ Nach 24 Stunden Erfolgskontrolle durchführen.

Gläser, Dosen und Flaschen

In vielen Haushalten gibt es seit Großmutters Zeiten *Rillen-, Flach- oder Massivrandgläser.* Werden sie beim Öffnen, Entleeren und Spülen nicht beschädigt, können sie generationenlang verwendet werden. Nur die passenden Gummiringe müssen ersetzt werden, da sie mit der Zeit brüchig werden.
Es gibt in Haushaltswarengeschäften auch *Schraubdeckelgläser* von verschiedenen Firmen, die zum Sterilisieren geeignet sind. Bei mehrmaligem Gebrauch müssen die Deckel bzw. Deckeleinsätze erneuert werden.
Diesen herkömmlichen Systemen ist der relativ hohe nicht mit Inhalt auffüllbare »Kopfbereich« des Glases gemeinsam. Im Verhältnis zum Inhalt des Glases kann dort ein relativ hoher Sauerstoffanteil verbleiben, der vor allem die oberen Schichten des Einkochgutes verfärbt und im Geschmack nachteilig verändert.
Werden in einem Haushalt neue Gläser angeschafft, ist es sinnvoll Rundrandgläser auszuwählen, denn diese bringen Vorteile:

- ▷ Der Glasdeckel ist nach innen gewölbt, dadurch geringerer Kopfraum, der Deckel liegt auf dem Inhalt auf, Verfärbungen sind seltener.
- ▷ Die Gläser sind im Vorratsregal stapelbar, haben eine größere Rutschsicherheit, werden dadurch weniger leicht beschädigt.
- ▷ Rundrandgläser können trotz hoher Verschlußsicherheit beim Verbrauch leicht geöffnet werden.

In Schraubdeckelgläser kann eingekocht werden, wenn die Gummidichtung im Deckel einwandfrei ist.
Wird festes Gut sterilisiert, ist es sinnvoll, auf gleichmäßige Form zu achten (Sturzgläser), denn die Entnahme von z. B. Wurst, Pasteten usw. kann sehr schwierig werden.
Dosen werden heute im Haushalt selten verwendet, obwohl die sogenannten Patentdosen einfach zu handhaben sind und wie Gläser verschlossen werden (Schraub-, Schnapp- oder Bügelverschluß). Fleisch und Wurstwaren in Dosen halten sich besser als in Gläsern, weil bei längerer Lagerzeit der Lichteinfluß Fettveränderungen begünstigt. Obst und Gemüse kann nur in Dosen sterilisiert werden, die mit einer säurebeständigen Innenschicht versehen sind. Deshalb sind hierfür Gläser zweckmäßiger. Dosen sind unzerbrechlich und leicht stapelbar. Sie sind für die Verarbeitung von großen Mengen eines Lebensmittels besser geeignet als Gläser, weil sie in großen Kesseln sterilisiert werden können.
Obst- und Gemüsesäfte werden in *Flaschen* abgefüllt, die mit Gummikappen verschlossen werden. Sparsame Hausfrauen sammeln Flaschen mit Schraubdeckeln, die sauber gespült und unbeschädigt wieder verwendet werden können. Zweckmäßig ist die Auswahl von dunkel gefärbten Flaschen. Darin werden die Vitamine und der Geschmack besser erhalten.

Hilfsmittel

Gummiringe müssen entsprechend dem Einmachglas ausgewählt werden und in Form und Größe genau passen. Sie können mehrmals verwendet werden, wenn sie vor Gebrauch in Wasser ausgekocht werden. Brüchig gewordene Gummis müssen aussortiert werden.
Federklammern unter dem Namen »Universalbügel« passen für fast alle Glasränder und Größen. Die Gläser sind dabei nicht stapelbar. Flache Klammern für die entsprechenden Glasdurchmesser erlauben das Stapeln im Einkochtopf. Für Rundrandgläser gibt es Randklammern und für das Einkochen im Mikrowellengerät sind *Kunststoffklammern* erforderlich, oder es werden kreuzweise Klebestreifen fest über dem Glasdeckel angebracht (ist auf Dauer aber zu teuer).
Einfüllring und *Trichter* erleichtern die Arbeit, denn es ist für das Gelingen des Sterilisierens sehr wichtig, daß der Glasrand absolut sauber ist, wenn Gummi und Deckel aufgelegt werden.
Ein *Glasheber* zum Entnehmen der heißen Gläser aus dem Einkochtopf trägt zur Unfallsicherheit bei.

Einkochvorräte beschriften

Sterilisierte Vorräte sind zwar jahrelang haltbar, verlieren aber an Vitamingehalt und Geschmack. Es ist deshalb notwendig, Inhalt, Monat und Jahr der Herstellung auf einem Etikett festzuhalten. Im Diabetikerhaushalt ist ein Hinweis auf die Zutaten erforderlich. Dosen müssen vor dem Sterilisieren mit einem wasser- und hitzebeständigen Stift gekennzeichnet werden. Wird für die Lagerung ein Etikett befestigt, darf der Klebstoff die Dose nicht berühren (Rostgefahr!) Deshalb besser eine Banderole verwenden.

Arbeitsanleitungen und Rezepte

Vor Arbeitsbeginn Gläser bzw. Dosen oder Flaschen gründlich mit Spülmittel reinigen, mit klarem Wasser nachspülen und abtropfen lassen (nicht mit dem Geschirrtuch austrocknen). Glasrand und Deckel auf eventuelle Beschädigungen kontrollieren. Die kleinste Absplitterung kann den Erfolg in Frage stellen.
Tadellose Gummiringe in kaltes Wasser legen, erhitzen bis zum sprudelnden Kochen, 5 Minuten kochen lassen, bis zum Gebrauch in kaltem Wasser liegen lassen.
Alle Arbeitsgeräte wie Messer, Schüsseln, Schöpflöffel gründlich säubern und abtropfen lassen. Gläserverschlußklammern bereitlegen.
Beim Einfüllen von heißem Einmachgut das Glas vorwärmen und auf ein feuchtes Tuch stellen, denn dadurch springt es nicht so leicht.
In Rillen-, Flachrand-, Massivrand-, und Schraubgläsern das Einfüllgut bis zweifingerbreit unter den Glasrand füllen, ebenso die Aufgußflüssigkeit. In Rundrandgläsern wird immer bis zur Auflage des Deckels aufgefüllt.
Bei Wurstmasse und Kuchenteig wird in jedem Fall nur bis zu ¾ des Inhalts eingefüllt, weil die Masse beim Sterilisieren aufquillt.
Ist das Glas gefüllt, den Rand gründlich säubern, bei Rundrandgläser den Gummiring auf den Deckel spannen, bei allen anderen Gläsern den Gummiring auf den Glasrand legen, Deckel so auflegen, daß der Gummi nicht verrutscht, Deckel mit der Klammer festhalten und sterilisieren.
Von Zeit zu Zeit das Einkochthermometer überprüfen, ob es unbeschädigt und in der Temperaturanzeige richtig ist (Eintauchen in kochendes Wasser).
Die Einkochzeit beginnt, wenn die notwendige Temperatur erreicht ist. Im Automatik-Einkochtopf kann der gewünschte Ablauf zu Beginn eingestellt werden. – Gebrauchsanweisung beachten.
Die Gläser nach den vorgeschriebenen Zeiten aus dem Einkochtopf bzw. Backofen nehmen, um ein Nachkochen zu vermeiden, nicht abschrecken oder in Zugluft stellen.
Nach dem Erkalten die Klammern entfernen. In den ersten Tagen und Wochen häufig kontrollieren, später gelegentlich.

Ursachen für den Mißerfolg

▷ Gläserrand, Deckel oder Gummiringe sind an einer winzigen Stelle defekt. Das Vakuum im Glas kann nicht gehalten werden. Solche Gläser gehen schon beim Erkalten wieder auf. Sie können mit einwandfreiem Zubehör nochmals sterilisiert werden.

▷ Der Gummiring kann nicht ausreichend abdichten, weil er: überaltert und brüchig ist, nicht richtig aufgelegt und beim Verschließen mit dem Bügel verschoben wurde, beim Überkochen der Aufgußflüssigkeit herausgedrückt wurde, durch starke Säure (Essiggemüse, saure Früchte) und hohe Temperatur angegriffen wurde, durch Überkochen von fetthaltigem Inhalt der Deckel mit dem Glasrand verklebt wurde. Gehen diese Gläser nach dem Erkalten auf, können sie wieder sterilisiert oder verwendet werden. Geht das Glas jedoch erst nach ein paar Tagen oder Wochen auf, ist höchste Vorsicht geboten, besonders wenn es sich um eiweißreichen Inhalt handelt, z. B. Bohnen, Erbsen, Fleisch und Wurstwaren. Der Inhalt ist verdorben.

▷ Die vorgeschriebene Sterilisiertemperatur wurde im Innersten der Behältnisse nicht erreicht, weil heißes Wasser in den Einkochtopf aufgefüllt wurde und dadurch der Sterilisiervorgang zu kurz wurde, das Thermometer nicht richtig angezeigt hat, zu schnell erhitzt bzw. zu kurz die vorgeschriebene Temperatur gehalten wurde, weite Gläser verwendet wurden, und die Sterilisierzeit nicht entsprechend verlängert wurde. Bei diesen Ursachen wurden nicht alle Bakterien im Glas abgetötet. Nach Tagen oder Wochen entstehen Gase, die zu Bombagen (bei Dosen wölbt sich der Deckel) führen. Das Einmachgut ist verdorben. Höchste Vorsicht! Es kann sich um Botulinusgift handeln!

▷ Wurden beim Erhitzen nicht alle Schimmelpilzsporen abgetötet, bildet sich nach Tagen im geschlossenen Glas, an der Oberfläche ein Schimmelrasen. Er wächst, so lange die Schimmelpilze genügend Sauerstoff aus dem Kopfraum des Glases bekommen. Das Glas muß geöffnet werden, der Inhalt ist verdorben, weil die Gifte der Schimmelpilze eventuell schon das ganze Einmachgut durchdrungen haben können. Erhitzungszeit zum Zerstören der Gifte Seite 23.

Besonders bei Gemüse und Obst ist die Beschaffenheit der Rohware von ausschlaggebender Bedeutung. Mißerfolg wird begünstigt durch:

▷ übermäßige und zu späte Düngung mit stickstoffhaltigen organischen und anorganischen Düngemitteln,

▷ Rückstände von Schädlingsbekämpfungsmitteln,

▷ Witterungsbedingungen, die zur Schnellreife oder zur Naßreife führen,

▷ überreife Früchte, die eventuell schon in Gärung übergegangen sind,

▷ überlagertes Gemüse durch zu lange Lager- und Transportzeiten.

Gehen die Gläser bereits beim Erkalten auf, kann der Inhalt sofort verwendet werden. Wird das Aufgehen erst später bemerkt, ist der Inhalt verdorben.

Fleisch und Fleischwaren

Beim Sterilisieren verändert sich das Fleisch in der Konsistenz, in der Farbe und im Geschmack. Es durchläuft einen Kochprozeß und wird dadurch sofort verzehrfertig. Diesen Vorteil wissen viele berufstätige Hausfrauen zu schätzen. Selbsthergestellte Wurstwaren als hausgemachte Spezialität oder für die Diätküche erfreuen sich zunehmender Beliebtheit.

Tips für die Praxis

▷ Fleisch zum Sterilisieren muß von einwandfreier Qualität sein. Sogenanntes »PSE-Fleisch« (blaß, weich und wäßrig) und »DFD-Fleisch« (dunkel, fest und trokken) ist nicht geeignet. Es soll von gesunden, nicht zu fetten Tieren stammen und gut abgehangen sein. Die Tiere sollen gut ausgemästet worden sein. Stammt das Fleisch von zu jungen Tieren, kann es während des langen Sterilisiervorgangs zu weich und fasrig werden. Aus diesem Grund kann Kalbfleisch nicht roh sterilisiert werden. Das Fleisch darf nicht schmierig und überlagert sein, dies würde den Anfangskeimgehalt unnötig erhöhen.

▷ Gewürze, die verwendet werden, müssen frisch und keimfrei sein, z. B. Pfeffer, Senf, Paprika, Majoran, Zwiebeln, Knoblauch, Piment, Muskat, Kümmel. Alle Geschmackszutaten, auch Kochsalz, Pökelsalz, Essig usw., sollen niedrig dosiert werden, weil beim Sterilisieren nichts »ins Kochwasser« übergehen kann, wie es bei der Herstellung von Brüh- oder Kochwurst normalerweise der Fall ist.

▷ Bei der Verwendung von Sehnen und Schwarten als Bindemittel in Wurst oder Sülze, sollen diese nur wenig vorgekocht werden, weil sonst die Gelierkraft verloren geht. Das Mehl zum Binden von Saucen bei Fertiggerichten wird erst vor dem Verzehr hinzugegeben, es flockt sonst aus.

▷ Alle Knochen und Knorpel werden ausgelöst, ausgekocht, und die Suppe als Aufgußflüssigkeit beim Einschichten verwendet. Werden Geflügelknochen nicht ausgelöst, müssen sie angeschnitten werden, damit die Luft entweichen kann.

▷ Roh eingelegtes Fleisch ergibt Siedfleisch. Es darf nicht zu straff in Dose oder Glas eingepreßt werden, weil es beim Garen aufquillt.

▷ Fertiggerichte müssen durchgegart, aber nicht zu weich gekocht sein, denn der lange Sterilisiervorgang macht weichgekochtes Fleisch fasrig und trocken. Deshalb mit dem Fleischthermometer z. B. die Innentemperatur des Bratenstückes bei der Zubereitung kurz bis 90–95 °C werden lassen. Fertiggerichte können heiß oder ausgekühlt eingefüllt werden.

Fleischthermometer

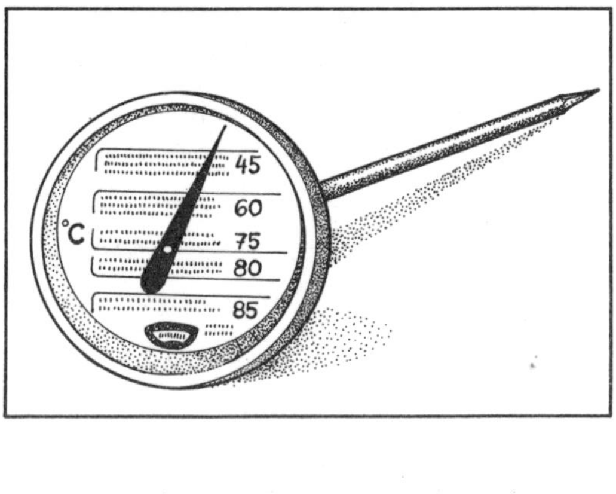

▷ Das Fleisch richtig einfüllen, zuerst 2 cm Aufgußflüssigkeit, dann das Fleisch locker und gleichmäßig einlegen. Die Flüssigkeit steigt dabei hoch und verdrängt die Luft. Wenn notwendig, wird weitere Flüssigkeit seitlich zugegeben, damit die Luft entweichen kann. Dosen werden bis zu ½ cm unter den Rand gefüllt, Gläser benötigen 2–3 cm Kopfraum. Eine 1-Liter-Dose oder Glas wird mit 650 g Fleisch oder 800 g Wurstmasse (halb bis dreiviertel voll) gefüllt.

▷ Dosen und Gläser können ordnungsgemäß verschlossen übereinander in den Einkochtopf gesetzt werden. Das Wasser muß alle Dosen bedecken. Bei Gläsern wird bis zum Rand der Aufgußflüssigkeit des höchsten Glases Wasser aufgefüllt. Besonders wichtig ist es, langsam zu erhitzen, nicht zu überhitzen und die Zeit genau einzuhalten. Zu hohe Temperaturen und zu lange Sterilisierzeiten machen das Fleisch zäh und fasrig.

▷ Dosen werden in kaltem Wasser abgekühlt. Steigen kleine Bläschen im Kühlwasser auf, ist eine Dose nicht dicht, sie muß aussortiert und baldmöglichst verbraucht werden. Bleibt das Wasser ruhig, sind alle Verschlüsse in Ordnung. Nach dieser Probe kann in fließendem Wasser rasch abgekühlt werden. Wurstdosen mehrmals wenden. Nach dem Abkühlen werden die Dosen abgetrocknet, wenn notwendig, Boden und Deckel von Hand eingedrückt, und Dosenränder und -naht mit einem salzfreien Fett eingerieben, um Rostbildung zu vermeiden.

▷ Dosen und Gläser müssen anfangs alle 14 Tage kontrolliert werden. Kühle und dunkle Aufbewahrung dient der Qualitätserhaltung.

▷ Fertiggerichte können bei der Verwendung im noch verschlossenen Behältnis im Wasserbad erwärmt werden. Bei Wurstmassen wird mit dem Messer der Rand gelockert, die Dose kurz in heißem Wasser erwärmt und der Inhalt gestürzt. Dies ist bei Dosen immer notwendig, in Gläsern kann der Inhalt im Kühlschrank kurzfristig aufbewahrt werden.

Gemüse

Das Sterilisieren von Gemüse erfordert große Sorgfalt, es gelingt oft nicht. Deshalb wird Gemüse besser eingefroren, besonders wenn das Gemüse anschließend warm verzehrt wird. Werden Salate zubereitet, bringt es Vorteile, wenn das Gemüse aus dem Glas nur noch in einer Marinade angerichtet werden muß.

Tips für die Praxis

▷ Zartes, gesundes Gemüse möglichst erntefrisch verarbeiten.

▷ Die Größe der Behältnisse dem späteren Verwendungszweck anpassen.

In einem 4-Personen-Haushalt werden pro Mahlzeit durchschnittlich verbraucht:

Gemüse als warme Beilage:	800–1000 g, das entspricht einem 1–1½-Liter-Glas (Dose)
Gemüse als Salat:	600–800 g, das entspricht einem ¾–1-Liter-Glas (Dose)
Gemüse als Suppeneinlage:	400–500 g, das entspricht einem ½-Liter-Glas (Dose)
Babymahlzeit:	150–200 g, das entspricht einem ¼-Liter-Glas (Dose)

▷ Das Blanchieren bzw. Vorkochen des Gemüses bringt Vorteile: Das Gemüse kann leichter in die Gefäße geschichtet werden. Es verringert sich die Masse, es kann dadurch mehr eingefüllt werden. Der Anfangskeimgehalt wird herabgesetzt, dadurch wird eine bessere Haltbarkeit erzielt. Der Sauerstoff aus dem Zellgewebe und die lebensmitteleigenen Enzyme werden in ihrer Wirksamkeit gehemmt. Dadurch wird die Qualität des Gemüses besser erhalten.

▷ Das Vorkochen wird genauso durchgeführt, wie das Blanchieren (Seite 62 f.). Die Vorkochzeit beträgt durchschnittlich 6–8 Minuten. Das Kochwasser darf nicht als Aufgußflüssigkeit verwendet werden. Es würde trüb und bitter im Geschmack.

▷ Geeignet sind Gläser und Dosen. Wird bei der Rezeptur Essig oder Zitronensäure verwendet sowie bei allen Tomatenkonserven, müssen die Dosen säurebeständig sein.

▷ Das Aufkochen der Salzlösung ist nicht unbedingt erforderlich, bringt aber bei hartem Wasser den Vorteil, daß der Kalk ausfällt und nicht mehr mit den Inhaltsstoffen der Gemüse, z. B. Erbsen, reagieren kann. Durch kalkhaltiges Wasser würde das Gemüse hart und schwer verdaulich.

▷ Sind Gläser und Dosen zum Sterilisieren eingefüllt, muß sofort sterilisiert werden. Vorgekochte Gemüse, in aufgegossenen und verschlossenen Behältnissen, dürfen nicht über Nacht stehen und dann erst sterilisiert werden. Das Gemüse würde in dieser Zeit zu gären beginnen und die Gläser wären verdorben.

Obst

Sterilisieren ist für Obst ideal. Viele Obstsorten, die zum Einfrieren nur bedingt geeignet sind, entwickeln beim Sterilisieren ihr volles Aroma. Raffinierte Rezepte und die sofortige Verwendbarkeit des Eingemachten tragen zur Beliebtheit bei.

Tips für die Praxis

▷ Nur einwandfreies, frisches Obst möglichst erntefrisch verarbeiten. Lange Lagerzeiten erhöhen die Verluste an Vitaminen unnötig.

▷ Die Größe der Gläser nach dem späteren Verwendungszweck auswählen.

In einem 4-Personen-Haushalt werden pro Mahlzeit durchschnittlich verbraucht:

Kompott:	500 g–600 g, das entspricht einem 1-Liter-Glas
Süßspeisen:	150 g–300 g, das entspricht einem ¾-Liter-Glas
Fruchtsaucen:	200 g–250 g, das entspricht einem ½-Liter-Glas
Babymahlzeit:	125 g–150 g, das entspricht einem ¼-Liter-Glas
Kuchenbelag:	600 g–700 g, das entspricht einem 1-Liter-Glas
	1000 g, das entspricht einem 1½-Liter-Glas

▷ Obstarten, z. B. Pfirsiche, Aprikosen, Pflaumen, deren Haut beim Kochvorgang leicht ledrig und dadurch schwerer verdaulich wird, werden kurz in heißes Wasser getaucht, und die Haut abgezogen.

▷ Verfärbungen können vermieden werden, wenn dem Brüh- bzw. Blanchierwasser Zitronensaft oder Ascorbinsäure zugegeben wird. Die Anschaffung von Rundrandgläsern für die besonders empfindlichen Obstsorten, z. B. Birnen, lohnt sich.

▷ Steinobst kann mit oder ohne Stein sterilisiert werden. Früchte, die dabei leicht platzen, müssen mehrmals gestupft, d. h. mit einer Nadel 3–4 mal in die Haut gestochen werden.

▷ Je nach Verwendung kann Obst gezuckert oder ungezuckert sterilisiert werden. Wird es ungezuckert verarbeitet, wird vor dem Verzehr mit Süßstoff (Diabetiker) gesüßt oder nur dann nachgesüßt, wenn es tatsächlich notwendig ist.

▷ Die Zuckermenge kann darüber gestreut oder als Zuckerlösung aufgekocht und das Glas bis 2fingerbreit unter dem Rand aufgegossen werden. In der Lösung verteilt sich die Zuckermenge im Glas gleichmäßiger. Dadurch wird der Schimmelbildung vorgebeugt.

▷ Werden größere Zuckermengen zugegeben, erhöht sich die Sterilisierzeit, denn manche Mikroorganismen vertragen die Hitze bei Anwesenheit von größeren Zukkermengen besser.

▷ Aufgrund der kurzen Garzeiten (Ausnahme: Quitten) und der in den Früchten vorhandenen Säuren lohnt sich das Vorkochen nicht. Die Haltbarkeit ist im allgemeinen gegeben, wenn die Zeiten in der Sterilisiertabelle eingehalten werden.

Rohes Fleisch und Schinken
Grundzubereitung

Rindfleisch, Schweinefleisch, gekochter und roher Schinken

Für die Gläser passend zurechtgeschnittene Stücke einfüllen, sachgemäß verschließen und ohne Zugabe von Flüssigkeit oder Gewürzen im Einkochtopf sterilisieren, dann kann das Fleisch sowohl als Koch- als auch als Bratfleisch verwendet werden.
Sterilisierdauer und -temperatur: 180 Minuten bei 100 °C.

Gulaschsuppe

100 g Speckwürfel, 2 EL Öl,
750 g Bratenfleisch vom Rind (Ochsen- oder Färsenfleisch), 500 g Zwiebeln,
3 Paprikaschoten, 5 EL Tomatenmark,
1 EL Paprika, 2 Lorbeerblätter, Salz,
3½ l Wasser, 100 g Mehl

Speckwürfel hell ausbraten, Öl und das in kleine Würfel geschnittene Fleisch zugeben. Kurz anbräunen, Zwiebeln untermischen, zuletzt Paprikastreifen und Tomatenmark, mit ½ Liter Wasser aufgießen, mit Paprikapulver, Lorbeerblättern und Salz würzen, 30 Minuten schmoren lassen. Dann 3 Liter Wasser aufgießen, mit Mehl binden und pikant abschmecken.
Eine Portion sofort servieren. Den Rest in Einkochgläser verteilen, vorschriftsmäßig mit Gummiring, Deckel und Klammern versehen, im Einkochtopf sterilisieren. Vor der Verwendung einmal aufkochen.
Sterilisierdauer und -temperatur: 30 Minuten bei 100 °C.

Fertiggerichte
Grundzubereitung

Gulasch, Rouladen, Braten usw.

Zubereiten wie üblich, nicht ganz garen, in Gläser füllen, sachgemäß verschließen und im Einkochtopf sterilisieren.
Sterilisierdauer und -temperatur: 75 Minuten bei 100 °C.

Puten-Nudel-Topf

1 Putenschlegel, 2 l Wasser, Salz,
eventuell Hühnersuppenwürze, 1 Möhre,
1 Petersilienwurzel, 250 g Vollkornnudeln oder dickere Suppennudeln, Wasser zum Kochen

Putenschlegel waschen, mit Salzwasser und Wurzelwerk aufsetzen, 2 Stunden köcheln lassen oder im Schnellkochtopf 20 Minuten garen. In einem anderen Topf die Nudeln kochen, abseihen. Das Putenfleisch in Würfel schneiden, mit Suppe und Nudeln vermischen, abschmecken wie Hühnersuppe.
Eine Portion sofort servieren. Die anderen in Einkochgläser füllen, mit Gummiring, Deckel und Klammer verschließen und im Einkochtopf sterilisieren.
Sterilisierdauer und -temperatur: 10 Minuten bei 100 °C.

Verschiedene Möglichkeiten der Saftgewinnung.

Oben: *Küchenmaschine mit Zitruspresse.*

Links unten: *Saft gewinnen durch Erhitzen und Abseihen.*

Rechts unten: *Dampfentsafter.*

BOSCH
PROFI 45
microtronic

Thekla

Kalbfleischpastete

1½ kg Bratenfleisch vom Kalb mit Knochen,
Fett zum Braten,
500 g fetter Schweinebauch mit Schwarte,
250 g Kalbsleber,
Wasser,
100 g Butter, 3 Eier,
5 EL Weißwein, Saft und Schale
von 1 unbehandelten Zitrone,
weißer Pfeffer, Pastetengewürz, 1 Zwiebel

Das Fleisch halb gar braten, Bratensauce später zur Pastetenmasse notwendig! Schweinebauch kernig kochen, Leber dämpfen. Die ausgelösten Knochen nochmals mit Fett anbraten, mit Wasser aufgießen, auskochen, erkaltet entfetten, der Wurstmasse zugeben.
Fleisch, Speck und Leber mindestens dreimal durch den Fleischwolf drehen, zum Schluß nochmal durch die feinste Lochscheibe (je feiner, desto besser wird die Pastete), Butter schaumig rühren, Eier und Fleischmasse zugeben, mit Weißwein und Gewürzen abschmekken. Die Zwiebel in Butter gar dämpfen (ist besonders wichtig wegen der späteren Haltbarkeit im Glas), durch den Fleischwolf drehen und zugeben. Die kräftig gewürzte Masse in kleine Einkochgläser bis 4–5 cm unter dem Rand einfüllen. Die Masse darf nicht höher eingefüllt werden, weil sie sonst während der langen Sterilisierzeit überkocht.
Sterilisierdauer und -temperatur: 100 Minuten bei 100 °C.

Saftgewinnung durch Pressen und Weinbereitung.

Gemüse – Grundzubereitungen

Pro Liter Aufgußflüssigkeit: *10 g Salz, eventuell Zitronensaft*

1 Liter Flüssigkeit reicht für ca. 4 1-Liter-Gläser.
Sterilisierdauer und -temperaturen: Seite 92 ff.

Artischocken Blätter entfernen, harte Stellen ausschneiden, Böden schälen, in Gläser füllen, Aufguß mit Zitronensaft abschmecken, sterilisieren.
Blumenkohl Waschen, in möglichst große Röschen teilen, dicke Stiele abflachen. Wässern, damit der bittere Geschmack beseitigt wird, in kochendem Wasser mit etwas Essig und Salz ohne Deckel blanchieren, heiß in Gläser füllen, nicht mit dem Kochwasser, sondern mit frischem, heißem Wasser mit Zitronensaft aufgießen, sterilisieren. Überdüngter Blumenkohl verfärbt sich im Glas bläulich.
Bohnen Waschen, im ganzen kurz in kochendem Wasser blanchieren. Brech- oder Schneidebohnen roh in Gläser füllen, mit kalter Salzwasserlösung aufgießen. Besser für die Haltbarkeit ist Weinessiglösung, dann brauchen die Bohnen nur einmal sterilisiert zu werden, sonst ist ein zweimaliges Erhitzen sicherer.
Erbsen Frische, nicht ganz ausgewachsene, gesunde Erbsen waschen, in Gläser locker füllen, weil sie aufquellen, mit kochendheißer Salzlösung übergießen, sterilisieren.
Essiggurken Kleine Gurken waschen, bürsten, Gurkenessig entsprechend der Gebrauchsanweisung verdünnen, mit Dill, Pfeffer- und Senfkörnern in Gläser schichten, mit Essiglösung aufgießen, sterilisieren.
Knollensellerie Knollen waschen, bürsten, halb weich kochen, sofort schälen, in ½ cm

dicke Scheiben schneiden, in Gläser füllen, mit Salzwasser und Zitronensaft aufgießen, sterilisieren.

Kohlrabi Waschen, in dünne Stäbchen schneiden, in kochendem Wasser mit einem Spritzer Essig blanchieren, abseihen und kalt überbrausen, in Gläser schichten, mit frischem, heißem Salzwasser aufgießen, sterilisieren.

Kürbis In kleine Würfel oder Streifen schneiden, in leichtem Essigwasser kochen, bis sie sich durchstechen lassen, in Gläser füllen, 250 g Zucker mit 1 Liter Essig aufkochen, über die Kürbisstücke gießen, sterilisieren. Statt mit Essig kann Kürbis auch in Zuckerwasser mit Ingwerwurzel sterilisiert werden.

Mais Zucker- oder Speisemaiskolben, wenn sie noch weiße Körner haben, von den Hüllblättern befreien, in Salzwasser halb weich kochen, in Gläser schichten, sterilisieren.

Möhren Möhren ganz oder in Streifen geschnitten, in frisches Wasser legen, damit sie nicht braun werden, in Salzwasser vorkochen, in Gläser schichten, mit Kochwasser aufgießen, sterilisieren.

Paprikaschoten Geschnitten oder im ganzen roh in Gläser schichten, mit Salzwasser oder zusätzlich Essig und Zucker würzen, aufgießen, sterilisieren.

Perlzwiebeln Feste Zwiebeln aussuchen, mit hellem Essig, Salzwasser, Pfeffer- und Senfkörnern einen Sud bereiten, aufgießen, sterilisieren. Andere Zwiebelarten sind nicht geeignet.

Pilze Waschen, putzen, kleine Pilze ganz lassen, andere in Scheiben schneiden, in einem Topf in kochendem Wasser ohne Deckel 15 Minuten garen, mit einem Schaumlöffel aus der Brühe holen, in Gläser füllen, von der Brühe den Schaum abfiltern, Gläser mit der Flüssigkeit aufgießen, sterilisieren.

Puffbohnen (Dicke Bohnen, Saubohnen) Bohnen vorbereiten und in sprudelndem Salzwasser kochen, abseihen und mit kaltem Wasser überbrausen, damit sie nicht dunkel werden. Bohnen in Gläser füllen, mit frischem Salzwasser übergießen, sterilisieren.

Rotkohl (Blaukraut) Kohlkopf vierteln, Strunk entfernen, in Streifen schneiden, mit Salz, Zucker und Essig vermischen und über Nacht stehen lassen. Am folgenden Tag in Gläser füllen, Brühe in die Gläser verteilen, je Glas 1 Nelke und ein Stück Lorbeerblatt hinzugeben, sterilisieren.

Sauerkraut Wenn das Sauerkraut geschmacklich gerade richtig ist (Seite 165), in Gläser füllen, Sauerkrautsaft darüber verteilen, sterilisieren.

Schwarzwurzeln Waschen, die Haut abschaben, in eine Schüssel mit Wasser und Zitronensaft legen, Stangen in hohe Gläser schichten, 1 cm unter dem Rand abschneiden, mit Salzwasser und Zitronensaft übergießen, sterilisieren.

Stangenspargel Gleichmäßig dicke Stangen für eine Charge auswählen, schälen, in Gläser einlegen, mit Salzwasser und Zitronensaft aufgießen, sterilisieren.

Tomaten Können geschält oder ungeschält verwendet werden. Zum Schälen Tomaten kurz in heißes Wasser tauchen, an der gegenüberliegenden Seite des Kelches kreuzweise einschneiden, Haut am Kelch fassen und mit den Fingerspitzen abziehen. Mit Salzwasser übergießen, Geschmackszutaten nach Wahl, z. B. Dill, Basilikum, Estragon, zugeben, sterilisieren.

Tomatenmark Tomaten waschen, halbieren, in einem Kochtopf unter ständigem Rühren erhitzen, Saft abseihen (für Suppe oder zum Trinken), durchpassieren, in Gläser füllen, sterilisieren.

Obst – Grundzubereitungen

Pro Liter Aufgußflüssigkeit:
250–500 g Zucker, je nach Geschmack und Süße der Früchte, oder

Pro Kilogramm Früchte:
50–300 g Trockenzucker, das entspricht 40–250 g Zucker für ein 1-Liter-Glas.

Soll nicht gesüßt werden, muß einige Stunden vor dem Essen gezuckert werden, damit sich das Aroma entwickeln kann.
Es kann ohne Zucker sterilisiert werden, die Haltbarkeit wird nicht beeinträchtigt.

Sterilisierdauer und -temperaturen: Seite 92 ff.

Äpfel Äpfel waschen, möglichst gleichmäßig teilen, sofort in Essigwasser legen, damit sie sich nicht verfärben, Gläser füllen, mit Zuckerlösung (300–500 g/l) aufgießen, nach Belieben Zitronenschale oder Zimtstange beilegen, sterilisieren.

Apfelmus Äpfel waschen, teilen, mit wenig Wasser dämpfen, durchpassieren, mit Zucker abschmecken, Zitronensaft oder Zimtstange zugeben, in Gläser füllen, sterilisieren.

Aprikosen Ausgereifte, aber noch feste Früchte waschen, im ganzen oder halbiert so in Gläser schichten, daß die Schnittflächen nach innen und die runden Flächen nach außen zeigen, mit aufgekochter Zuckerlösung (400 g/l) aufgießen, sterilisieren.

Birnen Besonders wichtig ist der Reifegrad, denn unreife Birnen entwickeln kein volles Aroma, zu weiche Birnen zerfallen, verderben häufig, wenn sie nicht lange genug gekocht werden, teigige Birnen sind nicht geeignet. Deshalb eine Birne halbieren und das Kernhaus prüfen, ob die Kerne braun sind. Harte und weiche Birnen nicht in ein Glas geben. Birnen waschen, schälen, vierteln, halbieren oder ganz lassen, Kernhaus entfernen. Birnen sofort in Essigwasser legen, damit sie nicht braun werden, in Gläser füllen, mit Zuckerlösung je nach Süße der Früchte (250 g/l) aufgießen. Zimtstange oder Nelken zugeben, sterilisieren, Birnen können auch im Essigsud mit Gewürzen sterilisiert werden.

Brombeeren In einem Sieb unter fließendem Wasser waschen, in Gläser schichten, mit Zuckerlösung (500 g/l) aufgießen, sterilisieren.

Erdbeeren Möglichst festfleischige, intensivrote Früchte auswählen, vorsichtig waschen, beim Entkelchen die Kelchblätter abdrehen, nicht den Stiel herausziehen, dadurch zerfallen die Früchte beim Erhitzen weniger. Die Früchte in Gläser füllen, möglichst fest, aber nicht zerdrücken, mit Zuckerlösung (250 g/l) aufgießen, sterilisieren.

Hagebutten Stiel und Kelch mit einem Messer entfernen, die Samen herausholen, in kaltem Wasser die Härchen entfernen, in Gläser füllen, mit vorher aufgekochter Zuckerlösung (500 g/l) oder Zucker-Essig-Lösung (750 g auf 1 l Essig) übergießen, sterilisieren.

Heidelbeeren Waschen, sehr sorgfältig verlesen, im Glas gründlich rütteln, aufgekochte Zuckerlösung (500 g/l) über die Beeren gießen, sterilisieren.

Himbeeren In einem Sieb unter fließendem Wasser waschen, in Gläser füllen, mit aufgekochter Zuckerlösung (500 g/l) übergießen, sterilisieren.

Johannisbeeren, rot, weiß, schwarz Waschen, mit einer Gabel entsträubeln, in Gläser füllen, mit aufgekochter Zuckerlösung (750 g/l) aufgießen, sterilisieren.

Kirschen, Mirabellen Waschen, verlesen, in Gläser schichten, aufgekochte Zuckerlösung (bei Süßkirschen, Mirabellen 300 g/l; bei Sauerkirschen 750 g/l) aufgießen, sterilisieren.

Pfirsiche Waschen, schälen (Haut enthält Bitterstoffe) – 1 Minute in heißes Wasser, dann in kaltes legen, Haut abziehen. Wichtig ist die richtige Reife und die richtige Witterung beim Reifen. Vor dem Verarbeiten eine Frucht halbieren und nachsehen, ob sich um den Kern ein brauner Rand bildet. Bei solchen Früchten lohnt sich die Mühe nicht, weil sie einen muffigen Geruch bekommen.
Früchte nach dem Schälen halbieren, möglichst dicht in Gläser legen, mit der Schnittfläche nach unten, mit aufgekochter Zuckerlösung (300 g/l) aufgießen, sterilisieren.
Quitten Waschen, schälen, teilen, Kernhaus entfernen, sofort in Essigwasser legen damit sie nicht braun werden, sie bleiben auch beim Sterilisieren weiß, wenn sie vorher blanchiert werden, manche Sorten werden rot, wenn sie langsam mit wenig Wasser so lange gekocht werden, bis sie rot sind.
Früchte in Gläser füllen, mit aufgekochter Zuckerlösung (500 g/l) aufgießen, sterilisieren.
Schlehen Beeren nach dem ersten Frost sammeln, waschen, verlesen, in einem Kochtopf mit soviel Wasser auffüllen, daß sie bedeckt sind, aufkochen, abseihen, in Gläser füllen, Kochwasser nicht verwenden, sondern mit Zucker-Essig-Lösung (750 g Zucker auf 1 l Essig) übergießen, sterilisieren.
Stachelbeeren Halbreife Früchte waschen, mit Nadel mehrmals stupfen, die vorher aufgekochte Zuckerlösung (500 g/l) darübergießen, sterilisieren.
Weintrauben Halbreife Früchte waschen, fest in Gläser füllen, aufgekochte Zuckerlösung (je nach Reife bis 400 g/l) aufgießen, sterilisieren.
Essigzwetschgen Zwetschgen waschen, verlesen, mit Nadel stupfen, in Gläser schichten, mit gekochtem Essigsud (¼ l Essig, ¼ l Wasser, 1 kg Zucker) aufgießen, sterilisieren.

Würzkirschen

Sauerkirschen

Aufgußflüssigkeit: *½ l Essig, ½ l Wasser, 600 g Zucker, Nelken, Zimt*

Kirschen mit Stielen waschen und in Gläser schichten. Essig, Wasser, Zucker und Gewürze aufkochen. Flüssigkeit über die Kirschen gießen. Gläser sterilisieren.

Rotweinzwetschgen

3 kg Zwetschgen

Aufgußflüssigkeit: *2 l Wasser, bis 1 kg Zucker (je nach Süße der Früchte), ⅛ l Essig, 1/16 l guten Rotwein, 2 Zimtstangen, 2 Nelken*

Zwetschgen waschen, mit einer Nadel stupfen, in Gläser schichten. Die Zutaten für die Aufgußflüssigkeit aufkochen, über die Zwetschgen gießen. Die Gläser sterilisieren. Die Menge reicht für 4 1-Liter-Gläser.

Spezialverfahren

Heißeinfüllen

(Pasteurisieren)

Das Heißeinfüllen ist eine arbeitssparende Konservierungsmethode, die für Beeren-, Stein-, Kernobstkompott, für Fruchtsäfte, -mark und -mus sowie für Rhabarber und Tomatenprodukte sehr gut geeignet ist. Für die Fleisch- und Gemüsekonservierung ist sie zu unsicher.

Wirkungsweise

Durch das sprudelnde Kochen und das Abfüllen in möglichst saubere, heiße Gläser werden die vorhandenen lebenden Keime und Schimmelpilzsporen abgetötet. Vorhandene Bakteriensporen können in der sauren Umgebung nicht auskeimen. Werden die Gläser luftdicht verschlossen, ist eine neue Infektion des abgefüllten Gutes nicht mehr möglich.

Maßnahmen, die die Haltbarkeit verbessern
Zur Unterstützung der konservierenden Wirkung wird häufig das Abbrennen von 54%igem Alkohol im Deckel während des Aufsetzens empfohlen. Es genügen ca. 8 Tropfen, die während des Verbrennens den restlichen Sauerstoff im Kopfbereich des Glases verbrauchen. Diese Methode trägt zur Farberhaltung in der obersten Obstschicht bei. Das Vakuum wird dabei verstärkt.
Nicht empfehlenswert ist jedoch das Auflegen von Alufolie auf das Einmachgut, auf das dann der Alkohol getropft wird. Ist das Füllgut stark sauer, kann die Folie während der Lagerdauer angegriffen werden.
Häufig werden sogenannte *Einmachtropfen* empfohlen. Sie werden genauso verwendet wie Alkohol, und sollen auch den gleichen Zweck erfüllen. Es handelt sich dabei aber meistens um einen chemischen Konservierungsstoff, der dann an der Oberfläche des Einmachgutes verbleibt.

Geräte und Hilfsmittel

Es gibt verschiedene *Apparate*, die beim Heißeinfüllen und Verschließen der Gläser einen Unterdruck erzeugen, bzw. die verbliebene Luft im Glas keimfrei machen sollen.
Unterdruck wird erzeugt durch Einleiten von Wasserdampf, der von einem Wasserkessel erzeugt wird und mit Hilfe eines Schlauches und einer Düse zwischen zwei Gummiringen in das Glas gepreßt wird. Nach vorgeschriebener Zeit wird die Düse entnommen, der Deckel angedrückt. Er hält, weil durch das Erkalten des Wasserdampfes Unterdruck entsteht.
Andere Apparate saugen die verbliebene Luft ab. In allen Fällen muß die Gebrauchsanweisung beachtet werden. Sicherheit gibt es nur beim heißeingefüllten Obst als Einfüllgut, und wenn Behälter und Deckel keimfrei sind. Das Haltbarwerden von Fleisch und Gemüse ist, auch wenn die Werbung es anders verspricht, nicht gesichert, da nicht die notwendigen Temperaturen erreicht werden.
Als Behälter dienen *Gläser* und *Dosen* mit *Gummiring, Deckel* und *Klammer*. Praktischer jedoch sind *Weithalsflaschen* und *Schraubdeckelgläser*. Sie sammeln sich im Haushalt durch den Zukauf von industriell hergestellten Konserven an. Sind die Deckel beschädigt, können sie nachgekauft werden. Eine gewissenhafte Kontrolle von Glasrand, Deckel und Dichtung ist unerläßlich.

Arbeitsanleitungen und Rezepte

Gläser und Deckel werden mit Spülmittel gründlich gesäubert, nachgespült und in einem Kochtopf auf 60–70 °C im Wasser erwärmt. Die Gummiringe werden ausgekocht und warm gehalten. Die Früchte werden wie beim Sterilisieren vorbereitet (Seite 107 f.).
In einem weiten Topf wird der Sud vorbereitet: Je nach Süße der Früchte werden Zucker (50–200 g je Liter Kochflüssigkeit) und Gewürze gekocht, und die Flüssigkeit abgeschmeckt. Werden farbempfindliche Früchte

verarbeitet, z. B. Birnen, Apfelkompott, wird Zitronensaft oder 2 g Ascorbinsäure pro Liter Kochflüssigkeit zugegeben.
Die Früchte werden portionsweise im sprudelnd kochenden Sud gegart. Die Größe der Portion richtet sich nach dem Fassungsvermögen der warmgestellten Gläser.
Sind die Früchte fertig gegart, entnimmt man zuerst ein Glas aus dem Warmhaltebad, läßt es kurz abtropfen und stellt es auf ein feuchtes Tuch neben den Kochtopf. Steht ein passender Einfülltrichter zur Verfügung, bleibt der Glasrand sauber. Mit Hilfe einer Lochkelle werden die Früchte in die Gläser schonend eingeschichtet, der kochende Sud wird randvoll aufgefüllt.
Der Glasrand wird gesäubert, das Glas dann verschlossen. Entweder wie beim Sterilisiervorgang mit Gummi, Deckel und Klammer oder durch festes Aufsetzen und Anziehen des Schraubdeckels. Das Glas wird kurz auf den Deckel gestellt, damit auch der Kopfbereich durch die hohen Temperaturen keimfrei wird.

Weinkürbis

2½ kg Kürbis

Sud: *1 l herber Weißwein,*
750 g Zucker,
15 Nelken,
2 Stangen Zimt,
Saft von 2 Zitronen

Kürbis vorbereiten und in 1½ cm große Würfel schneiden. Alle Zutaten, außer dem Kürbis, etwa 5 Minuten durchkochen, Gewürze entfernen, Kürbiswürfel im Sud portionsweise weichkochen, in Schraubgläser füllen, mit kochendem Sud übergießen, sofort verschließen.

Preiselbeeren

1 kg Preiselbeeren,
⅛ l Wasser, 500 g Zucker

Preiselbeeren mit Wasser und Zucker langsam zum Kochen bringen, 5 Minuten sprudelnd kochen, heiß in Schraubgläser einfüllen.

Rote Bete in Essig

Rote Bete (Rote Rüben)

Sud: *1 Teil Wasser,*
1 Teil Weinessig (5%ig),
Salz, Kümmel

Rote Bete waschen, dämpfen, schälen, kleine runde Kugeln oder Scheiben mit einem Buntmesser schneiden. Sud aufkochen, Rote Bete einlegen, sprudelnd 5 Minuten kochen lassen, heiß einfüllen.

Tomatenketchup

6 kg Tomaten, 3 mittlere Zwiebeln,
3 Tomatenpaprika, 25 g Salz, 150 g Zucker,
1 EL Wacholderbeeren, 10 Gewürznelken,
12 Zimtstangen, 25 Senfkörner, ⅛ l Essig
(5%ig), 10 g scharfen Paprika, 2 Msp. Pfeffer

Tomaten mit Zwiebeln und Paprika im Mixer pürieren, in einem großen Topf kochen, dann dünnen Saft abschöpfen. Die Gewürze in einem Tee-Ei oder in Baumwollsäckchen mitkochen lassen, wenn soviel verdampft ist (keine zu großen Mengen in den Topf geben), daß das Ketchup die richtige Konsistenz hat, heiß in Schraubflaschen einfüllen.

Saft bereiten

In der häuslichen Obstverwertung gibt es verschiedene Möglichkeiten der Fruchtsaftherstellung: Kalt gewonnene Säfte durch: Zerdrücken und Abseihen, Zentrifugieren, Pressen mit Fruchtpressen oder einem Zusatzgerät an der Küchenmaschine, Mahlen und Kalt- oder Warmabpressen. Durch Erhitzen gewonnene Säfte durch Dampfentsaften, Erhitzen und Abseihen (Filtrieren).
Gemüsesäfte werden im Haushalt hauptsächlich durch Zentrifugieren hergestellt. Sind die Geräte vorhanden, können aus einigen Gemüsearten auch Säfte durch Mahlen und Pressen gewonnen werden (Gebrauchsanweisung des Gerätehersteller beachten!).

Arbeitszeitbedarf (Tabelle Seite 112)

Der Zeitbedarf umfaßt die Reinigung der Flaschen und des Dampfentsafters. Es ist angenommen, daß die gleiche Menge zweimal entsaftet wird und die Hälfte der Reinigungszeit für eine Charge anfällt.

Kosten (Tabelle Seite 112)

Kapitalbedarf und feste Kosten
Fallen für den Dampfentsafter an, wenn er erst angeschafft werden muß. Die entstehenden Kosten für jährliche Abschreibung und Instandhaltung je Liter Saft sind jedoch geringfügig.
Veränderliche Kosten
Energieaufwand und Abschreibung für Flaschen (Nutzungsdauer 10 Jahre) und Gummikappen (Nutzungsdauer 3 Jahre).

Geräte und Hilfsmittel

Die einfachste, aber wenig ergiebige Möglichkeit der Saftgewinnung erfolgt mit Hilfe eines Mulltuches, das an einem umgedrehten Hokker befestigt wird. Dazu wird Beerenobst mit einer Gabel zerdrückt, mit Zucker über Nacht kalt gestellt und am nächsten Tag abgeseiht. Der so gewonnene Saft muß dann durch Erhitzen oder Gefrieren haltbar gemacht werden. Wird der Rückstand zur Konfitüren- oder Musherstellung verwendet, kann dieses Verfahren bei kleineren Mengen durchgeführt werden. Man erhält damit einen besonders hochwertigen Saft.
Die Saftgewinnung mit einer *elektrischen Saftzentrifuge* ist zum Sofortverbrauch sehr gut geeignet. Werden die Säfte länger gelagert, erhitzt oder eingefroren, können unerwünschte Geschmacksveränderungen und Vitaminverluste auftreten, weil beim Zentrifugieren relativ viel Sauerstoff in den Saft gelangt.
Bei der Auswahl der Saftzentrifugen sollte man deshalb auf eine gute Saftausbeute und auf eine leichte Handhabung (auch beim Spülen) achten, nicht auf die Verwendbarkeit bei großen Fruchtmengen.
Fruchtpressen und *Zusatzgeräte* für *Küchenmaschinen* ermöglichen eine gute Zerkleinerung und Saftausbeute (65–70%). Läuft das Mahlen und Pressen in einem Arbeitsgang ab, wird häufig das Fruchtmark vom Saft nicht getrennt. Deshalb muß die gewonnene Masse 2 Tage kühl stehen, damit sich das Mark oben absetzen, und der Saft dadurch klar werden kann. Dadurch wird aber auch eine Gärung eingeleitet, die die Qualität des Saftes mindert und die durch Erhitzen auf mindestens 75 °C unterbrochen werden muß. Ist der Gärvorgang schon weit fortgeschritten, ist ein Kochen des Saftes erforderlich.

Arbeitszeitbedarf für das Dampfentsaften

Saftart	Arbeitszeitbedarf		
	Je Charge[1]) Minuten	Je Liter Minuten	Je Flasche (0,6 l) Minuten
Saft, mittels Dampfentsafter, in Flaschen			
Apfelsaft	52	14,7	8,6
Brombeersaft	34	9,7	5,6
Johannisbeersaft rot oder schwarz	38	10,7	6,3
Quittensaft	65	18,5	10,8
Rhabarbersaft	49	13,9	8,1
Sauerkirschsaft	67	19,2	11,2
Zwetschgensaft	38	10,7	6,3

Quelle: KTBL-Datensamlung, 3. Auflage Seite 150.
[1]) Chargengröße: 6 Flaschen à 0,6 Liter.

Veränderliche Kosten für das Dampfentsaften

Saftart	Veränderliche Kosten			
	Ohne Zucker	Einchließlich Zucker	Ohne Zucker	Einschließlich Zucker
	€/kg		€/Behältereinheit	
Saft, mittels Dampfentsafter in Flaschen				
Apfelsaft	0,20	0,33	0,12	0,19
Brombeersaft	0,16	0,30	0,10	0,18
Johannisbeersaft rot	0,13	0,24	0,08	0,14
Johannisbeersaft schwarz	0,13	0,33	0,08	0,19
Quittensaft	0,20	0,43	0,12	0,26
Rhabarbersaft	0,13	0,26	0,08	0,16
Sauerkirschsaft	0,13	0,27	0,08	0,16
Zwetschgensaft	0,13	0,20	0,08	0,12

Quelle: KTBL-Datensamlung, 3. Auflage Seite 148.

Zum Mahlen und anschließendem Kalt- oder Warmpressen gibt es verschiedene Geräte, die sich nur dann lohnen, wenn der Obstgartenbesitzer seine Erzeugnisse selbst verarbeiten möchte. Für diesen Fall sind die Obst- und Gartenbauvereine die richtigen Beratungsstellen für die Anschaffung solcher Geräte. Es gibt aber auch in Obstbaugebieten gewerbliche Keltereien, die gegen Lohn keltern.
Für diejenigen, die es gerne selbst machen möchten, hier ein paar grundsätzliche Erläuterungen:
Obstmühlen dienen nur zum Quetschen und Mahlen, nicht zum Pressen. *Fräsmühlen* sind nur für Kernobst geeignet, *Walzenmühlen* für Beerenobst, und wenn die Walzen verstellbar sind, auch für Steinobst.
Für den Haushalt genügen *Korbpressen*. Der Fruchtbrei wird in einen Korb gefüllt und mit Deckel und Schraube gepreßt. Dabei läuft der Saft über Löcher und Kanäle im Korb ab. Die Wirkung ist um so besser, je kleiner der Korb ist. *Packpressen* liefern die beste Saftausbeute. Für den Haushalt geeignet ist eine Packpresse mit einer Leistung von 5 Litern Saft je Pressung. Beim Pressen wird die Maische (gemahlener Fruchtbrei) mittels Tücher zwischen Einlageroste gelegt. Die Roste befinden sich in einem Rahmen, an der Oberseite des Rahmens auch eine Platte, die mittels einer Schraube, von Hand oder elektrisch, die Einlageroste mit der Fruchtmasse zusammenpreßt.
Bei der Auswahl ist darauf zu achten, daß möglichst wenig Metall mit dem Saft in Berührung kommt. Fruchtsäfte greifen Kupfer und Eisen an, bringen es in Lösung und erhalten dadurch einen unangenehmen Beigeschmack, der sogar zu Brechreiz führen kann. Außerdem muß die Presse nach Gebrauch schnell und gründlich gereinigt werden können.

Dampfentsafter bestehen aus einem Fruchtsieb mit Deckel zum Einfüllen der Früchte, dem Saftbehälter zum Auffangen des Saftes und einem Wassertopf, der erhitzt wird. Der entstehende Dampf durchdringt den Saftbehälter und bringt die Früchte im Sieb zum Platzen. Die Abfüllvorrichtung ist am Saftbehälter mit Schlauch und Quetschhahn angebracht. Es gibt im Handel Dampfentsafter aus Aluminium und Email. Andere Materialien halten der Fruchtsäure nicht stand. Um elektrische Energie zu sparen, ist ein guter Topfboden wichtig.
Als Notlösung kann man sich durch einen entsprechenden Siebeinsatz und einer Schüssel zum Saftauffangen im emaillierten Einkochtopf behelfsmäßig einen Dampfentsafter zusammenstellen. Zinkeinkochtöpfe sind dafür nicht geeignet, weil die Fruchtsäuren Zink in Lösung bringen können.
Ebenfalls eine Notlösung, weil nur für kleine Mengen geeignet, ist das Entsaften im Dampfdrucktopf mit den verschiedenen Einsätzen. In den gelochten Einsatz kommen die Früchte, im ungelochten wird der Saft aufgefangen.

Arbeitsanleitungen

Zur Saftbereitung kann Obst und Gemüse verwendet werden, das nicht oder nicht mehr frisch gelagert werden kann. Frisches Fallobst, ohne Faulstellen, eignet sich gut. Das Obst muß reif sein, sonst wird der Saft sauer und unharmonisch. Während des Reifeprozesses bilden sich typische Duft- und Geschmacksstoffe, die überschüssige Säure wird in Frucht- oder Traubenzucker umgewandelt. Überreifes Obst ist zur Saftgewinnung nicht mehr geeignet, die Ausbeute ist gering, der Geschmack zu süß.

Mostobst muß frisch sein. Lagerzeiten nach der Ernte erhöhen das Fäulnisrisiko. Der Saft wird häufig »stumpf« und unangenehm im Geschmack. Besonders empfindlich ist Beeren- und Steinobst. Gemüse für die Saftbereitung ist weniger anspruchsvoll.
Das Obst muß gesund sein. Angefaulte Früchte müssen aussortiert werden, denn sie erzeugen im Saft einen muffigen und unappetitlichen Geruch. Verschimmelte Früchte müssen ebenfalls aussortiert, nicht nur ausgeschnitten werden, denn die Schimmelpilzgifte verteilen sich im ganzen Fruchtfleisch.

Saft gewinnen durch Pressen
Das Obst wird gründlich gewaschen. Mit Ausnahme von Erdbeeren und Himbeeren müssen alle Früchte gemahlen werden. Bei Steinobst ergibt die Größe der Kerne die Einstellung der Walzen. Höchstens 10% der Kerne dürfen zerquetscht werden, sonst verändert sich der Geschmack des Saftes. Rhabarber wird vor dem Mahlen in ca. 5 cm lange Stücke geschnitten. Die dickeren Stiele des Holunders werden entfernt, ebenso alle unreifen Beeren, denn sie enthalten *Sambunigrin*, das Übelkeit, Erbrechen und Durchfall verursacht. Schwarze Johannisbeeren werden vorher erhitzt oder mit heißem Wasser aufgegossen, damit sie nicht während des Mahlens schon gelieren. Es kann zu gleichen Teilen heißes Wasser zugegeben werden, denn die schwarzen Johannisbeeren benötigen zum Ausgleich der Säure einen hohen Wasseranteil.
Zur besseren Saftausbeute können bei Beeren und Steinobst pektinauflösende Enzympräparate zugegeben werden. Dies sind natürliche Stoffe, die die Gelierwirkung des Pektins herabsetzen und dadurch den Saft dünnflüssiger machen. Diese Präparate sind in Drogerien und im Keltereifachhandel erhältlich.
Wird der Maische *Kieselgur* (aus Kieselalgen hergestellt) oder *Filtermasse* (aus Cellulose) zugesetzt, wird das Abpressen erleichtert.
Für das Mahlen und Pressen die Gebrauchsanweisung der Hersteller beachten. Bei Beerenobst kann zweimal Wasser zugesetzt und warm bei 45 °C oder kalt abgepreßt werden. Zucker wird nach dem Pressen zugegeben, sonst würde auch der Trester (Preßrückstand) mitgezuckert. Zuckersirup löst sich leichter auf. Wasser- und Zuckerzugabe vor dem Haltbarmachen erhöhen Geschmack und Aroma.
Der frisch gepreßte Saft muß sobald wie möglich entkeimt werden. Im Haushalt geschieht dies durch Pasteurisieren.

Zugabe von Wasser und Zucker bei Preßsäften

Fruchtart	Zugabe je kg Frucht		Zugabe je l Saft		Hinweise
	Wasser l	Zucker g	Wasser l	Zucker g	
Äpfel, Birnen, Trauben	–	–	–	–	Mischung verschiedener Sorten
Johannisbeeren					
rot	1	150	1	200	Früchte vor dem Pressen durch Erhitzen platzen lassen.
schwarz	1,25	200	2	300	Früchte vor dem Pressen durch Erhitzen platzen lassen.
Sauerkirschen	0,5	75	0,75	100	Früchte vor dem Pressen durch Erhitzen platzen lassen.
Erdbeeren	0,2	50	0,5	80	Früchte vor dem Pressen durch Erhitzen platzen lassen.

Arbeitswirtschaftlich sinnvoll ist es, den Saft in Flaschen abzufüllen. Die Flaschen werden im Wasserbad des Einkochtopfes auf 75 °C erhitzt. Mit Hilfe eines Flaschenthermometers, das in Haushaltswarengeschäften erhältlich ist, wird die Temperatur im Flascheninhalt abgelesen. Ist die Temperatur erreicht, kann der Pasteurisiervorgang beendet werden, die Flaschen werden mit Gummikappen bzw. mit passenden Twist-off-Deckeln verschlossen, beschriftet, dunkel und kühl gelagert.
Die einfachste Methode ist das Erwärmen des Saftes im Kochtopf auf ca. 80 °C. Es muß dabei umgerührt werden, um überhitzte Stellen zu vermeiden (Geschmack!). Wichtig ist das Vorwärmen der Flaschen, um die Temperaturdifferenz zwischen Füllgut und Flasche unter 30 °C zu halten, dann springt die Flasche beim Einfüllen nicht. Es muß randvoll gefüllt und direkt verschlossen werden. Wenn möglich, wird die Flasche für ein paar Minuten auf den Kopf gestellt.
Im Haushalt ist es zweckmäßig, den Saft in Flaschen abzufüllen, weil beim Verbrauch kleinere Mengen günstiger sind. Sobald das Gefäß geöffnet wurde, muß es anschließend im Kühlschrank aufbewahrt werden. Wird in Ballonflaschen abgefüllt, muß nach dem ersten Öffnen der gesamte Saft wiederum pasteurisiert und in kleinere Gefäße abgefüllt werden.

Für das Haltbarmachen von Gemüsesäften reichen Temperaturen unter 100 °C nicht aus. In der Industrie werden diese Produkte bei 120 °C sterilisiert. Im Haushalt lohnt sich die Herstellung von Gemüsesäften, z. B. aus Rote Bete, Möhren, Tomaten, Sellerie, hauptsächlich für den Frischverbrauch.

Fruchtsäfte klar oder trüb?
Der frische Preßsaft enthält gröbere, deutlich sichtbare und feinere Trubbestandteile. Die größeren können mit einem Sieb abfiltriert werden. Die feineren bestehen aus Gerbstoffen, Cellulose, Pektinen usw. Wird nach dem Pressen sofort pasteurisiert, bleibt die Mischung gleichmäßig trüb. Wird ein klarer Saft gewünscht, muß der Saft mit erheblichem Arbeitsaufwand geklärt werden. In der Industrie wird dies mit Spezialfiltern gemacht, im Haushalt lohnt sich der Aufwand nicht, da klare Säfte in bezug auf Geschmack und Inhaltsstoffe nicht besser zu bewerten sind als trübe.
Helle Fruchtsäfte wie Apfel- und Traubensaft verfärben sich an der Luft. Wird 1 Gramm Ascorbinsäure je 10 Liter Saft zugegeben und kräftig umgerührt, kann die Färbung unterbunden werden. Gleichzeitig werden Aroma und Vitamin C besser erhalten.

Dampfentsaften
Diese Methode der Saftherstellung ist für den Haushalt ideal. Leider bringt sie nur bei Beerenobst und Rhabarber geschmacklich gute Säfte und eine zufriedenstellende Ausbeute. Bei Steinobst soll nur dampfentsaftet werden, wenn die Rückstände zur Konfitürenherstellung weiter verwendet werden. Bei dampfentsaftetem Kernobst erhält man wenig Saft und das Aroma leidet unter dem langen Erhitzen. Für Äpfel und Birnen sind die bereits erläuterten Methoden besser geeignet.
Weichfleischige Früchte werden durch das Erhitzen mit Dampf zum Platzen gebracht. Der entstehende Saft ist klar und durch die hohen Temperaturen keimfrei. Er muß nur noch sorgfältig in Flaschen abgefüllt werden.
Genau genommen können mit diesem Verfahren nur Nektare (Süßmoste) hergestellt werden, weil immer eine nicht genau feststellbare

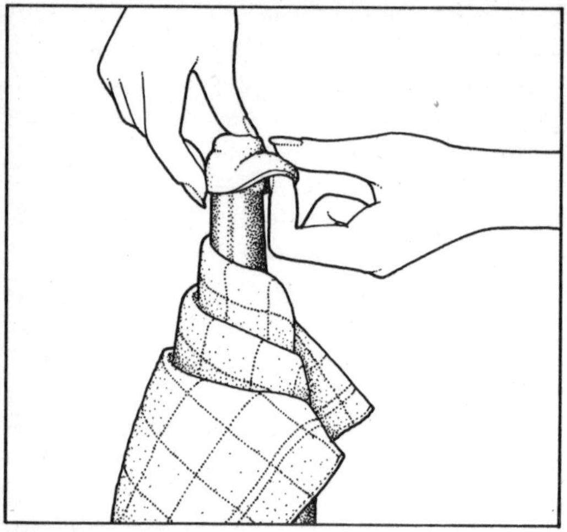

Verschließen einer Saftflasche

Menge Wasser über den Dampf in den Fruchtsaft gelangt. Reine Beerenfruchtsäfte enthalten jedoch einen hohen Säuregehalt, so daß sie sowieso mit einem Wasser-Zucker-Gemisch trinkfertig gemacht werden müssen.
Dunkle Glasflaschen erhalten Geschmack und Vitamine besser als helle. Gummikappen, Gummidichtungen und Blechdeckel werden kontrolliert, dann 5 Minuten ausgekocht und bis zum Gebrauch in kaltes Wasser gelegt. Die Flaschen werden mit heißem Spülmittelwasser gründlich gereinigt, nachgespült und in heißem Wasser warm gehalten. Eine große Erleichterung bringt das gründliche Saubermachen nach Entleerung der Flaschen. Dann befinden sich keine hartnäckigen Schimmelreste in den meist enghalsigen Flaschen, die häufig nicht gründlich genug entfernt werden. Die Haltbarkeit des neuen Saftes ist nicht gewährleistet.
Bei der Verwendung von Gummikappen kann man nach dem Auskühlen den Erfolg kontrollieren: Ist die Kappe eingezogen, hat sich ein Vakuum gebildet, der Saft ist haltbar. Bei Gärung drückt der entstehende Überdruck die Kappe nach oben, ein Zerreißen der Flasche ist unmöglich.
Zweckmäßig ist es, am Tag vor dem Entsaften Flaschen und Verschlüsse zu reinigen und über Nacht in Wasser liegen zu lassen. Ausgetrocknete Schimmelpilzsporen sind sehr hitzebeständig. Werden sie vorher in Wasser »aufgeweicht«, reichen die Temperaturen beim Pasteurisieren für ihre Abtötung aus.

Beeren waschen, abtropfen lassen und einzukern. Entfernen von Stielen und Blättchen ist nicht notwendig, wenn die Rückstände nicht weiter verwendet werden, ausgenommen sind die in der Rezepttabelle angegebenen Hinweise bei den einzelnen Fruchtarten.
Zwei Stunden nach dem Einzuckern wird der Entsafter hergerichtet. Der Kochtopf wird mit Wasser gefüllt, die Früchte ins Fruchtsieb gegeben und die Heizquelle eingeschaltet. Rasche, ununterbrochene Hitze ist wirksamer als langsames Erhitzen. Während des Entsaftens soll der Deckel nicht abgenommen, und kein Saft abgefüllt werden, um eine gleichmäßige Konzentration zu erreichen. Nach etwa 1 Stunde wird der Fruchtkorb entleert. Die Flaschen werden aus dem heißen Wasser genommen, abgetropft und mit dem Abfüllstutzen des Entsafters bis zum Überlaufen gefüllt und sofort verschlossen. Bildet sich beim Abfüllen Schaum, muß dieser abgegossen werden. Es ist zweckmäßig, die Flaschen in eine Schüssel zu stellen, um den überlaufenden Saft auffangen zu können.
Bei behelfsmäßigen Entsaftern wird der gewonnene Saft mit Kelle und Trichter in die Flaschen gefüllt.
Nach dem Auskühlen werden die Flaschen gereinigt, beschriftet, kühl und dunkel aufbewahrt.

Grundmengen für das Dampfentsaften

Fruchtart	Zucker je kg Frucht	Ausbeute je 5 kg Füllung
Erdbeeren, Johannisbeeren, Holunder[1]), Rhabarber	100 g	3–3,5 l
Sauerkirschen, Trauben, Himbeeren, Brombeeren	80 g	knapp 3 l

[1]) Unreife Beeren und Stiele entfernen

Saft gewinnen durch Erhitzen und Abseihen

Diese Methode wird nur dann angewendet, wenn keine andere Möglichkeit besteht, oder der Fruchtrückstand vom Dampfentsafter wird auf diese Weise nochmals ausgelaugt. Früher wurde der Saft zur Geleeherstellung auf diese Weise gewonnen. Der Rückstand wurde mit frischen Früchten vermischt und Konfitüre daraus bereitet.

Die Früchte werden mit wenig Wasser im Dampfdrucktopf oder im Kochtopf ohne Zuckerzugabe erhitzt und gekocht, bis die Beeren platzen. Noch heiß wird mit Hilfe eines Tuches abgeseiht.

Der erste Rückstand wird nochmals mit Wasser aufgekocht und abgeseiht, mit dem zweiten Rückstand wird ebenso verfahren. Sind die Reste vollständig ausgelaugt, werden die Säfte gemischt, mit Zucker abgeschmeckt, nochmals erhitzt und heiß in Flaschen abgefüllt.

Saftmischungen

- ▷ Garten-/Walderdbeeren mit 10% Rhabarbersaft.
- ▷ Erdbeersaft und 10% Johannisbeersaft und 10% Apfelsaft (von der vorjährigen Ernte) oder Rhabarbersaft.

Johannisbeeren rot, weiß und schwarz sind zum Mischen geeignet, nur eine Sorte ist meist nicht beliebt.

- ▷ 95% rote und 5% schwarze Johannisbeeren oder umgekehrt.
- ▷ Rote und schwarze Johannisbeeren und Apfelsaft zu gleichen Teilen.
- ▷ Schwarze Johannisbeeren mit Himbeeren, Heidelbeeren, Brombeeren, Holunderbeeren, Kirschen, Rhabarber und Äpfeln als Mehrfruchtsaft mischen (es entsteht ein Multivitaminsaft).
- ▷ Heidelbeeren mit rotem Johannisbeersaft und Apfelsaft.
- ▷ Holunderbeersaft mit bis zu 66% Apfelsaft.
- ▷ Apfelsaft mit Quitten-, Ebereschen-, Berberitzen-, Hagebutten-, Schlehen-, Sanddornsaft nach Geschmack mischen.

Trocknen

Trocknen gehört zu den ältesten Verfahren der Lebensmittelerhaltung. Getreideprodukte, Fleisch und Fisch wurden in vorgeschichtlicher Zeit schon getrocknet. Vor allem in Ländern mit hierfür günstigen klimatischen Bedingungen werden auch heute noch Grundnahrungsmittel durch Trocknen an der Sonne hergestellt. Die Herstellung von getrockneten Feigen, Datteln, Korinthen, Rosinen, Aprikosen, Äpfeln, Birnen, Pflaumen in Heimarbeit, ist in den Mittelmeerländern zu einem wichtigen Industriezweig geworden. Früher hatte auch in Deutschland das Trocknen im Haushalt große Bedeutung.
Heute gibt es viele industriell gefertigte Produkte, die nach genau ausgeklügelten Bedingungen hergestellt werden, z. B. Kartoffelprodukte, Suppenpulver usw. Auf der Suche nach natürlichen, »alternativen« Konservierungsmethoden, erinnern sich viele Hausfrauen wieder an diese einfache, preiswerte und natürliche Konservierungsart. Dieses Konservierungsverfahren wenden sie hauptsächlich für Obst, Gemüse, Pilze und Kräuter an.

Getrocknetes Obst und Gemüse ist Grundzutat für viele Spezialitäten, z. B. Kletzenbrot, Früchtebrot. Getrocknetes Obst wird als Süßigkeitenersatz und als Zugabe zu Müsli, Obstsalat und Hefeteiggebäck sehr geschätzt. Mit getrocknetem Gemüse werden Eintöpfe hergestellt, Saucen und Suppen verbessert. Vor dem Kochen und Backen muß das Wasser, das durch den Trocknungsvorgang entzogen wurde, wieder langsam aufgesogen werden. Nach 2–3 Stunden, bei Gemüse über Nacht, kann das aufgeweichte Gut genauso behandelt werden wie frisches.

Wirkungsweise

Das Prinzip des Trocknens besteht darin, den Wassergehalt des Nahrungsmittels auf unter 14% zu senken. Dadurch haben die Mikroorganismen für ihre Lebenstätigkeit kein frei verfügbares Wasser mehr, sie sind haltbar und verschimmeln auch nicht.

Gesundheitliche Gesichtspunkte

Alle Inhaltsstoffe liegen in getrockneten Lebensmitteln in konzentrierter Form vor. Bei Eiweiß tritt eine Nährwertverbesserung ein. Die Kohlenhydrate in den Zellwänden werden so verändert, daß die Zellinhaltsstoffe besser ausgenutzt werden können. Trocknen in der Sonne begünstigt Farbveränderungen, die nicht durch Enzyme bedingt sind. Die so entstandenen Produkte werden von den Verdauungssäften nicht mehr oder nur sehr langsam aufgespalten. Bitterer Geschmack wird dabei begünstigt. Deshalb werden in der Industrie Obstarten, die die Farbe halten sollen, geschwefelt. Der Vitamin-B_1-Gehalt wird dabei völlig zerstört. Beim Trocknungsvorgang selbst ist Vitamin B_1 relativ stabil.

Enzymbedingte Farbveränderungen werden vermindert, wenn die Schnittflächen des Trockengutes in Wasser mit Kochsalz, Zitronensäure oder Ascorbinsäure gelegt wurden.

Trocknen in der Sonne zerstört Vitamin C zum größten Teil. Deshalb ist es sinnvoll, bei einem Trockenobstsalat durch Zugabe von Zitronensaft den Vitamin-C-Gehalt zu verbessern. Carotin, die Vorstufe von Vitamin A, ist während des Trocknungsvorganges relativ stabil, besonders wenn vor dem Trocknen blanchiert wurde. Das Chlorophyll (grüne Farbe) kann dadurch ebenfalls besser erhalten werden.

Alle Mineralstoffe und Eiweiß, Fett, Kohlenhydrate bleiben erhalten und werden durch den Wasserentzug konzentriert. Volumen und Gewicht betragen nur noch 10–20% des frischen Lebensmittels. Sportler und Bergsteiger wissen dies zu schätzen. Besonders hervorzuheben ist außerdem die verdauungsfördernde Wirkung der Trockenprodukte.

Geräte und Hilfsmittel

Zum optimalen Trocknen braucht man einen Ort mit einer Temperatur von mindestens 30 °C, eine gute Belüftung, damit das verdunstete Wasser abgezogen wird, und Geduld.

Am einfachsten ist es, Früchte und Gemüse, ganz oder zerteilt auf *Sieben* oder *Rosten* auszulegen. Abdecken mit einem Mulltuch oder mit Fliegengitter schützt vor Insekten. Die Roste müssen gut zu reinigen sein und sollten nicht aus Eisen bestehen (Geschmacksveränderungen). Kuchengitter, Backofengitter oder Roste eines ausgedienten Kühlschranks können gut verwendet werden. Um das Durchfallen des immer kleiner werdenden Trockengutes zu vermeiden, wird um das Gitter ein *Mulltuch* gespannt. Für Beerenobst können auch *Backbleche* verwendet werden. Mehrmaliges Wenden ist erforderlich, sonst kommt es zur Schimmelbildung.

Im *Backofen*, besonders im *Heißluftherd*, kann gut getrocknet werden. Entweder werden die Roste mit *Gaze* bespannt (Druckstellen werden vermieden und das getrocknete Gut kann nicht durchfallen), oder es werden Holz- oder Metallstäbe vorbereitet, die quer in den Backofen passen. Apfel-, Birnen- und Pfirsichringe können darauf aufgehängt werden. Je nach Größe des Backofens können in mehreren Reihen 6–9 Stäbe auf einmal getrocknet werden.

Elektrische Dörrapparate lohnen sich, wenn in größerem Umfang getrocknet wird. Sie besitzen ein Thermostat. Die gewünschte Temperatur wird über die ganze Trocknungszeit genau eingehalten. Lüftungsschlitze oder ein Ventilator sorgen für vorbeistreichende Luft. Der Stromverbrauch ist gering.

Aufbewahren der Trockenprodukte

Sind die Produkte ausreichend getrocknet, können sie jahrelang aufbewahrt werden, wenn sie aus der Umgebung nicht wieder Feuchtigkeit aufnehmen können. Mais, Erbsen und Bohnen sind hart, wenn sie fertig sind. Kräuter und geschnittene Gemüse sind knusprig und rascheln beim Hineinfassen. Äpfel und Birnen werden ledrig, d. h., sie lassen sich biegen, ohne zu brechen; angeschnitten dürfen keine Wassertropfen erkennbar werden.
Früher wurde das Trockengut in Truhen oder Leinensäckchen aufbewahrt. Vor Staub und Schädlingen (Dörrobstmotte und Dörrobstmilbe) ist es aber dabei nicht geschützt. Besser geeignet sind fest verschließbare Dosen und Gläser mit Schraubverschluß. Nach dem Abkühlen einfüllen, beschriften, kühl, dunkel und trocken aufbewahren. In den ersten Wochen kontrollieren.

Arbeitsanleitungen und Rezepte

Trocknen im Freien
Ideal ist ein warmer, trockener, gut belüfteter und vor direkter Sonneneinstrahlung geschützter Ort. Der Dörrvorgang sollte möglichst zügig ablaufen, denn Unterbrechungen fördern Schimmel- und Fäulnisprozesse. Die Trocknung sollte nicht länger als 4–5 Tage dauern.
Wichtig ist, daß das Trockengut nicht übereinander auf den Rost kommt und daß dieser an den vier Ecken unterlegt wird, damit die Luft auch unten durchstreichen kann.

Trocknen im Haus
Ideal ist ein gut durchlüfteter Dachboden, in dem sich im Herbst die Wärme gut hält. Hier ist es sinnvoll, Kräuter, Gemüse und Früchte in Büscheln oder einzeln aufgefädelt aufzuhängen. Der Trockenvorgang sollte nicht länger als 4–5 Tage dauern.
Auch im Backofen kann gut getrocknet werden. Er wird anfangs höchstens auf 50 °C gestellt, und die Tür einen Spalt offen gelassen, damit die feuchte Luft entweichen kann. Das Gut muß mehrmals kontrolliert werden, besonders wenn die Temperaturverteilung im Backofen nicht gleichmäßig ist. Erst gegen Ende der Trocknungszeit kann auf 70 °C gestellt werden. Höhere Temperaturen vermindern die Qualität. Die Haut wird zu hart und zäh. Das Trocknen dauert zwischen 6–18 Stunden.
Ist im Haushalt ein Kachelofen vorhanden, kann die Nachwärme zum Trocknen gut genutzt werden. Es lassen sich keine genauen Anleitungen geben, weil die Öfen und das Brennmaterial sehr unterschiedlich sind. Zur Überwachung ist ein Thermometer wichtig, manchmal helfen auch aufgestellte Wassergefäße um ein langsames und schonendes Trocknen zu erreichen.

Verschiedene Marmeladen, Konfitüren und Gelees, Rezepte Seite 134 ff.

Pflaumen Konfitüre
Apfel-Gelee
Aprikosen Konfitüre
Himbeer-marmelade
Ingwer-marmelade
Ananas-Konfitüre
Tomaten Marmelade
Twist-Off CAP
Pflaumen Konfitüre
Kirsch-Konfitüre
Johannisbeer-Gelee
Kürbis Marmelade
Stachelbeer marmelade
Orangen-Gelee
Aprikosen Konfitüre
Grapefruit Gelee
Kiwi-Konfitüre
Himbeer-Gelee
Orangen-marmelade
Pflaumen Konfitüre
Ananas Konfitüre
Feigen Konfitüre
Pflaumen Marmelade
Ananas Marmelade
Kirsch-Konfitüre
Erdbeer Konfitüre

30°
40°
50°
60°
70°

Kerne, Nüsse, Obst trocknen

Ananas Werden Sonderangebote ausgenutzt, kann daraus eine köstliche Nascherei hergestellt werden. Ananasschale entfernen, Ananas in 1½ cm dicke Scheiben schneiden, achteln, entweder auf Pergamentpapier zum Trocknen auslegen oder auffädeln und trocknen. Getrocknet in Schraubgläsern aufbewahren, Ananas zieht schnell wieder Feuchtigkeit.

Äpfel Säuerliche, gut ausgereifte Früchte waschen, trocknen lassen. Geschält oder ungeschält verarbeiten. Blüte, Stiel und Kernhaus (Apfelausstecher) entfernen. ½–1 cm breite Ringe oder Spalten schneiden. Die helle Farbe wird besser erhalten, wenn sie in Salzwasser (10 g Salz auf 1 Liter kaltes Wasser) oder in Zitronenwasser (Saft von 1 Zitrone auf ½ Liter kaltes Wasser) nach dem Schneiden sofort kurz getaucht werden. Trockentemperatur nicht über 70 °C.

Apfelschalen (von ungespritzten Früchten) Apfelschalen werden getrocknet, in Dosen aufbewahrt, und portionsweise ein aromatischer Tee daraus zubereitet.

Aprikosen Nur aromatische Früchte trocknen! Waschen, abtrocknen, entsteinen, eventuell in Scheiben schneiden oder im ganzen antrocknen, wenden, trocknen lassen, bis sie hart sind, in Schraubgläsern aufbewahren. Ungeschwefelte, getrocknete Aprikosen sind wesentlich dunkler als gekaufte Produkte, und sie schmecken auch nicht so gut. Werden sie vor dem Trocknen in Zuckerwasser blanchiert (500 g Zucker auf 1 Liter kochendes Wasser) halten sie die Farbe relativ gut. Weniger wirksam ist das Eintauchen in Salz- oder Zitronenwasser.

Elektrischer Dörrapparat

Birnen Kleine Birnen können ganz, größere halbiert, in Spalten oder Ringe geschnitten, getrocknet werden. Schnittflächen in Salz- oder Zitronenwasser tauchen. Ganze oder noch harte Birnen werden bei 80–100 °C im geschlossenen Ofen so lange gedämpft, bis auch das Kernhaus mit einem Hölzchen durchstochen werden kann. Werden Birnen im Dörrapparat oder auf dem Rost gedörrt, müssen sie vorher kurz im Dampfdrucktopf oder im Kochtopf mit Siebeinsatz gedämpft werden. Temperatur beim Trocknen höchstens 75 °C, sonst verkrustet die Schale zu schnell. Fertig getrocknete Birnen (»Hutzeln«) dürfen nicht hart sein, man soll sie eindrücken können. Most- oder Teigbirnen im ganzen getrocknet sind Hauptzutat für »Kletzenbrot«. Honigbirnen und andere sehr süße Sorten schmecken getrocknet wie Feigen und sind, würfelig geschnitten, gute Füllungen für Hefeteiggebäcke, z. B. Rohrnudeln.

Hagebutten Waschen, Stiel und Blütenansatz entfernen. Für die Verwendung als Tee werden die Früchte im Fleischwolf zerkleinert oder gehackt, für die Kompottbereitung werden sie halbiert und entkernt, dann zum Trocknen ausgelegt.

Heidelbeeren, Holunderbeeren, schwarze Johannisbeeren, Preiselbeeren Waschen, abtropfen, zum Trocknen auslegen, mehrmals wenden. Getrocknet in Blechdosen aufbewahren. Sie eignen sich als Kompott und Kuchenfüllung.

Kirschen, Mirabellen, Trauben Früchte entstielen. Festfleischige Früchte werden kurz in heißes Wasser getaucht, dann abgetropft und zum Trocknen ausgelegt. Die Früchte sind fertig getrocknet, wenn die Kerne beim Zusammendrücken nicht mehr bewegt werden können. Es empfiehlt sich, bei Trauben kernlose Sorten zu verwenden.

Große Pflaumen, Pfirsiche, Nektarinen Werden halbiert, entsteint, eventuell in ½ cm breite Ringe geschnitten, in Salz- oder Zitronenwasser getaucht und wie Äpfel getrocknet.

Orangenschalen (von unbehandelten Früchten) Die Orangenschalen werden mehrere Tage in Wasser gelegt, damit die Bitterstoffe aus dem weißen »Pelz« der Schalen gezogen werden. Dann werden sie in Streifen geschnitten, in Zuckerlösung gekocht (500 g Zucker auf ½ Liter Wasser), bis sie fest und aufgequollen sind und auf einem Blech angetrocknet. Dann fein gewiegt und fertig getrocknet, bis sie nicht mehr klebrig sind. Die getrockneten Schalen in Blechdosen aufbewahren. Sie sind hervorragend für Gebäckfüllungen geeignet.

Rhabarber Waschen, in 1 cm lange Stücke schneiden, zum Trocknen auslegen. Es entstehen »saure Bonbons«, die als Durstlöscher geeignet sind.

Sonnenblumenkerne und Kürbiskerne Werden flach ausgebreitet am besten im Freien oder auf dem Dachboden getrocknet. Mehrmals wenden. Sind zum Knabbern oder als Teigfüllung statt Nüssen gut geeignet.

Walnüsse Gut ausgereift aus der grünen Schale lösen, Reinigung nicht unbedingt erforderlich. An der Sonne trocknen. Walnüsse werden in geschlossenen Räumen leicht schimmelig. Temperatur nicht über 35 °C, weil das empfindliche Nußöl leicht ranzig und braun wird.

Zwetschgen Die Sorte »Hauszwetschge« ist besonders geeignet. Am Stiel eingerunzelte Früchte waschen, abtrocknen, im ganzen zum Trocknen auslegen. Erst wenn sie angetrocknet sind, entstielen, wenn gewünscht entsteinen und mit dem Stielansatz nach oben auf Roste auslegen, dadurch geht weniger Saft verloren. Anfangs bei höchstens 40 °C trocknen, sonst springt die Haut, der gute Saft läuft aus. Später kann die Temperatur 60 °C betragen. Die Zwetschgen sind fertig gedörrt, wenn der Stein nicht mehr bewegt werden kann.

Zitronenschalen (von unbehandelten Früchten) Werden sofort getrocknet und können stückchenweise verwendet werden oder sie werden fein gehackt, mit Zucker vermischt in einem Schraubglas aufbewahrt.

Gemüse trocknen

Bohnen Junge, zarte Bohnen waschen, 3 Minuten im Salzwasser blanchieren, kalt überbrausen, abtropfen lassen und zum Trocknen auslegen. Trocknen nicht über 60 °C. Sie sind fertig, wenn die Hülsen brechen.

Erbsen Enthülsen, mit 1 Eßlöffel Zucker auf 1 kg Erbsen im trockenen Kochtopf rösten, bis die Farbe stärker wird. Auf einem mit Mull bespannten Rost auslegen, bei 60 °C im Backofen bei geöffneter Tür trocknen lassen.

Möhren Kräftig gefärbte Sorten wählen, mit dem Gemüsehobel in 3 mm dicke Scheiben schneiden, 2 Minuten blanchieren, kalt überbrausen, wie Erbsen auslegen. Übereinandergeschichtete Scheiben trocknen langsamer und werden leicht schimmelig.

Peperoni, Gewürzpaprika Möglichst lange am Strauch lassen. Aufschneiden, Kerne entfernen, Schoten trocknen und im Mörser zerstoßen. In Gewürzdose verschlossen aufbewahren.

Suppengrün Möhren, Sellerie, Lauch, Petersilienwurzel werden gewaschen und möglichst gleichmäßig vorbereitet, 2 Minuten blanchiert und auf einem mit einem Tuch bespannten Rost zum Trocknen ausgelegt. In Dosen aufbewahren, mit getrocknetem Petersiliengrün vermischen und portionsweise verwenden.

Tomaten Festfleischige Tomaten halbieren oder vierteln, eventuell Saft und Kerne entfernen, auf Dörroste verteilen. Trockenzeit bis 15 Stunden. Ergibt ein gutes Gewürz für Suppen und Saucen.
Zwiebeln, Knoblauch 1–2 Tage auf den Beeten in der Sonne vortrocknen lassen, vor Regen schützen. Dann entweder zu Zöpfen binden, die luftig im Schatten aufgehängt werden, oder in mit unbedrucktem Zeitungspapier ausgelegten Holzkisten zuerst noch 2–3 Wochen luftig, dann dunkel und trocken aufbewahren.
Zwiebelringe Zwiebeln schälen, mit dem Gurkenhobel oder der elektrischen Schneidemaschine schneiden, im Backofen schnell trocknen. Wenn sie dabei etwas dunkeln, brauchen sie bei der Verwendung nicht geröstet werden. Werden sie gerieben, entsteht Zwiebelpulver, das zum Würzen gut geeignet ist.
Zucchini Waschen, in ½–1 cm dicke Scheiben schneiden, zum Trocknen auslegen. Eignet sich besser als Einfrieren. Vor dem Zubereiten 3 Stunden in Wasser legen.

Pilze trocknen

Fast alle Pilze eignen sich zum Trocknen. Pilze putzen, möglichst nicht waschen, große Pilze schneiden, kleine ganz lassen, auf Roste legen oder auffädeln. Im Freien 2 Tage trocknen, im Backofen 6 Stunden, höchstens 40 °C, dabei die Backofentür geöffnet lassen. Sie sind fertig, wenn sie brechen. Werden sie im Mörser zerstampft, können sie zum Würzen verwendet werden. In Blechdosen aufbewahren.

Küchenkräuter trocknen

Basilikum,
Bohnenkraut, Borretsch,
Dill, Estragon (Bertram),
Kerbel, Liebstöckel (Maggikraut),
Majoran, Oregano,
Petersilie, Pfefferminze,
Rosmarin, Sellerieblätter,
Thymian, Ysop,
Zitronenmelisse

Vor der Blüte vormittags ernten, wenn notwendig waschen. Staubfrei trocknen
entweder auf Gitter ausgebreitet, an der Luft im Schatten 3–4 Tage *oder*
in Büscheln gebunden, auf dem Dachboden oder im Freien 4–5 Tage *oder*
im Kachelofen, Backofen bei 50 °C 4–6 Stunden *oder*
im Mikrowellengerät bei ca. 360 W 6–10 Minuten, hierbei wird die Farbe am besten erhalten.
Die getrockneten Kräuter zerkleinern, eventuell mit Hilfe eines Nudelholzes oder durch eine Gewürzmühle drehen, in dunklen, beschrifteten Schraubgläsern oder Dosen luftdicht aufbewahren.

Hinweise
Bei einigen Kräutern kommt es leicht zum »Heugeschmack«. Beim Einfrieren bleibt das Aroma besser erhalten.
Kräutermischung für Grillgerichte ½ Zehe Knoblauch, ½ TL Rosmarin, ½ TL Basilikum, ¼ TL Thymian, ½ TL Oregano, ¼ TL Pfeffer mischen (ausreichend für 1 kg Fleisch).
Kräutermischung für Hackfleischgerichte Oregano, Thymian, Bohnenkraut, Rosmarin, Salbei, Basilikum, Pfeffer und getrocknete Tomaten zu gleichen Teilen mischen.

Gewürze trocknen

Anis, Kümmel, Koriander, Wacholderbeeren

Vormittags ernten, die ganzen Stauden in alte Tücher wickeln, eventuell in der Sonne ausbreiten, sonst kopfüber zugebunden an einem luftigen Ort aufhängen. Nach 8–10 Tagen die Samen in Schraubgläser oder Dosen füllen.

Teekräuter trocknen

Brombeerblätter, Holunderblüten, Johanniskraut, Kamillenblüten, Lindenblüten, Salbei, Spitzwegerich, Thymian

Teekräuter waschen, im Schatten im Freien oder auf dem Dachboden trocknen. Von dikken Stielen befreien, mit dem Nudelholz zerkleinern, nach Bedarf mischen oder einzeln in dunklen Schraubgläsern aufbewahren.

Duftkräuter trocknen

Lavendel und Rosmarin

Zu Beginn der Blütezeit ernten, trocknen, in Säckchen füllen und im Kleiderschrank aufhängen (Duft- und Mottenmittel).

Kräuter-Schlafkissen-Füllung

Baldrian, Hopfendolden, Lavendel, Zitronenmelisse

Kräuter einzeln trocknen, mischen, ca. 200 g in 30 × 30 cm große Baumwollsäckchen geben, zunähen, als Nackenkissen benutzen.

Aprikosenbrot

1 kg Aprikosen, Saft von 1 Zitrone, 1 EL Honig, 200 g gemahlene Mandeln oder Nüsse

Aprikosen entsteinen, im Mixer pürieren, Zitronensaft und Honig zugeben, Mandeln oder Nüsse darunter kneten. Auf Pergamentpapier auf dem Backblech ½ cm dick ausstreichen, bei 50 °C vortrocknen. Wenn es schnittfest ist, in Rauten oder Quadrate schneiden. Fertig trocknen, bis sie druckfest sind. Sind sie klebrig, können sie mit Oblaten bedeckt werden. Im Schraubglas aufbewahren und vernaschen oder verschenken!

Vollkornnudeln

350 g Weizenschrot, 150 g Weizenmehl Type 405, 3 EL Öl, 5 EL lauwarmes Wasser, 3 Eier

Vom Weizenschrot die Kleie absieben. Auf einem Backbrett alle Zutaten miteinander verkneten, zu einem elastischen Teig verarbeiten. 1 Stunde ruhen lassen. Teig in 3 Teile schneiden, jedes zu einer dünnen Teigplatte auswellen. In der Mitte durchschneiden, übereinander legen, nochmals in der Mitte durchschneiden, Nudeln schneiden, je nach Verwendungszweck. Auf ein Backblech legen und an der Luft (Kachelofen) 1–2 Tage trocknen lassen, in einem Schraubglas aufbewahren.
Haltbarkeit (wenn ausreichend getrocknet): 6 Monate.

Hinweis
Für die Vorratshaltung den Teig nicht salzen. Salz zieht Wasser und begünstigt dadurch die Schimmelbildung.

Haltbarmachen durch Zucker und/oder Hitze

Rohrzucker kam um 700 n. Chr. aus Südostasien zu uns. Bis im 18. Jahrhundert die Zuckerrübe als Zuckerquelle genutzt wurde, war Zucker eine Kostbarkeit. Erst im Laufe des vergangenen Jahrhunderts wurde Zucker zum Süßen von Speisen und erst später zur Konservierung eingesetzt. Großmutters Kochbücher enthalten viele Rezepte zum »zuckersparenden« Einkochen. Meistens wurden chemische Konservierungsmittel, in viel größeren Mengen als heute, eingesetzt (Salicylsäure), um die Haltbarkeit trotzdem zu gewährleisten.

Wirkungsweise

Große Mengen Zucker verringern das frei verfügbare Wasser für die Lebenstätigkeit der Mikroorganismen. Zucker erniedrigt außerdem die Löslichkeit des Sauerstoffes in Wasser. Dadurch verringern sich zusätzlich die Lebensmöglichkeiten für Mikroorganismen. Zucker wirkt aber nicht keimhemmend. Im Gegenteil, in Lösungen mit einer Konzentration von unter 10% ist Zucker Nährstoff für viele Keime. Weil Zucker über die Verringerung der Wasseraktivität wirkt, werden Bakterien leicht ausgeschaltet. Schimmelpilze und Hefen vertragen höhere Zuckerkonzentrationen. Es gibt sogar Hefen, die besser in Gegenwart von Zucker gedeihen. Produkte, deren Zuckerkonzentration unter 55% liegt, können deshalb verschimmeln oder vergären.

Aus diesem Grund muß langfristiges Haltbarmachen mit Zucker mit anderen Konservierungsverfahren kombiniert werden, z. B. Sterilisieren, Pasteurisieren und zusätzliches Eindicken mit Gelierstoffen, Trocknen oder mit chemischen Konservierungsstoffen, z. B. Sorbinsäure.

Gesundheitliche Gesichtspunkte

Rohr- und Rübenzucker wird im Körper als Kohlenhydrat verwertet. Er liefert Energie, die zu Übergewicht führten kann und Zahnkaries begünstigt. Er schmeckt in den für die Konservierung notwendigen Mengen stark süß. Aus diesen Gründen werden heute Hilfen zum zuckersparenden Konfitürenkochen im Handel angeboten.

Beim langen Erhitzen und Eindicken werden die Vitamine B_1 und C teilweise zerstört. Bei Zugabe von Gelierhilfen werden Vitamingehalt, Farbe und Aroma gut erhalten. Ähnlich wie bei sterilisierten Produkten erhöhen sich, während einer langen Lagerzeit, die Verluste jedoch wieder. Es ist deshalb sinnvoll, die Früchte in der Gefriertruhe zu lagern und in kleinen Portionen vor dem Verbrauch zuckersparend zuzubereiten. Im Mikrowellengerät geht dies schnell und gut!

Grundsätzlich ist zu beachten, daß durch Schälen, Schneiden, sowie durch Mixen und Zentrifugieren Vitaminverluste eintreten.

Arbeitszeitbedarf

Dem angegebenen Arbeitszeitbedarf (Seite 129) liegen die folgenden auf einmal hergestellten Mengen (Chargengrößen) zugrunde:

Bei Gelee	
ohne Gelierhilfe:	8 Gläser à 450 g
mit Gelierhilfe:	11 Gläser à 450 g
Bei Konfitüre (Zwetschgen)	
ohne Gelierhilfe:	6 Gläser à 450 g
mit Gelierhilfe:	11 Gläser à 450 g

Im angegebenen Zeitbedarf ist die Reinigung inbegriffen, und zwar die Hälfte der Zeit, weil angenommen wurde, daß der Vorgang zweimal hintereinander abläuft.

Kosten

Kapitalbedarf und feste Kosten (Tabellen Seite 130)
Werden die vorhandenen Küchengeräte und Kochtöpfe genutzt, fallen durch Abschreibung und Instandhaltung keine nennenswerten Kosten an.

Geräte und Hilfsmittel

Gläser und Verschlüsse

Die Größe der *Gläser* richtet sich nach dem Verbrauch und nach den Rezepten. Es lohnt sich, wenn laufend kleine Gläser (350–450 g) mit »Twist-off-Verschluß« gesammelt werden. Neue zusätzliche Deckel und Gläser können aber auch in Haushaltswarengeschäften gekauft werden.

Kleine Portionen bringen Vorteile: Wird mit zuckersparenden Mischungen gearbeitet, verderben die angebrochenen Gläser in kurzer Zeit. Kleinere Mengen werden schneller verbraucht. Der Inhalt geliert schneller und besser. Verschimmelt ein Glas, ist der Verlust nicht so groß.

Twist-off-Verschlüsse sind bei der Herstellung von Konfitüren u. ä. leicht zu handhaben: Heißeinfüllen, zudrehen und zwei Minuten auf den Kopf stellen. Weitere Vorteile bringen sie während des Verbrauchs.

Arbeitszeitbedarf für das Kochen von Gelee und Konfitüre

Art des Vorratsgutes	Arbeitszeitbedarf		
	Je Charge Minuten	Je kg Minuten	Je Behältereinheit Minuten
Gelee (in 450-g-Gläser)			
ohne Gelierhilfe			
Johannisbeeren rot	59	16,3	7,3
Äpfel	72	20,1	9,0
Quitten	75	20,9	9,4
mit Gelierhilfe			
Johannisbeeren rot	58	10,7	4,8
Äpfel	71	13,2	5,9
Quitten	74	13,7	6,2
Konfitüre (in 450-g-Gläsern)			
ohne Gelierhilfe			
Zwetschgen, entsteint mit Messer	60	22,4	10,1
Zwetschgen, entsteint mit Entsteiner	58	21,3	9,6
mit Gelierhilfe			
Aprikosen	60	16,8	7,6
Erdbeeren	61	17,0	7,7
Himbeeren	52	14,4	6,5
Johannisbeeren rot oder schwarz	63	17,6	7,9
Sauerkirschen, entsteint mit einfachem Handgerät	71	19,8	8,0
Sauerkirschen, entsteint mit Entsteiner	67	18,6	8,3

Quelle: KTBL-Datensammlung, 3. Auflage Seite 150.

Beim Zubinden mit *Einmachcellophan* wird ein genau zugeschnittenes Blättchen auf den Inhalt gelegt, ein paar Tropfen hochprozentiger Alkohol (Haltbarkeit) darüber gegeben. Anschließend wird ein angefeuchtetes, großzügig zugeschnittenes Rechteck über den warmen Glasrand gespannt, glatt gezogen und mit einem Gummiring festgehalten. Während des Abkühlens zieht sich die Oberfläche stark ein. Ein Platzen dieser angespannten Haut ist leicht möglich. Das Glas muß dann entweder verbraucht oder neu aufgekocht werden. Die Entnahme beim Verbrauch ist mit dieser althergebrachten Verschlußart umständlicher.
Gläser mit Schnappverschluß und Gummiring sind besonders praktisch.

Veränderliche Kosten
Kosten für Energie und Gläser

	Veränderliche Kosten			
	Ohne Zucker	Einschließlich Zucker	Ohne Zucker	Einschließlich Zucker
Art des Vorratsgutes	€/kg		€/Glas	
Gelee (in 450-g-Gläsern)				
ohne Gelierhilfe	0,20	0,74	0,09	0,33
mit Gelierhilfe	0,72	1,21	0,32	0,55
Marmeladen (in 450-g-Gläsern)				
ohne Gelierhilfe (Zwetschgen)	0,15	0,88	0,07	0,39
mit Gelierhilfe	0,51	1,04	0,23	0,47

Quelle: KTBL-Datensamlung, 3. Auflage Seite 148.

Kostenvergleich bei Erdbeerkonfitüre

	Aus eigenem Garten	Auf Erdbeerplantage selbst gepflückt	Zukauf von Früchten	Zukauf von Erdbeermarmelade
	Kosten in €			
3 kg Erdbeeren	–	4,00	5,83	–
Veränderliche Kosten lt. Tabelle 1,21 €/kg	3,64	3,64	3,64	–
Kosten je Charge Ausbeute: 11 Gläser à 450 g	3,64	7,64	9,47	16,82
1 Glas kostet	0,33	0,69	0,86	1,53
Arbeitsbedarf in Minuten:				
je Charge	61	61	61	–
+ Erdbeeren pflücken	15	10	–	–
Summe Arbeitszeit	76	71	61	–
Ersparnis je Arbeitsstunde in €	10,41	7,77	7,28	–

Die Auswahl des *Kochtopfes* ist für das spätere Gelieren entscheidend. Richtig ist ein hoher und weiter Topf, in dem die Masse ohne Überlaufen sprudelnd kochen, und ausreichend Wasser verdampfen kann. Edelstahl oder Email ist günstig. Er muß pflegeleicht sein, denn Konfitüren brennen leicht und hartnäkkig an.

Eine *Küchenwaage* bereitstellen, denn das Gelingen hängt vom genauen Abmessen der Frucht- und Zuckermengen ab.

Kochlöffel, *Gummischaber*, *Schöpfkelle* und *Einfülltrichter* sowie Topf und Gläser müssen gut gereinigt werden. Es dürfen keine Fettreste an den Geräten und Gläsern sein, die Haltbarkeit wäre in Frage gestellt.

Gelierhilfen

Die heute im Handel angebotenen Gelierhilfen bestehen aus Pektin, Johannisbrotkernmehl und Agar-Agar. Sie führen nach der in der Gebrauchsanweisung angegebenen Zeit (einige Sekunden bis vier Minuten) zum fertigen gelierfähigen Produkt. Vitamine, Farbe und Aroma bleiben besser erhalten, die Kosten für die Herstellung steigen.

Pektine

Pektine kommen in Wurzeln, Stengeln und Blättern, aber auch teilweise im Fruchtfleisch vor. Besonders reich sind Apfeltrester (Rückstand bei der Saftgewinnung durch Pressen), Schalen der Zitrusfrüchte, Zuckerrüben und Kronen der Sonnenblumen. Die im Handel befindlichen Gelierstoffe werden zum größten Teil aus Apfeltrester oder Zitrusschalen gewonnen.

Pektine sind in kaltem Wasser unlöslich. Mit zunehmendem Reifegrad der Frucht wird daraus wasserlösliches Pektin, das in den Fruchtsaft gelangt und diesem die Gelierfähigkeit verleiht. Werden die Früchte überreif, werden die Pektine abgebaut, die Gelierfähigkeit geht verloren.

Flüssigpektin enthält Pektin in gelöster Form. Es ist für die Herstellung von Konfitüre gut geeignet. Aroma-, Zucker-, Farbstoffe und Fruchtsäuren aus dem Apfel sind geschmacklich feststellbar. Laut Gebrauchsanweisung sind nur 10 Sekunden Kochzeit notwendig. Die Praxis hat aber gezeigt, daß in dieser kurzen Zeit manche Fruchtstückchen nicht durchgekocht und dadurch nicht immer haltbar sind. Mindestens 1 Minute Kochzeit wird deshalb empfohlen.

Bei *Gelierzucker* ist das Pektin an Zucker und Fruchtsäuren gebunden. Werden die Früchte vor dem Erhitzen gründlich mit dem Gelierzucker gemischt und während des Erhitzens ständig gerührt, löst sich das Pektin vollständig. Es ist nicht notwendig, die eingezuckerten Früchte über Nacht ziehen zu lassen. Die Verwendung von Gelierzucker ist einfach und sicher.

Gelierpulver löst sich schlecht in gezuckerten Früchten. Es wird empfohlen, das Pulver mit den Früchten gut zu vermischen, zu erhitzen und nach dem Aufkochen die vorgesehene Zuckermenge in 3 Portionen zuzugeben. Dadurch kann sich beim Erhitzen das Pulver im entstehenden Fruchtsaft gut lösen und gleichmäßig verteilen.

Für *Gelierpulver zwei zu eins, Konfitürenzukker* usw., werden speziell aufbereitete Pektine verwendet. Wegen des niedrigen Zuckergehaltes tritt der Fruchtgeschmack stärker hervor, die zugeführte Energie (kcal/kJ) ist niedriger. Um eine ausreichende Haltbarkeit des fertigen Produktes zu erzielen, ist ein chemisches Konservierungsmittel beigemischt.

Für die Herstellung von zuckerarmen oder zuckerlosen Konfitüren sind besondere Gelierstoffe im Handel, z. B. ein *spezielles Apfelpektin*. Es wird mit den Früchten erhitzt, gut durchgekocht bis die Früchte weich sind, dann wird die Konfitüre heiß eingefüllt.

Johannisbrotkernmehl
Johannisbrotkernmehl, eventuell mit Rotalgenpulver und Milchzucker vermengt, wird mit den Früchten gut vermischt, erhitzt und 5 Minuten unter Rühren gekocht, dann heiß eingefüllt. Das Produkt ist nach dem Öffnen des Glases 4–6 Tage im Kühlschrank haltbar.

Agar-Agar-Pulver
Agar-Agar-Pulver wird aus Algen gewonnen und besitzt eine 5–7mal höhere Gelierkraft als Gelatine. Der richtige Umgang mit diesem Bindemittel erfordert Erfahrung. Die notwendige Menge richtet sich nach den verwendeten Früchten. Es geliert bei 30 °C und sollte nicht über 80 °C erhitzt werden. Es wird in kaltem Saft angerührt und bei etwa 80 °C zugegeben. Der Geliervorgang kann 8–10 Tage dauern.

Gläser einfüllen, verschließen und beschriften

Gläser sauber spülen, umgestürzt auf sauberem Tuch abtropfen lassen und Deckel in heißem Wasser auskochen. Von der Konfitürenmasse den Schaum zum Sofortverbrauch abschöpfen. Die Masse siedend heiß in die vorbereiteten Gläser füllen. Werden die Gläser auf ein feuchtes Tuch gestellt und in mehrere abwechselnd eingefüllt, springen sie nicht. Das Glas am Rand und außen möglichst wenig bekleckern, denn es muß sauber verschlossen werden. Ein Trichter oder Randschutz erleichtert die Arbeit.
Gelee muß auch nach dem Einfüllen nochmals abgeschäumt werden. Das Festwerden dauert einige Tage. Während dieser Zeit dürfen die Gläser nicht bewegt werden.

Ursachen für den Mißerfolg
Das Produkt wird im Glas nicht fest

- ▷ Durch im Obst vorhandenes Eiweiß schäumt die Masse beim Kochen leicht über (besonders häufig bei Erdbeeren). Der Topf wird von der Platte genommen, die Kochzeit unterbrochen, es verdampft nicht genug Wasser, die Fruchtstückchen werden nicht ganz vom Zucker durchdrungen. Beim Erkalten erfolgt dadurch ein Saftaustritt, der den Glasinhalt flüssiger werden läßt. *Deshalb:* Stark schäumende Konfitüren 1 Minute länger kochen.
- ▷ In sonnenarmen, regenreichen Sommern ist der Gehalt an Fruchtsäuren und -zucker niedriger. Dadurch wird Konfitüre schlechter fest. Die Früchte sind wasserreicher und stark mit Keimen befallen. *Deshalb:* Mehr Zucker und Zitronensaft zugeben, 1 Minute länger kochen.
- ▷ Länger als 8 Minuten darf eine Konfitüre mit Gelierhilfe nicht kochen, weil dann die Gelierkraft verloren geht. *Deshalb:* Kochzeiten genau einhalten, während des Erhitzens und des Kochens rühren, damit sich das Pektin löst und verteilt.
- ▷ Es gibt Sauerkirschsorten, die trotz Gelierhilfen nicht fest werden. Die Früchte enthalten einen Stoff, der die Gelierkraft aufhebt. In diesem Fall sind die Ursachen noch nicht genau erforscht, es liegt aber nicht am Kochrezept oder an der Arbeitsweise.

Konfitüre bereiten

Das Produkt verschimmelt im Glas

- ▷ Kochzeiten wurden nicht eingehalten, die Schimmelpilzsporen konnten nicht alle abgetötet werden. *Deshalb:* Mit Kurzzeitwekker Kochzeiten kontrollieren.
- ▷ Luftfeuchtigkeit im Lagerraum ist zu hoch. *Deshalb:* Trocken lagern.
- ▷ Verschluß ist nicht dicht, besonders bei Cellophanverschluß. *Deshalb:* Verschlüsse überprüfen. Beim Einfüllen der Gläser ein paar Tropfen Alkohol auf die Konfitüre geben, und Schraubdeckel mit Alkohol ausspülen.

Das Produkt gärt im Glas

- ▷ Kochzeiten wurden nicht eingehalten, dadurch können zuckerliebende Hefen Gärung bewirken, aber auch Fäulnisbakterien Eiweiß aufspalten. *Deshalb:* Absolute Sauberkeit beim Zubereiten, um den Anfangskeimgehalt möglichst niedrig zu halten. Kochzeiten beachten.
- ▷ Überdüngte Früchte wurden verarbeitet. *Deshalb:* Nach Möglichkeit Herkunft der Früchte ergründen, einheimische Früchte bevorzugen.

Tips für die Praxis

- ▷ Alle Geräte und Hilfsmittel vor Beginn des Einkochens zurechtlegen, gründlich säubern.
- ▷ Weite, möglichst hohe Töpfe verwenden (Überkochen!).
- ▷ 1–2 Kilogramm-Portionen einkochen. In größeren Mengen verdampft im Verhältnis nicht soviel Wasser, die Kochzeit muß verlängert werden, Aroma, Farbe und Vitamine gehen unnötig verloren.
- ▷ Eine Portion abwiegen, die Menge in Hohlmaßen messen, damit weitere Portionen nur noch abgefüllt werden müssen, das bringt Zeitersparnis.
- ▷ Vor dem Einfüllen in Gläser immer die Gelierprobe durchführen.
- ▷ Verschimmelte Marmeladen, die im Frucht-Zucker-Verhältnis 1:1 gekocht wurden, können nach Entfernen des Schimmels noch verzehrt werden. Alle Produkte, die mit weniger Zucker eingekocht wurden, müssen weggeworfen werden. Es könnte sich um den gefährlichen Schimmelpilz Aspergillus flavus handeln, der das krebsfördernde Aflatoxin bildet.
- ▷ Ist die Konfitüre oder Marmelade nicht festgeworden, diese nicht noch einmal aufkochen, wenn sie sich auch als Fruchtsauce für Milchmixgetränke, Süßspeisen, Eis usw. verwenden läßt. Vitamine und Aroma bleiben so erhalten.
- ▷ Kleine Mengen (200–500 g Früchte und Zucker) können sehr gut im Mikrowellengerät gekocht werden. Dies ist besonders günstig, wenn Konfitüren aus eingefrorenen Früchten mit wenig Zucker zum Sofortverbrauch hergestellt werden.

Arbeitsanleitungen und Rezepte

Begriffserklärungen

<u>Konfitüren</u> Sind laut »Konfitürenverordnung« vom 26.10.1982 aus einer oder mehreren Obstarten hergestellte streichfähige Zubereitungen. Im Handel wird »Konfitüre extra« und »einfach« unterschieden. Im Haushalt wird dies nicht so genau unterschieden.

<u>Marmeladen</u> Sind laut Konfitürenverordnung streichfähige Zubereitungen aus Zitrusfrüchten. Im Haushalt wird diese Bezeichnung häufig noch für alle dickbreiigen Produkte angewendet, die mit Hilfe eines Mixers, Fleischwolfes, einer Fruchtpresse vor der Herstellung püriert werden.

<u>Gelees</u> Sind gelierte Zubereitungen aus reinem oder verdünntem Obstsaft.

<u>Mus</u> Ist eine dickbreiige Fruchtmasse, die durch Einkochen ohne oder mit Zucker zubereitet wird.

<u>Obstkraut</u> Wird meistens ohne Zucker aus eingedicktem Obstsaft, hauptsächlich aus Äpfeln oder Birnen hergestellt. Laut »Konfitürenverordnung« darf es aber auch mit Zucker hergestellt werden.

<u>Obstpasten</u> Produkte, die durch weiteres Eindicken von Konfitüren oder Gelees hergestellt werden. Im Haushalt wird die Masse noch getrocknet und in Würfel geschnitten.

<u>Obstsirup</u> Ist eine dickflüssige Zubereitung, die durch Kochen mit Zucker hergestellt wird. Laut »Verordnung« enthält sie höchstens 68% Zucker. Als Ausgangsmaterial dienen in der Industrie meistens chemisch konservierte Obstsäfte.

<u>Kandierte Früchte</u> Sind Obststücke, die in Sirup gekocht und in einer Zuckerkruste haltbar gemacht werden.

Konfitüren, Marmeladen, Gelees

Für Konfitüren, Marmeladen und Gelees sind alle Früchte sowie Kürbis, Rhabarber und Tomaten mehr oder weniger gut geeignet. Es können auch Mischungen hergestellt werden. Günstig ist es, dabei die unterschiedliche Gelierfähigkeit der einzelnen Obstsorten auszunützen.

Gelierfähigkeit der Obstsorten

Gut	Mittel	Schlecht
Äpfel	Rote Johannisbeeren	Erdbeeren
Stachelbeeren	Brombeeren	Kirschen
Schwarze Johannisbeeren	Himbeeren	Trauben
Quitten	Pfirsiche	Weiße Johannisbeeren
Preiselbeeren	Heidelbeeren	Tomaten
Pflaumen	Holunder	Kürbis
	Ebereschen	

Pektinstoffe verändern sich beim Gefrieren nicht. Dadurch können gefrorenes Fruchtmark oder gefrorene Früchte genauso zubereitet werden wie frische, und Obstarten unterschiedlicher Erntezeit können miteinander kombiniert werden.
Gut ausgereifte Früchte verwenden, die Produkte werden aromatischer. In der Haupterntezeit können heute viele Obstsorten selbst in Plantagen gepflückt werden. Dies bringt den Vorteil, daß die Früchte, wie aus dem eigenen Garten, mit Sicherheit frisch verarbeitet werden können.

Mengenverhältnisse (Konfitüren und Marmeladen)
1000 g Früchte auf 750–1000 g Zucker oder Einmachzucker
oder
1000 g Früchte auf 1000 g Gelierzucker
oder
1000 g Früchte auf 750–1000 g Zucker und 125 g Flüssigpektin mit 10 g Zitronensäure
oder
1000 g Früchte auf 750–1000 g Zucker und 20 g Gelierpulver
oder
1000 g Früchte auf 500 g »Extra-Gelierzucker«
oder
1250 g Früchte auf 500 g Konfitürenzucker

Mengenverhältnisse (Gelee)
1 l Fruchtsaft auf 1000 g Zucker oder Einmachzucker
oder
1 l Fruchtsaft auf 1000 g Gelierzucker
oder
1 l Fruchtsaft auf 1000 g Zucker und 20 g Gelierpulver
oder
1 l Fruchtsaft auf 1000 g Zucker und 125 g Flüssigpektin mit 10 g Zitronensäure
oder
1 l Fruchtsaft auf 500 g »Extra-Gelierzucker«
oder
1 l Fruchtsaft auf 500 g Konfitürenzucker

Hinweis
Die Früchte werden vorbereitet gewogen. Dies sind pauschale Mengenverhältnisse. Die genauen Angaben bei den einzelnen Gelierhilfen sind besser auf die betreffenden Früchte abgestimmt.

Vorbereiten der Früchte

Früchte verlesen, schlechte aussortieren, waschen, abtropfen, eventuell entstielen und entsteinen. Harte Äpfel, Birnen und Quitten müssen zuerst in wenig Wasser weichgekocht, dann durchpassiert werden. Wenn die Kerne von Johannisbeeren und Himbeeren entfernt werden sollen, die Masse durch ein Sieb streichen. Die Früchte nach Verwendungszweck vorbereiten:

Konfitüre/Marmelade Mit Hilfe eines Mixers, Passevite (»Flotte Lotte«) oder einer Fruchtmühle, die als »Schneckenpresse« an den Fleischwolf angesetzt werden kann, pürieren. Zucker nach Rezept zugeben, 15– höchstens 30 Minuten kochen, wenn keine Gelierhilfe zugegeben wurde. Wird zusätzliches Geliermittel verwendet, Gebrauchsanweisung beachten. Beeren ganz lassen oder mit Gabel oder gelochtem Stampfer zerkleinern, eventuell in kleine Stücke schneiden und teilweise pürieren. Zucker nach Rezept zugeben, 20–30 Minuten sprudelnd kochen, wenn keine Gelierhilfe verwendet wird, sonst Gebrauchsanweisung beachten.

Gelee Aus den Früchten durch Aufkochen und Abseihen oder durch Dampfentsaften, nicht durch Pressen, Saft bereiten (Seite 115 ff.). Den Saft mit einem Litermaß abmessen, Zucker nach Rezept zugeben, 5–10 Minuten sprudelnd kochen. Der Gelierpunkt darf nicht übersehen werden, sonst wird die Masse nicht fest, sondern sirupartig.

Die Rückstände bei der Saftgewinnung können allein oder mit frischen Früchten zu Konfitüre verarbeitet werden.

Gelierprobe

Wird der Rührlöffel aus der kochenden Masse gehoben, muß der Rest breit vom Löffel fallen. Werden ein paar Tropfen auf einen trokkenen Porzellanteller gegeben, darf kein wäßriger Rand entstehen. Es muß sich nach kurzer Zeit ein gleichmäßiges Häutchen bilden, und der Rand erstarren, auch wenn der Teller schräg gehalten wird. Beim Umrühren im Kochtopf müssen sich »Straßen« bilden.

Äpfel, Birnen, Quitten Äpfel, Birnen waschen, Quitten mit einem Tuch gründlich abreiben, in Stücke schneiden, mit wenig Wasser, Gewürzen und Zitronensaft die Früchte weich kochen. Für die Geleebereitung die Masse mit Hilfe eines Safttuches (Seite 117) abseihen, den Rest zu Konfitüre verarbeiten. Für die Konfitürenherstellung Fruchtbrei durchpassieren. Fruchtmasse abwiegen, eine Portion in den Kochtopf geben, Zucker einrühren, bei Gelierhilfe nach Gebrauchsanweisung vorgehen, bis zur Gelierprobe kochen, heiß abfüllen.

Mischungen

Aus Äpfeln und Birnen können harmonische Mischkonfitüren mit Holunderbeeren, Heidelbeeren und Waldhimbeeren hergestellt werden. Dabei wird das Kernobst nicht vorgekocht, sondern geschält, geschnitzelt, mit den Beeren vermischt und sofort verarbeitet.

Aprikosen, Sauerkirschen, Süßkirschen

Früchte waschen, entsteinen, die Hälfte der Menge pürieren, die andere Hälfte in Schnitze schneiden. Werden nur Schnitze geschnitten, schwimmen die Fruchtteile im Glas an der Oberfläche. Diese Früchte gelieren schlecht, deshalb immer Zitronensaft zugeben.

Mischungen

Eine Mischung mit schwarzem Johannisbeer- oder Stachelbeersaft fördert das Festwerden und bringt ein wohlschmeckendes Aroma.

Erdbeeren Morgens ernten, noch am selben Tag verarbeiten. Waschen in einem Sieb, entstielen, schneiden oder zerstampfen, Zucker

je nach Süße der Früchte zugeben (Zitronensaft begünstigt das Gelieren). Kochen bis zur Gelierprobe, heiß abfüllen. Bei nasser Witterung mehr Zucker und Zitronensaft zugeben. Das Aroma der Früchte wird gegen Ende der Erntezeit besser, der Preis günstiger, Kochzeiten beachten, sonst wird die Konfitüre nicht fest, oder sie gärt nach kurzer Lagerzeit.
Aus Walderdbeeren rohgerührte Konfitüre bereiten, die Kerne werden beim Kochen bitter.

Mischungen

▷ Bis 50% pürierte Aprikosen.
▷ Bis 10% kleingeschnittene und vorgekochte Rhabarberstückchen und bis 50% pürierte Stachelbeeren.
▷ Bis 25% Johannisbeersaft oder -mark.
▷ Bis 50% Ebereschenmark (Ebereschen mit wenig Wasser kochen, durchpassieren).

Johannisbeeren, schwarz, rot, weiß Im Sieb waschen, entsträubeln, nach Wunsch entkernen und weiter verarbeiten wie Himbeeren.

Mischungen

Johannisbeermark und -saft kann mit fast allen Früchten gemischt werden (angenehme Säure und ansprechende Farbe). Schwarze Johannisbeerkonfitüre mit Apfel- oder Birnenschnitzen schmeckt besonders gut.

Himbeeren Verlesen, wenn notwendig waschen. Waldhimbeeren immer entkernen (Gartenhimbeeren nach Wunsch): durch die Fruchtpresse drehen oder die rohen Früchte passieren. Wird Gelee bereitet, bleiben die Kerne im Trester zurück. Zucker zugeben, kochen bis zur Gelierprobe, heiß abfüllen.

Mischungen

▷ Bis 50% rote Johannisbeeren.
▷ Bis 50% Stachelbeeren.
▷ Bis 25% Rhabarbermark.
▷ Bis 50% Ebereschenmark.
▷ Bis 50% Sauerkirschen.

Holunderbeeren Waschen, entsträubeln, weich dämpfen und durchpassieren.

Mischungen:

Beeren mit Apfel-, Birnen- und/oder Zwetschgenschnitzen zu Konfitüre verarbeiten. Holundersaft mit 30% Apfelsaft ergibt ein vorzügliches Gelee.

Pflaumen, Renekloden, Zwetschgen Feste Früchte waschen, entsteinen, in Streifen schneiden, zu Konfitüre verarbeiten oder Früchte waschen, kurz in heißem Wasser brühen, die Haut abziehen, entkernen und zu Konfitüre verarbeiten. Die Konfitüre wird besonders wohlschmeckend. Oder die Früchte waschen, im Dampfdrucktopf oder Kochtopf mit wenig Wasser weich kochen, durchpassieren, portionsweise zum Konfitürekochen einteilen, zuerst ohne Zucker die zugegebene Flüssigkeit verdampfen lassen, dann mit Zukker und eventuell Gelierhilfe bis zur Gelierprobe kochen, heiß abfüllen. Als *Geschmackszutaten* eignen sich besonders Zimt und Nelken.

Stachelbeeren Waschen, putzen, nach Belieben durch den Fleischwolf drehen oder mixen (besonders bei dickschaligen, unreifen Früchten). Sollen die Kerne entfernt werden, die Früchte mit wenig Wasser im Dampfdrucktopf oder Kochtopf kurz dämpfen, durchpassieren oder den Saft gewinnen. Mengen abmessen, Zucker zugeben, kochen bis zur Gelierprobe, heiß abfüllen.

Mischungen

Stachelbeeren haben einen hohen Pektingehalt. Das Mischen mit pektinarmen Früchten ist vorteilhaft, z. B. mit Rhabarber, Kürbis, Erdbeeren, Aprikosen, Pflaumen, Brombeeren, Heidelbeeren.

Zitrusfrüchte Schälen, das Weiße der Schale am Fruchtfleisch gut entfernen (Bitterstoffe!), Fruchtfleisch pürieren oder in Stücke schneiden, bzw. Saft gewinnen. Zucker (je 1000 g Frucht mindestens 1000 g Zucker) zugeben, bis zur Gelierprobe kochen, heiß abfüllen. *Geschmackszutaten:* Zimt, Nelken, Ingwer, Schale von unbehandelten Früchten, verschiedene Liköre.

Schütteljohannisbeeren

500 g rote Johannisbeeren, 400 g Zucker

Beeren in ein Sieb geben, waschen, entsträubeln, in einem weiten, flachen Kochtopf erhitzen. Ab Kochpunkt 10 Minuten sprudelnd kochen lassen, aber dabei nicht umrühren, sondern mit Hilfe des Topfgriffes auf der Platte den Topf hin und herschütteln, heiß einfüllen, verschließen. Auch als Beilage zu Fleisch geeignet.

Variation
Es können auch Preiselbeeren so verarbeitet werden.

Preiselbeerkonfitüre ohne Kerne

500 g Preiselbeermark, 375 g Zucker oder weniger

Beeren waschen, verlesen, mit wenig Wasser weich kochen oder dämpfen, passieren, mit Zucker zu Konfitüre kochen.

Hinweis
Preiselbeeren haben einen hohen Pektingehalt, Geliermittelzugabe ist deshalb nicht unbedingt notwendig. Die Zuckermenge kann deshalb niedrig gehalten werden, weil Preiselbeeren natürliche Benzoesäure enthalten.

Hagebuttenkonfitüre ohne Kerne

500 g Hagebuttenmark, 500 g Gelierzucker

1. Art Reife Früchte kühl und ausgebreitet lagern, bis sie weich sind. Blüten und Stiele entfernen, Früchte waschen und über Nacht in wenig Wasser einweichen, im Einweichwasser kochen, durchpassieren. Dabei werden die Kerne und die durch das Kochen verfilzten Haare entfernt. Das Mark mit Gelierzucker bis zur Gelierprobe kochen, heiß einfüllen.

500 g Hagebuttenmark, 1 Tasse Wasser, 375 g Zucker

2. Art Hagebutten waschen, teilen, Kerne entfernen. Im Kühlschrank zugedeckt bis 8 Tage stehen lassen, täglich durchrühren. Wenn die Früchte weicher sind, durchpassieren. Zucker in einer Tasse Wasser unter ständigem Rühren mit einem Schneebesen erhitzen, bis die Zuckermasse ein feines Häutchen um die Schneebesenstäbe bildet. Beim Durchblasen bildet sich »Kettenflug«, dann das erwärmte Mark zugeben, kochen bis zur Gelierprobe, heiß einfüllen.

Hinweis
Die Kerne und Häute der Früchte können getrocknet für Tee verwendet werden.

Zwetschgenkonfitüre »Rühr mich nicht«

3500 g entsteinte Zwetschgen, 500 g Zucker

Zwetschgen waschen, entsteinen, abwiegen. In einen Kochtopf geben, mit Zucker mischen und über Nacht zugedeckt kühl stellen. Am nächsten Tag die Früchte ohne vorher durchzurühren, zugedeckt zum Kochen bringen. Deckel abnehmen und bei kleingeschalteter Energiezufuhr 3 Stunden köcheln lassen, dabei nicht umrühren. 10 Minuten bei starker Hitze sprudelnd kochen, dabei gründlich umrühren, heiß einfüllen.

Rhabarber-Feigen-Konfitüre

125 g getrocknete Feigen,
⅛ l Portwein oder Sherry,
1 Päckchen getrocknete Orangenschale,
350 g roter Rhabarber,
500 g Gelierzucker

Den harten Stielansatz der Feigen entfernen, in möglichst kleine Würfel schneiden und in Portwein mit Orangenschale einige Stunden einweichen. Rhabarber waschen, putzen, in ca. 2 cm lange Stücke schneiden, mit Gelierzucker und Feigen gut mischen, nach 4 Minuten Kochzeit die Gelierprobe machen, Einweichflüssigkeit zugeben, heiß abfüllen.

Kürbiskonfitüre mit Apfel

750 g geviertelte Äpfel,
750 g gewürfelten Kürbis,
Gelierzucker nach der
Fruchtmarkmenge,
Zitronenschale,
nach Belieben Ingwer

Kürbis und Äpfel mit wenig Wasser weichkochen, passieren, abwiegen, mit gleicher Menge Gelierzucker gut vermischen, Gewürze zugeben, bis zur Gelierprobe kochen, heiß abfüllen.

Schlehen-Apfel-Konfitüre

3000 g Schlehen, 500 g Äpfel,
die gleiche Menge Gelierzucker
wie Fruchtmark

Die Schlehen nach dem ersten Frost ernten. Über Nacht in Wasser stehen lassen, abseihen, mit wenig frischem Wasser und den geviertelten Äpfeln weich kochen, durchpassieren, mit Gelierzucker vermischen, bis zur Gelierprobe kochen, heiß einfüllen.

Englische Orangenmarmelade

8 unbehandelte süße Orangen,
3 unbehandelte bittere Orangen (Pomeranzen),
1 unbehandelte Zitrone,
gleiche Menge Gelierzucker wie Früchte

Alle Früchte unter heißem Wasser gut abbürsten, abtrocknen, ungeschält achteln und sorgfältig entkernen. Das Fruchtfleisch mit einem scharfen Messer in hauchdünne Scheiben schneiden, die Kerne in ein Tee-Ei geben und mitkochen. Früchte wiegen, mit Gelierzucker gut vermengen, 3 Stunden zugedeckt stehen lassen, kochen bis zur Gelierprobe, heiß einfüllen.

Variation

Sind keine ungespritzten Früchte erhältlich, dickschalige Früchte verwenden und ½-cm-dick schälen, aber nicht den ganzen weißen Pelz entfernen, darin sind gesundheitlich wertvolle Stoffe.
Das Verhältnis von süßen zu bitteren Orangen kann nach Geschmack variiert werden. Blutorangen sind auch geeignet.

Birnenkonfitüre mit Ingwer

1000 g geschälte, geviertelte Birnen,
750 g Zucker,
1 Päckchen getrocknete Zitronenschale,
1 Msp gemahlener Koriander,
5 Ingwerpflaumen oder 30 g frische Ingwerwurzel, 125 g Flüssigpektin (1 Normalflasche), 10 g Zitronensäure

Birnen vierteln, Kerngehäuse entfernen. Birnen in Scheiben schneiden, mit Zucker, Zitronenschale, Koriander und geschälten, in kleine Würfel geschnittener Ingwerwurzel bzw. Ingwerpflaumen gut durchmischen, erhitzen, 10 Minuten sprudelnd kochen lassen, Flüssigpektin und Zitronensäure nach Gebrauchsanweisung zugeben und kochen bis zur Gelierprobe, eventuell mit Williamsbirnengeist verfeinern, heiß einfüllen.

Ebereschenkonfitüre ohne Kerne

1000 g Ebereschenmark,
1000 g Zucker

Beeren waschen, verlesen, mit wenig Wasser weich kochen, passieren. Fruchtmark mit Zucker vermischen und bis zur Gelierprobe kochen.

Hinweise
Gelierhilfen verkürzen die Kochzeit.
Wird der Saft über ein Tuch gewonnen, kann ein vorzüglich schmeckendes Gelee bereitet werden.
Geeignete Sorten sind süße mährische oder russische Ebereschen: Sorbus aucuparia »Edulis«, »Rossica«, »Konzentra«, »Rosina«, »Major«. Bittere Ebereschen, die »Vogelbeeren«, sind nicht geeignet. Die Früchte werden geerntet, wenn sie rot werden und noch säuerlich-saftig sind (August).

Sanddornkonfitüre

1000 g Sanddornbeeren,
500 g Zucker

Beeren in einem Sieb waschen, abtropfen lassen, Zucker zugeben und unter ständigem Rühren so lange kochen, bis die Masse schwer vom Löffel fällt, heiß abfüllen.

Hinweis
Die Früchte des Ziersanddorns enthalten wie wild wachsende Sträucher sehr viel Vitamin C.

Variation
Sanddornsaft kann auch mit Hagebuttenmark gemischt werden.

Grüne Tomatenkonfitüre

1000 g große, grüne Tomaten,
1000 g Gelierzucker,
Saft von 1 Zitrone,
Zimt,
getrocknete Zitronen- und Orangenschale,
Ingwer,
ganze Nelken oder Senfpulver.

Tomaten waschen, abtrocknen und Stengelansätze herausschneiden. Mit dem Fleischwolf oder Mixer pürieren, mit Gelierzucker, Zitronensaft und Gewürzen gut vermischen, erhitzen, 4 Minuten sprudelnd kochen bis zur Gelierprobe, heiß einfüllen.

Zitronengelee

Schale von 2 unbehandelten Zitronen,
¼ l Zitronensaft, Wasser, 4 EL Wasser,
1000 g Gelierzucker, 4 EL Orangenlikör

Zitronen mit heißem Wasser gründlich bürsten, abtrocknen, so dünn schälen, daß keine weiße Schicht daran ist. Schale in dünne Streifen schneiden, mit 4 Eßlöffeln Wasser 10 Minuten kochen, Zitronensaft zugießen und so viel Wasser auffüllen, bis 1 Liter erreicht ist, Gelierzucker zugeben, kochen bis zur Gelierprobe. Orangenlikör langsam unterrühren, heiß abfüllen.

Berberitzen-(Sauerdorn)gelee

1 l Berberitzensaft,
1000 g Zucker

Die reifen Früchte nach dem ersten Frost ernten. Waschen, verlesen und im heißen Wasserbad einige Stunden zugedeckt stehen lassen, bis sich Saft bildet. Die Masse über einem Safttuch abtropfen lassen, mit Zucker im Verhältnis 1:1 abwiegen. Gelierhilfe verwenden, kochen bis zur Gelierprobe, heiß einfüllen.

Hinweis
Das zurückgebliebene Mark kann mit 500 g Zucker je kg Mark zu Konfitüre verkocht werden.

Mengenverhältnis (rohgerührte Konfitüre)
500 g Früchte auf 500 g Puderzucker
oder
500 g Früchte auf 500 g Gelierzucker

Rohgerührte Konfitüre

500 g Walderdbeeren, kleine Früchte von Gartenerdbeeren, Himbeeren, Johannisbeeren, Brombeeren, 500 g Puderzucker,
Saft von 1 Zitrone, nach Belieben 2 cl Rum

Beeren in einem Sieb waschen, verlesen, mit Küchenkrepp trocknen. In eine Schüssel oder in den Mixer geben, mit Zucker und Zitronensaft vermischen, mit dem Handrührgerät bzw. Mixer so lange schlagen, bis der Zucker gelöst ist, und der Fruchtbrei zu steifen beginnt. Gläser und Deckel mit Rum ausspülen, Masse einfüllen, mit Rum bedecken, verschließen, kühl lagern.
Haltbarkeit: Bis 3 Monate.

Für Diabetiker
Rohr- und Rübenzucker sind für Diabetiker verboten. Deshalb müssen Konfitüren, Marmeladen und Gelees auf eine andere Weise gesüßt und haltbar gemacht werden: Der süße Geschmack wird durch Süßstoff, Fruchtzucker oder Zuckeraustauschstoffen erreicht. Diese Stoffe sind zwar für den Diabetiker geeignet, müssen aber bei der Broteinheitenberechnung berücksichtigt werden (ausgenommen Süßstoffe). Es ist deshalb häufig notwendig, trotzdem Fruchtzucker und Zuckeraustauschstoffe sparsam im Rezept zu verwenden.
Das Gelieren wird erreicht durch Flüssigpektin, Gelierpulver, Gelierpulver 2:1, Gelierfruchtzucker, Geliersionon, Agar-Agar, N-Gel, Unigel. Pektine sind unverdauliche Kohlenhydrate, die bei der Broteinheitenberechnung nicht berücksichtigt werden müssen, ebenso wie die angegebenen Gelierstoffe.
Die Haltbarkeit wird erreicht durch:
▷ Kochen bis zur Gelierprobe und heiß in kleine Gläser einfüllen.

- ▷ Einfrieren des Obstes und portionsweise Zubereitung bei Bedarf (arbeits- und energiesparend im Mikrowellengerät).
- ▷ Einfrieren der fertig gekochten Konfitüre in Gefrierdosen.
- ▷ Sterilisieren der fertigen Konfitüre in Einkochgläsern (mit Gummi und Klammer) bei 75 °C 10 Minuten.

Ist das Glas angebrochen, beträgt die Haltbarkeit 6–10 Tage im Kühlschrank, weil die konservierende Wirkung des Zuckers fehlt.

Anleitung zur Broteinheitenberechnung

Kohlenhydratgehalt des Obstes	– – – g
+ Kohlenhydratgehalt des Süßungsmittels	– – – g
+ Kohlenhydratgehalt der Geschmackszutaten	– – – g
= Summe der ganzen Masse	– – – g

Die Praxis zeigt, daß die Menge des ursprünglichen Fruchtmarks bzw. des Saftes ungefähr der Menge des fertigen Produktes entspricht, weil Wasser verdampft, und das Süßungsmittel sich in der Fruchtmasse löst. Deshalb kann wie folgt weitergerechnet werden:
Kohlenhydratsumme : Gewicht der verwendeten Früchte = Kohlenhydratmenge in 1 g Konfitüre × 25 g (je Portion) = Kohlenhydratmenge in 1 Portion : 12 = Broteinheiten je Portion.

Stachelbeerkonfitüre

25 g = 1 BE = 50 kcal/210 kJ

500 g Stachelbeeren, 200 g Fruchtzucker,
1 Vanilleschote

Beeren waschen, Stiele und Blütenansätze entfernen, im Mixer pürieren, Fruchtzucker und Vanillemark zugeben, sprudelnd kochen bis zur Gelierprobe, heiß einfüllen.
Haltbarkeit: Im verschlossenen Glas mehrere Monate, im angebrochenen Glas 6–10 Tage.

Holunder-Apfel-Konfitüre

25 g = 1 BE = 52 kcal/218 kJ

250 g Holunderbeeren,
250 g säuerliche Äpfel,
200 g Fruchtzucker,
Saft von 1 Zitrone, 15 g Unigel

Holunderbeeren waschen, Äpfel schälen, kleinschneiden, mit Zitronensaft beträufeln, Früchte und Unigel mischen, unter Rühren aufkochen und die Früchte durchkochen, heiß einfüllen. Den Geliervorgang während des Abkühlens nicht durch Schütteln unterbrechen.
Haltbarkeit: Im verschlossenen Glas mehrere Monate, im angebrochenen Glas 6–10 Tage im Kühlschrank.

Brombeerkonfitüre

25 g = 1 BE = 51 kcal/214 kJ

250 g Brombeeren,
100 g Fruchtzucker,
1 EL Zitronensaft,
1 EL Flüssigpektin

Früchte und Zucker gut mischen, Zitronensaft zugeben, erhitzen, 10 Minuten kochen lassen, Flüssigpektin zugeben, 1 Minute kochen, abschäumen, heiß einfüllen.
Haltbarkeit: Im verschlossenen Glas einige Monate, im angebrochenen Glas 6–10 Tage im Kühlschrank.

Erdbeer-Kiwi-Konfitüre

25 g = 1 BE = 58 kcal/244 kJ

300 g Erdbeeren,
100 g Kiwifleisch,
200 g Fruchtzucker,
1 Vanilleschote,
1 TL Agar-Agar

Erdbeeren waschen, entstielen, Kiwi schälen, in Scheiben schneiden und alle Früchte mit der Gabel zerdrücken. Agar-Agar in einer Tasse mit 2 Eßlöffeln Saft anrühren. Zucker und das Mark der Vanilleschote zum Fruchtbrei geben, erhitzen auf ca. 70 °C. Den Kochtopf von der Platte nehmen, den angerührten Agar-Agar zugeben, sofort in kleine Gläser füllen und im Kühlschrank aufbewahren.
Haltbarkeit: Im verschlossenen Glas 1 Monat, im angebrochenen Glas 6 Tage.

Himbeergelee

25 g = 1 BE = 59 kcal/248 kJ

375 ml Himbeersaft,
125 ml roter Johannisbeersaft,
250 g Fruchtzucker, 20 g N-Gel

Saftbereitung Seite 115 ff. Fruchtzucker mit N-Gel gut vermischen, Saft unter Rühren zugeben, erhitzen und ständig rühren bis zum sprudelnden Kochen. Schaum abschöpfen, heiß in kleine Gläser füllen. Beim Geliervorgang in den nächsten Tagen nicht bewegen.
Haltbarkeit: Im verschlossenen Glas mehrere Monate, im angebrochenen Glas 6–10 Tage im Kühlschrank.

Obstmus

Obstmus ist durch langes Kochen eingedicktes Fruchtmark, wobei wenig oder kein Zucker zugegeben wird.

Mengenverhältnis (Mus)
5 kg Obst mit 0–750 g Zucker

Besonders reife, zuckerreiche Obstsorten wie Zwetschgen, Äpfel, Birnen verwenden. Obstmus von Beerenobst, z. B. Preiselbeeren, Berberitzen und Holunderbeeren wird auch als »Salse« bezeichnet. Das Obst kann durch die Fruchtpresse gedreht oder in wenig Wasser gedämpft zu Fruchtmark verarbeitet werden, das dann eingedickt wird. Oder es wird ohne Vorbereitung eingekocht.
Die Haltbarkeit wird durch das lange Einkochen erreicht, wodurch die vorhandenen Mikroorganismen abgetötet werden. Durch das Verdampfen des Wassers ist für die Entwicklung von nachträglich eindringenden Keimen der Gehalt an frei verfügbarem Wasser zu gering. Wenn Zuckerzusatz, dann gegen Ende der Garzeit, weil bei langem Kochen Zucker leicht braun wird. Außer man wünscht den Karamelgeschmack.
Hitzeempfindliche Vitamine (Vitamin C und B_1) gehen verloren, auch das Aroma verändert sich, zu wenig gewürztes Mus schmeckt leicht fade.
Früher wurde Mus in Steintöpfen, die vor dem Einfüllen geschwefelt und mit Alkohol ausgespült wurden, aufbewahrt, mit Cellophan oder Pergamentpapier zugebunden. Wurden diese Gefäße nicht kühl und trocken gelagert, entwickelten sich leicht Schimmelpilze.
Deshalb ist es sinnvoller, das fertige Mus in Einkochgläser mit Gummi, Deckel und Klammer oder in Gläser mit Twist-off-Deckeln heiß

einzufüllen, dann muß es auch vorher nicht so stark eingedickt werden. In Einkochgläsern oder lackierten Dosen 10 Minuten bei 85 °C sterilisieren.

Musprobe
Wird der Rührlöffel aus der Masse gehoben, fällt das anhaftende Mus in dicken Klumpen zurück. Beim Rühren fließt die Masse nicht mehr zusammen, es bilden sich Straßen.

Pflaumenmus

3 kg sehr reife Spätzwetschgen, bis zu 500 g Zucker, ½ Päckchen Lebkuchengewürz oder Sternanis, gemahlene Nelken, Zimt, Koriander, Muskatblüte

1. Art Zwetschgen entkernen, mit schwacher Hitze zu einem Mus einkochen, wobei anfangs wenig, später ständig gerührt werden muß. Die Gewürze werden zu Beginn, der Zucker, wenn die Masse dicklich wird, zugegeben. Bis zur Musprobe kochen, heiß einfüllen und verschließen.
2. Art Zwetschgen entsteinen, in die Fettpfanne des Backofens geben, mit Zucker vermischen und über Nacht mit einem sauberen Tuch zugedeckt stehen lassen. Tags darauf die Fettpfanne in den Backofen schieben, bei 220 °C zum Kochen bringen, dann, wenn möglich, Oberhitze ausschalten, oder auf 160 °C zurückdrehen. Das Mus muß kochen bis zur Musprobe und darf niemals umgerührt werden, sonst brennt es an. Heiß einfüllen und verschließen.
3. Art Zwetschgen entsteinen, in 2 Kochtöpfen mit Deckel jeweils mit wenig Wasser weichdünsten, Deckel abnehmen und das Wasser bei mäßiger Hitze verdampfen lassen. Wenn die Masse dicklich wird, durchpassieren, noch eine Stunde in einem Kochtopf unter häufigem Rühren eindicken, bis zur Musprobe, heiß einfüllen und verschließen.

Hinweise
Nach Belieben können auch 1 Stunde vor Garzeit 2–3 grüne Walnüsse geschnitten oder 10 Haselnußkerne dazugegeben werden.
Es ist gesünder, den Bittermandelgeschmack statt mit Kernen (Blausäure) mit ein paar Tropfen künstlichem Bittermandelöl zuzugeben.

Powidl (ohne Zucker)

Eine größere Menge Zwetschgen, 1 Zimtstange (nach Belieben)

Zwetschgen waschen, entsteinen, in flachem Bratentopf geben, in der Röhre bei 180 °C je nach Menge bis zur gewünschten Konsistenz 2–3 Stunden eindampfen lassen. Dabei öfter umrühren. In Schraubgläser heiß einfüllen.

Kirschenmus

5 kg Kirschen, 500 g Zucker, Zimt, Nelken

Schwarze, süße Kirschen entkernen, Kerne zerklopfen und in einer Tasse kochendem Wasser 10 Minuten ziehen lassen, das Wasser zu den Früchten geben, erhitzen und so lange kochen, bis die Masse musig wird. Durchpassieren, Zucker, Zimt und Nelken zugeben und eindicken bis zur Musprobe, heiß einfüllen und verschließen.

Obstkraut

Obstkraut ist ohne Zucker eingedickter Obstsaft von einer oder mehreren Sorten z. B. Äpfel, Birnen, Zuckerrüben. Es hat wieder viele Liebhaber gewonnen, weil man schnell und preiswert große Mengen Obst haltbar machen kann. Es wird als Geschmacksstoff zu Müsli, Tee gegeben oder als Brotaufstrich gegessen. Obstkraut wird in Flaschen abgefüllt, die verkorkt, mit Gummikappe oder mit Twist-off-Deckel verschlossen werden.

Apfelkraut

Große Mengen süße und säuerliche, gut ausgereifte Äpfel (auch Fallobst) waschen, schlechte Stellen entfernen. Mit Schale und Kernhaus schneiden, mit wenig Wasser weichdünsten, Saft abpressen und so lange einkochen bis er Fäden zieht, d. h. fallen in ein Glas Wasser ein paar Tropfen, bilden sich Fäden, die zu Boden sinken. In sauber gespülte, im Wasserbad heiß gehaltene Flaschen sofort abfüllen und verschließen.

Latwerge

Latwerge wird auch Gesälz, Obsthonig, Obstbutter genannt. Latwerge ist ein Mischprodukt. Es besteht aus dem Mark der einen Obstart und dem ausgepreßten Saft einer anderen Obstart. Das Obstmark bestimmt den Namen. Es wird ohne Zucker eingekocht. Früher wurde es in Steinguttöpfen gelagert, die genauso vorbereitet wurden, wie bei Obstmus beschrieben. Weniger Verluste bringt die Aufbewahrung in Gläsern mit Deckeln oder das Sterilisieren (10 Minuten bei 85 °C).

Birnenlatwerge

1 l Birnenmark, 2 l Apfelsaft

Apfelsaft in einen Kochtopf geben, bis zur Hälfte einkochen, Birnenmark dazuschütten und so lange unter ständigem Rühren einkochen, bis die Masse die Dicke einer sich schwer streichenden Butter erlangt hat. Heiß in Gläser füllen und nach dem Erkalten verschließen.

Variationen
Aprikosenmark mit Apfel- oder Traubensaft; Mirabellenmark mit Apfel- oder Birnensaft, Traubensaft bringt besonders guten Geschmack.

Obstsirup

Obstsirup ist mit Zucker eingedickter Obstsaft. Er ist besonders für heiße und kalte Getränkemischungen geeignet.

Mengenverhältnis (Obstsirup)
1 l Saft auf 1000 g Zucker

Himbeersirup, Johannisbeersirup

3 kg Beeren, Zucker wie Saftgewicht

Beeren waschen, zerdrücken, zugedeckt 2 Tage an einem kühlen Ort stehen lassen. Den Saft mit einem Tuch gut auspressen, abwiegen. Die Hälfte des Zuckers zum Saft geben und 3 Tage an einem kühlen Ort gären lassen, mit dem restlichen Zucker aufkochen, abschäumen, heiß einfüllen.

Zuckerrübensirup

12 kg Zuckerrüben (ergeben 1½ l Sirup), Wasser

Zuckerrüben waschen, schaben oder schälen, in nußgroße Stücke schneiden. In einen großen Topf oder Einkochtopf Rost einlegen, 1 Liter Wasser, wenn kein Rost zur Verfügung, halb mit Wasser füllen, Rübenschnitzel zugeben, langsam zugedeckt weich dämpfen, auskühlen, abpressen (mit Obstpresse oder in einem groben Leinensäckchen). Der Saft wird in einem weiten, großen Topf schnell eingekocht, wobei zuletzt ununterbrochen gerührt werden muß, denn er brennt leicht an. Der fertige Sirup hat eine goldbraune Farbe und muß dickfließend wie Honig sein. Wird er zu langsam eingekocht, wird er nicht klar und schmeckt nicht so gut. In Steintöpfe oder weithalsige Flaschen heiß einfüllen und verschließen.

Erdbeer-, Himbeer-, Johannisbeersirup ungekocht

2 kg Früchte, 25 g Weinsteinsäure, ½ l Wasser, Zucker wie Saftgewicht

Beeren zerdrücken, Weinsteinsäure in Wasser auflösen, darübergeben und 24 Stunden zugedeckt kühl stellen. Saft durch ein gebrühtes Tuch ablaufen lassen, mit gleichschwer Zucker wie Saftgewicht so lange rühren, bis sich der Zucker gelöst hat, eventuell abschäumen, in Flaschen füllen. Die ersten Tage nur mit Wattebausch verschließen, denn an warmen Tagen beginnt er leicht zu gären. Ist dies der Fall, die ganze Masse im Ballon oder Steinguttopf 2 Monate ausgären lassen.

Hinweise
Weinsteinsäure hat keine konservierende Wirkung. Die Mikroorganismen können im sauren Milieu des Fruchtsaftes und wegen des hohen Zuckergehaltes nicht mehr wachsen. Weinsteinsäuresaft soll nicht erhitzt werden. Bei 170 °C zerfällt Weinsteinsäure in Oxalsäure und Glykole. Beim Pasteurisieren beginnt der Zerfall der Säure bereits. Deshalb wird sie häufig durch Zitronensäure bzw. -saft (ohne Wasserzugabe) ersetzt.

Holunderblütensirup (Hollersekt)

2 unbehandelte Zitronen, 8 Holunderblütenstände, 5 l abgekochtes Wasser, 600 g Zucker, ¼ l Weinessig (5%ig)

Zitronen in Scheiben schneiden, Blüten von den Stielen abzupfen, Wasser, Zucker und Essig darüber geben, umrühren, damit sich der Zucker löst, nach 3 Tagen abseihen, in Sektflaschen füllen, mit gesichertem Stöpsel oder Gummikappe stehend, kühl lagern.

Obstpaste

Obstpasten erfreuen sich als Konfekt großer Beliebtheit. Es sind dick eingekochte Konfitüren, die aufgrund ihres Zuckergehaltes und ihrer Festigkeit unverschlossen haltbar sind. Eine Wiederaufnahme von Feuchtigkeit aus der Luft muß unterbunden werden. Deshalb werden sie in Dosen aufbewahrt.

Mengenverhältnis (Obstpaste)
1000 g Obstmark auf 1000 g Zucker, nach Belieben Zitronenschale

Quittenpaste

1000 g Quittenmark, 1000 g Zucker, Saft von 1 Zitrone

Quitten trocken abreiben, Blüte und Stiel entfernen, achteln, in wenig Wasser weichkochen, durchpassieren, mit gleichschwer Zukker aufwiegen, zu festem Mus kochen. Nach der Musprobe (Seite 144) die Masse auf ein mit Pergamentpapier belegtes Backblech streichen, an der Luft trocknen lassen, bis sich die Platte vom Papier löst, schneiden oder ausstechen, in Kristall- oder Hagelzucker wälzen, in einer Dose vor »Naschkatzen« schützen.

Quittenbrot

Die Masse wird wie Quittenpaste hergestellt. Nach Belieben vor Abschluß des Kochens kleingeschnittenes Orangeat und geschälte, gehackte Mandeln zugeben, in eine Kuchenform streichen, trocknen. Nach einigen Tagen Plätzchen schneiden, in Puderzucker wälzen.

Hinweise
Apfel-, Birnen- und Japanische Zierquitte können verarbeitet werden. Gut schmeckt es auch mit Äpfeln, Zwetschgen und Birnen.

Kandierte Früchte Foto Seite 173

Kandierte Früchte werden durch den hohen Zuckergehalt haltbar. Erreicht wird die Haltbarkeit durch Kochen oder Einlegen in Sirup und anschließendes mehrmaliges Nachzukkern. Durch Erfahrung werden weiche haltbare Früchte erzielt, nicht hartschalige und zu feste.

Kandierte Ananas

1 reife Ananas, ½ l Wasser, 1000 g Zucker, Puderzucker

Ananas schälen, in 1 cm dicke Scheiben schneiden, achteln, Holziges entfernen, Wasser und Zucker erhitzen, Früchte darin portionsweise je 5 Minuten kochen lassen, herausnehmen, abtropfen, auf einen Teller legen, mit Puderzucker mehrmals bestreuen, bis die Oberfläche krustig wird. In Blechdosen aufbewahren.

Verzuckerte Orangenschalen (Orangeat)

500 g unbehandelte Orangenschalen, 500 g Zucker, Puderzucker

Möglichst dickschalige Orangen gründlich bürsten, schälen, 3 Tage in kaltes Wasser, das mehrmals gewechselt wird, legen, damit die Bitterstoffe herausziehen. Schalen in wenig frischem Wasser weichkochen, abtropfen lassen. Den Zucker in den Schalensud geben, kochen bis sich beim Hochziehen mit dem Rührlöffel Fäden ziehen, 15 Minuten die Schalen darin kochen, abtropfen, auf einem Teller mit Puderzucker mehrmals bestreuen bis sich eine Zuckerkruste bildet. Oder die Schalen mit dem Sirup in ein Glas heiß einfüllen.

Hinweise
Als Geschmackszutat für Gebäck und Süßspeisen. Zitronat kann im Haushalt nicht hergestellt werden, weil das Ausgangsmaterial (Zedernfrucht) nicht erhältlich ist. Orangeat wird aus Bitterorangen hergestellt (Pomeranzen).

Haltbarmachen durch Zucker und Alkohol

Früchte wurden schon vor 1000 Jahren in Alkohol eingelegt. Im industriellen Bereich hat dieses Verfahren wenig Bedeutung, im Haushalt werden aber viele überlieferte und neue Rezepte ausprobiert, weil sie sich für die Bewirtung von Gästen und als Mitbringsel gut eignen.

Wirkungsweise

Alkohol verändert das Zellkerneiweiß der Mikroorganismen so, daß lebende Zellen absterben. Sporen werden nicht beeinflußt. 60–75%iger Alkohol (Desinfektionsmittel) ist am wirksamsten. Zur Lebensmittelkonservierung ist eine Konzentration von 10–20% ausreichend. Bakterien sind empfindlicher als Hefen, deshalb kann der Rumtopf zu gären beginnen, wenn die zugegebenen Früchte die Masse zu sehr verdünnen. Zu hoher Alkoholgehalt im Rumtopf macht die Früchte hart, Geschmack und Aroma leiden darunter.

Wird zu den Früchten ein hoher Zuckeranteil gegeben, unterstützt er den Alkohol in seiner konservierenden Wirkung.

Gesundheitliche Gesichtspunkte

Früchte in Alkohol werden als Genußmittel in geringen Mengen verzehrt. Werden sie häufiger in größerer oder regelmäßig in kleinerer Menge genossen, tritt Gewöhnung ein, mit den bekannten Erscheinungen des Alkoholmißbrauchs. Für den Erwachsenen liegt die lebensbedrohliche Alkoholmenge bei einer Blutkonzentration von 4–6 Promille. Je nach Art der Spirituosen, kann die Verkehrstüchtigkeit mit 40 Milliliter nicht mehr gegeben sein. Für Kinder sind Rumfrüchte nicht geeignet. Zu berücksichtigen ist auch, daß Früchte in Alkohol dem Körper einen beachtlichen Energiewert (kcal/kJ) zuführen.

Geräte und Hilfsmittel

Zur Herstellung von Früchten in Alkohol sind keine besonderen Geräte erforderlich. Werden formschöne Steinguttöpfe mit Deckel, dunkle, weithalsige Flaschen und Gläser laufend aufbewahrt, sind kleine Geschenke schnell zubereitet. Außerdem benötigt werden: Sieb, Küchentuch, Messer, Küchenwaage, Löffel, eventuell Teller zum Beschweren, Verschlußmöglichkeiten.

Arbeitsanleitungen und Rezepte

Früchte in Alkohol

Die Vielfalt der Früchte und Spirituosen erlaubt unzählige Kombinationen. Geschmacklich gut werden Früchte, die im »eigenen Geist« angesetzt werden, z. B. Kirschen in Kirschwasser, Weintrauben in Cognac, Himbeeren in Himbeergeist. Gut ist es, wenn Früchte mit wenig Eigenaroma in sehr stark schmeckende Alkoholika eingelegt werden, z. B. Pflaumen in Whisky.
Die Reifezeit dauert 4 Wochen bis 3 Monate.
Verwendung: Für Süßspeisen, zur Eisbereitung und als Sauce über Vanille- und Schokoladeneis, zum Aufgießen mit Sekt oder Mineralwasser, als Aperitif.

Rumtopf

250 g Süßkirschen (nicht entsteint),
125 g Zucker, 1 Flasche 54%igen Rum;
250 g Sauerkirschen (nicht entsteint),
125 g Zucker, Rum;
250 g grüne Walnüsse (Ende Juni geerntet, halbiert), 125 g Zucker, Rum;
250 g Renekloden (halbiert, entsteint),
125 g Zucker, Rum;
250 g Aprikosen (enthäutet, halbiert, entsteint),
125 g Zucker, Rum;
250 g Nektarinen (enthäutet, halbiert, entsteint), 125 g Zucker, Rum;
250 g Himbeeren (nicht gewaschen, verlesen),
125 g Zucker, Rum;
250 g Mirabellen (nicht entsteint),
125 g Zucker, Rum;
250 g Birnen (geschält, in Schnitze geschnitten), 125 g Zucker, Rum;
250 g frische Ananas (geschält, in fingerdicke Scheiben geschnitten), 125 g Zucker, Rum;
250 g Weintrauben, 125 g Zucker, Rum;
100 g Sultaninen, Rum

Die vollreifen Früchte werden, wie sie im Laufe des Sommers anfallen, jeweils mit Zucker und so viel 54%igem Rum nacheinander eingeschichtet, daß der Rum immer 2 cm über den Früchten steht. Nach dem Waschen die Früchte mit Küchenkrepp trocknen und vorbereiten, mit Zucker in einer Schüssel mischen und mindestens 1 Stunde kühl stehen lassen. Mit der Schüssel und der Flasche Rum zum kühlen Standplatz des Topfes gehen, Früchte einschichten, Saft zugeben und mit Alkohol aufgießen. Schwimmen die Früchte, mit Teller beschweren, denn sie müssen immer mit Flüssigkeit bedeckt sein. Im September werden die letzten Früchte zugegeben, an Weihnachten ist die Köstlichkeit ausgereift.

Hinweise
Der Rumtopf soll nicht viel bewegt werden.
Beginnt er zu gären, hochprozentigen Rum zugeben.
Die Haltbarkeit ist zwar nicht begrenzt, aber nach 1 Jahr werden die Früchte langsam hart und die Flüssigkeit dickt ein.
Stachelbeeren und Johannisbeeren eignen sich nicht, Erdbeeren sind zwar im Geschmack gut, werden aber leicht zu weich. Einen guten Geschmack bringt auch die Zugabe von Schlehen, die aber erst geerntet werden können, wenn es einmal Frost gegeben hat.
Der Rumtopf kann auch mit hochprozentigem Kirschwasser, Arrak oder Cognac angesetzt werden. Die Verwendung von 80%igem Rum ist nicht empfehlenswert, weil die Früchte schnell hart werden.

Ananasfruchtpunsch

2 frische Ananas, 1 unbehandelte Orange, 1 unbehandelte Zitrone, 1 unbehandelte Limette, 500 g Zucker, Zimtrinde, 2 Gewürznelken, 8 EL Wasser, 1–2 Flaschen 54%igen Rum

Ananas schälen, in fingerdicke Scheiben schneiden, holzige Teile entfernen, achteln. Die Zitrusfrüchte in heißem Wasser gut bürsten, trocknen, mit einem scharfen Messer ungeschält in ½ cm dicke Scheiben schneiden. Den Zucker mit Gewürzen und Wasser aufkochen und rühren, bis sich der Zucker gelöst hat. Alle Früchte in die kochende Zuckerlösung geben, von der Platte nehmen, auskühlen lassen. In Gläser mit Schraubdeckeln füllen, mit Rum aufgießen, fest verschließen und zweimal pro Woche kräftig durchschütteln. Nach 4 Wochen ist der Geschmack ausgereift.

Birnen in Rum

750 g Zucker, ½ l Wasser, 2 kg weiche Williams Christbirnen, ½ l 54%iger Rum

Zucker in Wasser auflösen und die geschälten, geviertelten Birnen dünsten, bis die Früchte glasig sind. Nach dem Erkalten in einen Steinguttopf schichten, mit Rum und dem Birnensaft bis 2 cm über die Früchte gießen. Mit Einmachcellophan zubinden, kühl und dunkel stellen. Nach 6–8 Wochen verbrauchen.

Pflaumen in Cognac

500 g getrocknete Pflaumen (entsteint und ungeschwefelt), ¼ l herber Weißwein, 250 g Zucker, 1 Stange Zimt, 2 Gewürznelken, 1 Päckchen getrocknete Zitronenschale, ½ l Cognac

Pflaumen mit Wein übergießen, 2 Tage einziehen lassen, mit Zucker und Gewürzen mischen, in eine dunkle, weithalsige Flasche füllen. So viel Cognac auffüllen, daß die Früchte fingerbreit bedeckt sind. 4 Wochen an einen warmen Ort stellen, dann ist die Spezialität genußreif.

Likör

Fruchtliköre sind Mischungen aus hochprozentigem Alkohol, Fruchtsaft und Zucker sowie entsprechenden Gewürzen. Als Alkohl kann Weingeist, Kirschwasser, Kornbranntwein, Cognac oder starker Hausbranntwein verwendet werden.

Fruchtlikör

1 l Wasser, 750 g Zucker, 6 Gewürznelken, 2 Zimtstangen, 1 l Saft oder 2 kg Früchte (Weichseln, Kirschen, Heidelbeeren, Holunderbeeren, Hagebutten, Schlehen, schwarze Johannisbeeren), 1 l Weingeist oder Kirschwasser, 8 Tropfen Bittermandelöl (nur für Kirschlikör)

1. Art Wasser, Zucker und Gewürze kochen, auskühlen lassen. Mit Saft und Alkohol mischen, in Flaschen füllen und 5 Wochen an einen sonnigen Platz stellen.
2. Art Früchte mit einer Gabel zerdrücken, Alkohol und Gewürze zugeben. In eine Flasche füllen, 5 Wochen an sonnigen Platz stellen, filtern. Wasser und Zucker aufkochen, über die Rückstände gießen, dann zum Alkohol-Frucht-Gemisch geben, alles gut vermischen. In Flaschen abfüllen, verschließen und dunkel lagern.

Hinweise
Likör aus schwarzen Johannisbeeren, Hagebutten und Schlehen ohne Gewürze herstellen, Schlehen müssen vor der Verarbeitung Frost bekommen haben.

Erdbeerlikör

1 kg Zucker, 1 l destilliertes Wasser, 1 l Erdbeersaft, 1 l Weingeist

Zucker in Wasser auflösen, mit Saft und Alkohol gut vermischen, in Flaschen füllen und 1 Monat lagern.

Hinweis
Mit destilliertem Wasser wird der Likör klar.

Aprikosen- (Marillen-)likör

3 kg Aprikosen (Marillen),
8 Tropfen Bittermandelöl,
1 l Weingeist,
1 kg Zucker,
½ l Wasser

Aprikosen gründlich zerkleinern oder pressen, Bittermandelöl zufügen, Alkohol zugeben. In Flaschen füllen, verschließen, 4 Wochen an einem sonnigen Ort stehen lassen, täglich schütteln. Dann filtern, Zucker in Wasser erhitzen. Erkaltet mit dem Likör vermengen, in Flaschen abfüllen.

Hinweise
Die Rückstände können für Süßspeisen verwendet werden.

Nußlikör

1 kg grüne Walnüsse (mit Schale),
10 Gewürznelken, 3 Zimtstangen,
Zitronenschale,
Muskat oder frische Ingwerwurzeln,
1 l Weingeist, 700 g Zucker,
1 l destilliertes Wasser

Ende Juni geerntete Walnüsse werden gewaschen, geviertelt, mit den Gewürzen und Alkohol in einer weithalsigen Flasche angesetzt. Die Flasche wird verschlossen und an einen sonnigen Platz gestellt. Nach 2 Monaten wird die Flüssigkeit abgefiltert, der Zucker im Wasser gelöst und mit dem Likör vermengt, in Flaschen abgefüllt und dunkel gelagert.

Hinweis
Mit destilliertem Wasser wird der Likör klar.

Haltbarmachen durch Säure oder Säure und Zucker

Das Konservieren durch Einlegen in Essig gehört zu den ältesten Konservierungsverfahren. Unsere Vorfahren stellten Essig her, indem sie alkoholhaltige Flüssigkeiten, vor allem Wein, an der Luft stehen ließen, die Flüssigkeit wurde sauer. Auch heute noch beruhen alle gebräuchlichen biologischen Verfahren auf der Tätigkeit des Bakteriums »Acetobacter«, das Alkohol zu Essigsäure vergärt. Die wichtigsten Rohstoffe sind Wein und verdünnter Branntwein. Auf diese Weise kann 5–10%iger Essig hergestellt werden. Im Handel befinden sich auch 25–80%ige wäßrige Lösungen von Essigsäure als »Essigessenz«. Sie wird chemisch hergestellt.

Wirkungsweise

Die Wirkung auf die Mikroorganismen beruht einmal darauf, daß nur wenige in sehr saurer Umgebung gedeihen können, zum anderen löst Essigsäure fettähnliche Stoffe in den Zellen, so daß Essigsäure in gleicher Konzentration wie andere organische Säuren, z. B. Zitronensäure wesentlich stärker konservierend wirkt. Essigsäure durchdringt die Zellwand der Mikroorganismen und verändert das Eiweiß im Zellinneren. Sie verstärkt auch die Hitzeempfindlichkeit von Bakterien, aber nicht von Schimmelpilzen und Hefen. Krankmachende Keime, z. B. Salmonellen, können abgetötet werden, nicht aber die säureliebenden Milchsäurebakterien, Kahmhefen und Schimmelpilze. Aus diesem Grund haben unsere Großmütter den Steinguttopf vor dem Einlegen der Essiggemüse ausgeschwefelt. Im geschmacklich tragbaren Bereich (0,5–3%) hat Essigsäure keine zuverlässig konservierende Wirkung. Häufig kombiniert man deshalb das Einlegen in Säure mit hohem Zucker- oder Salzgehalt, mit Pasteurisieren oder Sterilisieren oder mit einem chemischen Konservierungsstoff im engeren Sinne, z. B. Sorbin- und Benzoesäure im *Gurkendoktor*. Erst im Bereich von 4–6% ist die Essigsäurekonservierung allein ausreichend.

Tips für die Praxis

▷ Mayonnaisen, Salatsaucen und Feinkostsalate bleiben länger haltbar, wenn sie mit Essig in der Marinade zubereitet werden.

▷ Einlegen von Fleisch in eine Essigbeize verlängert die Haltbarkeit, macht das Fleisch mürbe und bringt eine besondere Geschmacksnote.

▷ Wird das Fleisch mit verdünntem Essig abgewaschen, wird die Haltbarkeit bei der Kühlschranklagerung verlängert.

▷ Den Kühlschrank von Zeit zu Zeit mit Essigwasser auswaschen.

Gesundheitliche Gesichtspunkte

Gärungsessig und Essigessenz unterscheiden sich in ihrer Wirkung bei gleicher Konzentration nicht. In einer Konzentration von über 30% wirkt Essig ätzend auf Haut und Schleimhäute. Deshalb ist der Umgang mit Essigessenz im Haushalt gefährlich, besonders, wenn sie bei der Lebensmittelzubereitung und als Reinigungsmittel eingesetzt wird.
Essigsäure wird im menschlichen Körper selbst gebildet. Sie ist am Auf- und Abbau körpereigener Stoffe beteiligt. Sie kann auch als Energiequelle genutzt werden. Aus diesem Grund unterliegt dieser natürliche Geschmacksstoff, der seit Jahrhunderten in der Lebensmittelkonservierung eingesetzt wird, kaum lebensmittelrechtlichen Vorschriften, auch nicht hinsichtlich der zulässigen Höchstmengen.
Die Mehrzahl der in Essig konservierten Gemüse und Obstprodukte weisen große Verluste an Vitamin C, Carotin (Vorstufe von Vitamin A) und Vitamin B_1 auf. Mineralstoffe werden durch die Aufgußflüssigkeit ausgelaugt. Je nach verwendeten Zucker- und Ölmengen, weisen Essigkonserven einen relativ niederen Energiewert auf.

Geräte und Hilfsmittel

Werden Essigkonserven sterilisiert, kann dies in entsprechenden Gläsern und lackierten Dosen vorgenommen werden.
Für das Einlegen in Essiglösung sind Steinguttöpfe, Emaillegefäße und weite Gläser geeignet. Die Gefäße werden mit passenden Twist-off-Deckeln, Pergament- oder Cellophanpapier verschlossen.
Gefäße und Arbeitsgeräte aus Aluminium, Kupfer, Messing sind nicht geeignet, ebenso manche Kunststoffe.
Zu warnen ist auch vor niedrig gebrannten Töpferwaren. Viele ausländische, farbenprächtige Produkte entsprechen nicht den lebensmittelrechtlichen Bestimmungen, und Essigsäure kann die Glasur angreifen.

Arbeitsanleitungen und Rezepte

Essig

Essig kann gebildet werden aus einer weinigen, also vergorenen, alkoholhaltigen Flüssigkeit unter Mitwirkung von Wärme und Luft. Es darf kein Sprit und keine Essigessenz verwendet werden, da diese keine Essigbakterien enthalten.

Weinessig Auch heute noch werden die besseren Essigsorten aus Weiß- oder Rotwein bereitet. Er kommt als 100%iger Weinessig in den Handel. Er enthält in der Regel 6% Säure.
Branntweinessig Er wird aus verdünntem Alkohol gewonnen, der aus Zuckerrüben, Kartoffeln oder Getreide gebrannt wurde. Der größte Anteil der Essigerzeugung wird so hergestellt und kommt als »Tafelessig« mit 5% Säure oder als Mischung mit einem Anteil Weinessig von 40%, 33%, 25%, 20% in den Handel. Je höher der Weinessiganteil, desto aromatischer, aber auch teurer ist er.
Kräuteressig Kann gekauft oder je nach Geschmack selbst hergestellt werden.
Obstessig oder Apfelessig Wird aus Apfelwein gewonnen.
Malzessig Ist eine Spezialität in England und wird aus ungehopftem Bier gewonnen.
Gurkenaufguß Ist ein stark konzentrierter Essig mit Geschmackszutaten für die Sauergemüseherstellung. Er muß im vorgeschriebenen Verhältnis verdünnt werden.
Essigessenz Dies ist 25% Essigsäure. Sie wurde nicht durch Bakterien gewonnen, sondern künstlich hergestellt. Für manche Salatzubereitungen wird sie verwendet, weil sie farblos und klar ist. Es fehlt jedoch das typische Aroma.

Weinessig Foto Seite 191

0,7 l trockener Weiß- oder Rotwein

Den Wein entkorken, in der geöffneten Flasche bei ca. 25 °C an die Sonne stellen, nach Geschmack säuern lassen. Wenn er fertig ist, durch einen Filter mit Filterpapier laufen lassen, in die Flasche zurückgeben, verkorken und kühl stellen.

Obstessig aus Obstwein Foto Seite 191

1 l Weinessig, 4 l Obstwein oder mehr

Weinessig in einen Glasballon (früher Holzfäßchen) geben, bei 25–30 °C lagern, 1 Liter Obstwein zumischen und gut schütteln. Nach 2–3 Tagen ist der Obstwein zu Essig geworden. Wieder 1 Liter Obstwein zugeben, bis der Ballon zu einem Drittel gefüllt ist, dann jeweils 2 Liter Obstwein eingießen. Ist die gewünschte Menge erreicht, den Essig in Flaschen abseihen, verschließen und kühl lagern. In der Wärme würde er verderben.

Obstessig aus Fallobst

Obst waschen, faule Stellen entfernen, durch eine Obstmühle (Saftzubereitung Seite 114 f.) geben oder zerstoßen. Die so gewonnene Maische in ein Faß geben, wie Sauerkraut beschweren, mit einem Tuch zudecken, bei 15–20 °C gären lassen. Ist der Gärprozeß beendet, den Saft abpressen und in ein Essigfäßchen geben. Wird die ganze Menge eingefüllt, 15% guten Weinessig zufügen. Weiterbehandlung wie Obstessigzubereitung aus Obstwein.

Verschiedene Essigkonserven, Rezepte Seite 157 ff.
Mixed Pickles, Rezept Seite 160.
Eingelegte Paprikaschoten. Rezept Seite 158.

Sterilisierte Essigkonserven

Grundrezept

Essig (5%) und Wasser zu gleichen Teilen

Je Liter: *5 g Salz, 10 g Zucker, Gewürze, z. B. Zwiebelringe oder Perlzwiebeln, Dillblüten oder -kraut, Senfkörner, Lorbeerblatt, Pfefferkörner, Wacholderbeeren, Meerrettichwürfel, Ingwer*

Sterilisiertemperatur und -dauer:
Im Einkochtopf bei 90 °C 30 Minuten.
Im Backofen bei 160–180 °C bis zum Aufperlen + 30 Minuten Nachgaren ohne Temperatur.
Im Mikrowellengerät je ¾-l-Glas 5 Minuten bei 700 Watt (600 Watt) + 3 Minuten bei 450 Watt.

Eier in Würzessig Foto gegenüber

10 Eier, ⅜ l Kräuteressig, ⅛ l Wasser,
1½ TL Salz, 1 Prise Zucker, 10 Pfefferkörner,
1 TL grobgehackten Piment, 1 EL Dillsaat,
1 EL Senfkörner, 2 Knoblauchzehen,
1 Lorbeerblatt

Die Eier in kaltem Wasser aufsetzen und vom Siedepunkt an 8 Minuten kochen lassen. Das Kochwasser abgießen, die Eier mit kaltem Wasser abschrecken, abschälen und in ein Glas legen. Kräuteressig und Wasser mischen und mit Gewürzen einmal aufkochen lassen. Den Knoblauch schälen und zum Schluß dazugeben. Den Sud etwas abkühlen lassen und über die Eier gießen. Das Glas luftdicht verschließen und an einem kühlen Ort aufbewahren. Mindestens eine Woche durchziehen lassen.

Senfgurken

Große Schlangengurken, Salz

Für den Aufguß (für 4 Liter-Gläser):
¾ l Weinessig (6%ig), ¾ l Wasser, 10 g Salz, 50 g Zucker, 2 Lorbeerblätter, 10 Schalotten

Pro 1-Liter-Glas: *1 EL Senfkörner, Basilikum, Estragon, 1 TL würfelig geschnittener Meerrettich, 3 Pfefferkörner, 2 Pimentkörner*

Gurken schälen, halbieren, Mark und Kerne entfernen, vierteln, in fingerlange Stücke schneiden. Mit reichlich Salz schichtweise in eine Schüssel geben, beschweren, über Nacht stehen lassen, abseihen, Stücke mit Tuch abtrocknen. Aus den Zutaten Aufguß kochen, Lorbeerblatt entfernen, Gurken in der Lösung kurz aufkochen, auf vorbereitete Schraubverschlußgläser verteilen, übrige Gewürze und Schalotten darauf geben, mit heißer Flüssigkeit randvoll aufgießen, verschließen.

Schnelle Gurken

Eine größere Menge Salatgurken, Salz

Aufgußmenge für 5 1-Liter-Gläser: *¾ l Wein- oder Branntweinessig (5%ig), ¾ l Wasser, Zucker, Pfefferkörner, Lorbeerblätter, Wacholderbeeren, Dill, Bohnenkraut, eine größere Menge Zwiebelscheiben, Senfkörner*

Gurken geschält oder ungeschält in ½ cm dikke Scheiben schneiden, salzen, über Nacht ziehen lassen. Am nächsten Morgen abseihen, mit einem Küchentuch trockentupfen.
Weinessig mit Wasser verdünnen, Zucker und Gewürze zugeben, aufkochen. Zwiebelscheiben und Senfkörner zurecht legen.

1-l-Einkochgläser gründlich waschen, abtropfen lassen, eine Schicht Gurkenscheiben flach auf den Glasboden schichten, Gewürze darübergeben, eine Schicht Zwiebeln, dann wieder Gurken, Gewürze... Abschluß: Zwiebelscheiben. Pro Literglas 2 Eßlöffel Senfkörner verteilen, mit heißem Essigsud bis 2-fingerbreit unter dem Glasrand auffüllen, Glasrand gründlich säubern, Gummiring und Deckel mit Klammer auflegen, sterilisieren. Die Gurken sind sofort genußreif.

Essiggurken mit Paprika und Tomaten

Kleine Einlegegurken, pro Liter 20 g Salz, Zwiebelringe, Dilldolden, Weinlaub, kleine rote Paprikaschoten, kleine rote und eventuell gelbe Tomaten, 2 Holzstäbchen entsprechend der Glasgröße

Für den Sud: *Weinessig (5%ig), gleiche Menge Wasser, pro Liter 30 g Zucker; Pfefferkörner, Senfkörner, Estragon, Meerrettichscheiben*

Gurken sehr sauber waschen, bürsten, über Nacht einsalzen, abtropfen lassen, mit Küchenkrepp abtupfen, schön in saubere weite, große Schraubgläser schichten, Garnituren aus Zwiebelringen, Dill, Weinlaub, Paprika und Tomaten zufügen, so daß alles appetitlich aussieht. Die Gurken am Glasrand mit 2 Holzstäbchen niederdrücken. Aus Essig, Wasser und den Gewürzen einen Sud bereiten, abschmecken, die Gläser aufgießen, bis die Lösung knapp über den Gurken steht. Meerrettichscheiben auflegen, mit Deckel lose verschließen, im Wasserbad auf 90 °C erhitzen, Schraubdeckel fest anziehen, 30 Minuten auf der Temperatur halten, rasch abkühlen.

Eingelegte Paprikaschoten Foto S. 155

Je 500 g grüne, rote und gelbe Paprikaschoten, 1 Chilischote, 250 g Schalotten

Für den Sud: *3 Sellerieblätter, ¾ l Weinessig (5%ig), 20 g Salz, 50 g Zucker, 3 Knoblauchzehen, Lorbeerblatt, 1 TL Pfefferkörner, ½ TL Senfkörner*

Paprika- und Chilischote in Streifen, Schalotten in Ringe schneiden. Gemüse in kochendem Salzwasser 3–4 Minuten kochen, in vorbereitete Schraubgläser schichten. Sud kochen, heiß bis zum Rand einfüllen, Gläser verschließen.

Omas Gurkentopf

5 kg kleine Einlegegurken, Salz

Für den Sud: *1 l Weinessig (5%ig), ¾ l Wasser, 80 g Salz, 130 g Zucker, Dill, Estragon, 6 weiße Pfefferkörner, 3 EL Senfkörner, Schalotten nach Belieben*

Dillblüten, Weinlaub, Meerrettichscheiben

Gurken waschen, putzen, stupfen (mit Nadel 2–4mal einstechen), mit Salz einreiben, über Nacht stehen lassen. Essig, Wasser, Gewürze aufkochen, möglichst große, weite Steingutgefäße vorbereiten, unten Dilldolden, Weinlaub und einige Meerrettichscheiben einlegen, Gurken im kochenden Essigsud 2–3 Minuten kochen, in die Gefäße schichten, mit Dillblüten, Weinlaub und Meerrettich zudecken, abgekühlte Essiglösung aufgießen, beschweren, nach dem Erkalten zubinden. Nach 2–3 Tagen den Sud abgießen, aufkochen, erkaltet über die Gurken geben, zubinden. Nach 14 Tagen sind die Gurken genußreif.

Essigzwetschgen oder -sauerkirschen mit Rotwein

2 kg Zwetschgen oder Sauerkirschen

Sud: *¼ l Weinessig, ½ Rotwein, 1 kg Zucker, 4 Stück Nelken, 5 g Stangenzimt*

Feste, nicht zu reife Zwetschgen oder Kirschen waschen, mit Küchenkrepp abreiben, stupfen (mit einer Nadel 3–4mal die Haut einstechen). Sud mit Geschmackszutaten erhitzen, Zwetschgen portionsweise darin aufkochen, in saubere Schraubgläser füllen. Sud 15 Minuten einkochen lassen, die Gläser randvoll aufgießen, verschließen.

Hinweis
Werden sie in einem Steinguttopf aufbewahrt, diesen erkaltet zubinden. Die Haltbarkeit ist beim Heißeinfüllen in Schraubgläser sicherer.

Variation
Vanillekirschen können auf die gleiche Art hergestellt werden, statt der angegebenen Gewürze wird 1 aufgeschlitzte Vanilleschote mitgekocht.

Maiskolben

500 g fingerdicke Maiskolben, 1 EL Salz

Sud: *weiße Pfefferkörner, Estragon, kleingeschnittener Meerrettich, ½ l Weinessig (6%ig), ⅛ l Wasser*

Maiskolben von Deckblättern und Fasern befreien, Stielende glatt schneiden, mit Salz einreiben, über Nacht kühl stellen, mit Küchenkrepp abtrocknen, in Schraubgläser schichten. Essig, Wasser und die Gewürze aufkochen, heiß in die Gläser füllen, sofort verschließen.

Grüne Tomaten

2 kg grüne Tomaten, ½ l Essig (5%ig), 750 g Zucker, 8 Nelken, 5 g Stangenzimt, 5 g getrockneter Ingwer

Große, grüne Tomaten waschen, trocknen, halbieren, mit Essig übergießen und über Nacht kühl stellen. Den Essig abgießen, mit Zucker und Gewürz kochen, die Früchte portionsweise darin kurz aufkochen, mit Schaumlöffel in saubere Steintöpfe oder Schraubgläser schichten, den Sud 15 Minuten einkochen, erkaltet über die Tomaten geben. Nach 3 Tagen den Sud abgießen, aufkochen, erkaltet wieder in die Gefäße geben. Steinguttöpfe erst nach dem völligen Erkalten zubinden, sonst bildet sich Kondenswasser, das die Schimmelbildung fördert.

Hinweis
Kleine grüne Tomaten enthalten den Giftstoff Solanin.

Jägergurken

Mittelgroße, schlanke Gurken,
Zwiebelscheiben, Dill, Basilikum,
Estragon.
Essigsud (Grundrezept Seite 157)

Gurken waschen, nicht schälen, mit dem Buntmesser in ¼ cm dicke Scheiben schneiden. Mit Zwiebelscheiben und gewaschenen, kleingeschnittenen Gewürzkräutern lagenweise in Gläser schichten. Mit der erkalteten, scharf abgeschmeckten Lösung auffüllen, Glasrand gründlich säubern, mit Gummiring, Deckel und Klammer verschließen, bei 90 °C 30 Minuten sterilisieren.

Mixed Pickles Foto Seite 155

Pro Glas: *Kleine Essiggurken, zarte, grüne Bohnen, junge Möhren, Blumenkohlröschen, Perlzwiebeln oder kleine Schalotten, kleine Maiskolben, Meerrettichwürfel, Samen der Kapuzinerkresse*

Sud: *¾ l Weinesig (6%ig), ¼ l Wasser, 20 g Salz, 50 g Zucker, Pfefferkörner, Lorbeerblatt*

Alle Gemüse nacheinander in Salzwasser blanchieren (kurz aufkochen), mit Meerrettichwürfeln und Kapuzinerkressesamen in saubere Schraubgläser schichten. Aus Essig, Wasser, Salz, Zucker, Lorbeerblatt und Pfefferkörnern Sud herstellen, heiß einfüllen, sofort verschließen.

Hinweis
Möhren, Blumenkohl, Paprika, Spargel können auch einzeln, in Salzwasser vorgekocht, in Gläser geschichtet werden. Wird das Gemüse 30 Minuten bei 90 °C sterilisiert, kann der Aufguß weniger sauer zubereitet werden.

Pilze in Essig

Pilze, Essiglösung nach Grundrezept, Seite 157

Für 1-Liter-Glas: *8 weiße Pfefferkörner, 1 kleines Lorbeerblatt, 3 Schalotten oder Perlzwiebeln, 3 Gewürznelken, Estragon, Dill, Thymian, Petersilie*

Frische Pilze putzen, waschen, evtl. in Scheiben schneiden, in Einkochgläser schichten, Gewürze darüber verteilen, Essiglösung aufgießen, mit Deckel und Klammer verschließen, bei 90 °C 60 Minuten sterilisieren.

Russenkraut

500 g Weißkraut, 500 g geschälte Schlangengurken, 500 g Zwiebeln, 500 g grüne oder halbreife Tomaten, 500 g grüne Paprikaschoten, 40 g Salz

Sud: *¼ l Weinessig (5%ig), ¼ l Wasser, 1 Päckchen Gurkengewürz*

Alle Zutaten hobeln oder fein schneiden, einsalzen, in ein Schraubglas oder Steinguttopf schichten, nach 24 Stunden den Saft abgießen, Essig mit Wasser und Gewürz aufkochen, auskühlen und lauwarm über das Gemüse geben, verschließen. Nach 8 Tagen den Essigsud abgießen, aufkochen, abkühlen, lauwarm über das Gemüse geben, das Gemüse gut zusammenpressen und leicht beschweren. Nach 14 Tagen genußreif.

Serbischer Salat

Grüne Paprika und grüne Tomaten zu gleichen Teilen, Weißkraut, Zwiebeln, Knoblauch, Salz, Weinessig (5%ig), Wasser, Pfefferkörner, Dill, Estragon, Bohnenkraut

Gemüse waschen, putzen, hobeln oder feine Scheiben schneiden. Mit Salz vermischen, über Nacht stehen lassen, ausdrücken. In einen Steintopf schichten, mit Essigwasser (Essig mit der halben Menge Wasser mischen) aufgießen, daß dieser darüber steht, verschließen, kühl lagern. Man kann auch Öl über die Oberfläche gießen.

Variation
Werden Möhren und Bohnenschoten verwendet, diese in Salzwasser vorkochen.

Milchsäure- und alkoholische Gärung

Milchsäuregärung (Enzymatische Säuerung)

Kohl, Gurken, Bohnen, Oliven, Rüben, Möhren, Porree, Zwiebeln, Pilze, Paprika, grüne Tomaten, Milch usw. können mit Milchsäure haltbar gemacht werden, wie sie aus der Vergärung von Kohlenhydraten (Stärke, Zucker) aus den eingesalzenen Produkten gebildet wird.
Es handelt sich um eine Säuerung, die durch das Wachsen der Milchsäurebakterien entsteht, also ein Konservieren mit Mikroorganismen. Dieses Verfahren ist sehr alt und stammt aus dem Orient. Die heutige chinesische und japanische Küche kennt viele Gerichte, einschließlich tierischer Produkte, die über die Milchsäuregärung hergestellt werden. Auch in Rußland und in slawischen Ländern werden mannigfaltige Mischungen von Gemüsesorten eingelegt. Auch ein Getränk »Kwass«, aus eingeweichtem Roggenbrot, wird auf diese Weise in Osteuropa zubereitet.

Wirkungsweise

Die Wirkung der Milchsäure gegen Mikroorganismen ist gering. Erst bei einer Konzentration von über 0,5% kann von einer konservierenden Eigenschaft gesprochen werden. Dann unterdrücken die im sauren Milieu besonders gut wachsenden Milchsäurebakterien die Entwicklung von krankheitserregenden Keimen. Hefen und Schimmelpilze können die Milchsäure abbauen. Deshalb wird die Milchsäuregärung mit anderen Konservierungsstoffen kombiniert, z. B. mit Kochsalz, Sorbinsäure, oder das Lebensmittel wird pasteurisiert.
Vielfältige biochemische Umsetzungen sind bei der Milchsäuregärung erforderlich. Es entstehen dabei andere Lebensmittel, so daß nur bedingt von einer chemischen Konservierung gesprochen werden kann, man könnte es auch als Zubereitungsverfahren bezeichnen. So enthalten viele Produkte, wie Butter, Käse, Wurst (Salami) und auch bestimmte Fischkonserven Milchsäurebakterien.

Gesundheitliche Gesichtspunkte

Durch bestätigte Erkenntnisse der Ernährungswissenschaft haben die über Milchsäuregärung gewonnenen Gemüsevorräte wieder die Bedeutung erlangt, die ihnen aufgrund des gesundheitlichen Wertes zusteht.
Wenn Saft und Gemüse verzehrt werden, kommt es nur zu geringen Nährwertverlusten. Das Eiweiß im Gemüse wird so verändert, daß es leichter verdaulich wird. Die Milchsäure und die anderen im Gärgemüse entstandenen Säuren werden im Körper so ausgenutzt, wie die ursprünglichen Kohlenhydrate. Die für die Blähungserscheinungen beim Kohlgemüse verantwortlichen Cellulosebestandteile werden so verändert, daß ihre blähende Wirkung nur bei größeren Mengen und sehr empfindlichen Menschen wirksam ist. Die abführende Wirkung des Sauergemüses wird auf die Kombination von verschiedenen Salzen und Säuren zurückgeführt.
Seit langem wird immer wieder über diätetische Wirkungen des milchsauren Gemüses berichtet, z. B. über magengeschwürheilende Faktoren, als Heilmittel für Diabetes mellitus und andere Stoffwechselerkrankungen. Auch bei Krebserkrankungen wird l(+)-rechtsdrehende Milchsäure empfohlen, wie sie im vergorenen Gemüse überwiegend vorkommt. Viele dieser Erfahrungen sind wissenschaftlich nicht geklärt, aber doch manchmal zutreffend. In früheren Zeiten war Sauerkraut die wichtigste Vitamin-C-Quelle im Winter. 100 g Sauerkraut enthalten 20–30 mg Vitamin C, je nach Ausgangswert des frischen Kohls (Tagesbedarf: 75 mg Vitamin C). In anderen Gärgemüsen wird das Vitamin C häufig zerstört. Auch Vitamine der B-Gruppe, Cholin und Inosit sind im Sauerkrautgärsaft enthalten. Die genannten Produkte sind auch Wuchsstoffe für die Milchsäurebakterien. In gesäuerten Möhren bleibt Carotin (Vorstufe von Vitamin A) fast vollständig, in Bohnen und Erbsen zur Hälfte erhalten.
Bei Mineralstoffen entstehen keine Verluste, wenn der Gärsaft mitverwendet wird.
Milchsaueres Gemüse wird aber auch wegen seines niedrigen Energiewertes hoch geschätzt. Sauerkraut liefert pro 100 g nur 20 kcal. Deshalb wird in vielen Schlankheitskuren auf Sauerkraut nicht verzichtet.

Geräte und Hilfsmittel

Ideale Behälter sind Steinguttöpfe. Früher wurden auch Eichenholzfässer verwendet, die aber große Sorgfalt beim Leerstehen und bei der Vorbereitung zum Einfüllen verlangen.
Müssen Behälter angeschafft werden, ist die Entscheidung für einen sogenannten »Kuhl-Topf« richtig. Rund um die Öffnung ist bei diesem Topf eine Wasserrinne angebracht, in die der Deckel eingehängt wird. Dabei wird ein luftdichter Abschluß nach außen gewährleistet und die Entnahme geht schnell und problemlos. Es muß nur darauf geachtet werden, daß das Wasser in der Rinne nicht verdunstet. Je vollkommener der Luftabschluß, desto weniger Salzzugabe ist notwendig. Diese Töpfe sind mit einem Inhalt von 10–50 Liter im Handel erhältlich.
Wer noch Steingutfässer hat, braucht ein Tuch oder Plastikfolie zum Abdecken des eingeschichteten Gemüses, einen Holzdeckel, der etwas kleiner ist als der Durchmesser des Fas-

ses und einen Granitstein (Pflasterstein) zum Beschweren. Kalksandsteine und Zementbrocken sind nicht geeignet, weil der Sickersaft den Kalk aus dem Stein lösen könnte.
Wer nur kleine Mengen einsäuern möchte, kann auch Gläser mit Schraubdeckel verwenden. Man muß die Gläser aber an einem dunklen Ort, in Papier gehüllt, lagern, weil die Vitamine lichtempfindlich sind. Besonders für Menschen, die eine salzarme Diät einhalten sollen, sind luftdicht verschlossene Behälter günstig, weil hierin die geschnittenen Gemüse nur fest eingestampft werden und ohne Salz gären.

Arbeitsanleitungen und Rezepte

Gärführung
Durch das Einsalzen, Einstampfen und Beschweren tritt stärke- und zuckerhaltiger Zellsaft aus. Das ist der Nährboden für das Wachstum der Milchsäurebakterien.
Durch das feste Einstampfen wird im Gärgut Sauerstoffmangel erzeugt. Mikroorganismen, die lebensnotwendig (aerob) Sauerstoff brauchen, werden gehemmt. Die anaeroben Milchsäurebakterien gewinnen langsam die Oberhand.
In den ersten Tagen entwickelt sich auch eine geringe alkoholische Gärung. Dabei entweicht Kohlendioxid, die Schaumbildung ist ein Kennzeichen dafür.
Im Gärbehälter befinden sich auch Essigsäurebakterien. In geringer Menge tragen sie zur Haltbarkeit und zur Geschmacksentwicklung bei. Zuviel Essigsäure ist unerwünscht. Gefährlich sind Fäulnisbakterien, die über Schmutz und Erde in das Gärgut gelangen. Sie werden normalerweise durch die Tätigkeit der Milchsäurebakterien unterdrückt. Nehmen sie überhand, wird das Gemüse stinkend, schleimig und ungenießbar. Übersauer und ranzig wird der Geschmack, wenn im Frühjahr schlecht gepflegte Gärbehälter halbleer stehen. Buttersäurebakterien verursachen diesen Verderb. Es ist deshalb wichtig, Gärgemüse nicht zu überlagern.
Ein besonders unangenehmer Gärgeschmack entsteht durch die Tätigkeit der Kahmhefe. Sie kann in saurer Umgebung gut gedeihen und verbraucht zu ihrer Lebenstätigkeit die Milchsäure, die eigentlich das Gärgut konservieren soll. Fäulnisbakterien können sich dadurch leichter entwickeln.
Holzfässer sind an der Oberfläche bei mangelnder Sauberkeit Brutstätten für Essigfliege und Milben.

Ideale Temperatur	
Die ersten 2 Tage:	
Sauerkraut:	20–22 °C
Gurken:	18–20 °C
andere Gemüse:	ca. 20 °C
Nach 2 Tagen:	
Sauerkraut:	15–18 °C
andere Gemüse:	ca. 18 °C
Nach 10 Tagen kalt stellen:	4–10 °C

Gärgemüse darf nicht gefrieren.
Nach 4–6 Wochen ist das Gemüse genußreif.
Wird anfangs zu lange warm gestellt, entsteht übersaures Gemüse.

Pflege und Entnahme
Sich entwickelnde Kahmhefe, die sich durch ein grauweißes Häutchen an der Oberfläche zeigt, muß sofort entfernt werden. Bei Sauerkraut alle 8–10 Tage, bei anderen Gemüsen täglich.
Ist zuwenig Lake auf dem Gärgut, muß mit abgekochter Kochsalzlösung (10 g Salz pro Liter) aufgegossen werden, bis das Holzbrett wieder in der Lake liegt.
Während des Gärvorgangs 1–2mal das Gefäß putzen, ohne den Stein und das Brett zu verrutschen. Dazu wird die Lake entnommen, alles mit kaltem Wasser und einem sauberen Tuch gesäubert. Ist die Lake noch gut, wieder über das Gemüse gießen, riecht sie unangenehm, durch abgekochte Kochsalzlösung ersetzen.
An der Luft verdirbt Gärgemüse. Deshalb werden beim Entnehmen die oberen Schichten weggenommen, bis gutes Gärgut kommt. Dieser Verlust ist um so größer, je öfter man entnimmt. Eine Plastikfolie ist luftdichter als das früher verwendete Tuch, es muß dann fast kein Gemüse entfernt werden. Das Gärgemüse wird schichtenweise entnommen, immer flach. Es darf kein Loch entstehen. Der Dekkel muß anschließend wieder flach aufliegen.
Ganz eingelegtes Gemüse in Salzlake kann einfacher entnommen werden. Es wird abgedeckt. Auflage und Stein gewaschen, mit einer sauberen Zange das gewünschte Gärgut entnommen, und das Gefäß wieder zugedeckt.
Bei der Verwendung eines Kuhltopfes entfallen diese aufwendigen Pflegearbeiten, weil er luftdicht abschließt.
Haltbarkeit bei sachgemäßer Pflege:
Weißkraut, Rotkraut, Zwiebeln, Porree, Tomaten: Von Herbst bis Februar-März.
Alle übrigen Gemüse und Mischungen: Von Herbst bis Januar-Februar.
Ist der Keller besonders kühl, kann das Gärgemüse auch länger aufbewahrt werden. Bleiben Reste von Sauergemüse im Frühjahr, können diese bei 100 °C 60 Minuten sterilisiert werden. Eingefrorenes Sauergemüse wird weich, und der Geschmack leidet.

Tips für die Praxis
- ▷ Sorte, Reife, Düngung, Standort, Erntezeit und Erntewetter sind entscheidend, rasche Verarbeitung und Sauberkeit beim Putzen der Gemüse und Vorbereiten der Geräte und Behälter ist Voraussetzung für die richtige Gärführung.
- ▷ Gemüse, im Ganzen eingelegt, ist haltbarer als geschnittenes Gemüse. Es muß in einheitlicher Größe in Salzwasserlösung eingelegt werden, damit der Gärprozeß gleichmäßig verlaufen kann.
- ▷ Unbedingt scharfe Messer beim Schneiden des Gemüses verwenden, die Zellen werden dann geschnitten, nicht gerissen, es tritt weniger Saft aus, das fertige Produkt schmeckt saftig, nicht trocken.
- ▷ Ursache für gelbe und weiße Stellen im geschnittenen Gärgemüse ist ungleichmäßiges Salzen. Es ist besser, die Salzmenge mit dem geschnittenen Gut zuerst zu vermischen, dann erst das Gemüse einzustampfen.
- ▷ Die Salzmenge nicht zu großzügig bemessen, zu viel Salz macht das Gärgemüse hart und schwerer verdaulich.
- ▷ Wird ohne Salz vergoren, wenig Zucker zugeben, um den Gärprozeß anzufachen.
- ▷ Die Gärung wird rasch eingeleitet, wenn wenig Salz, etwas Zucker, Molke oder saure Magermilch, fettarmer l(+)rechtsdrehender Milchsäure-Joghurt oder Bakterienreinkulturen verwendet werden. Rechtzeitig kühl stellen.

Sauerkraut

10 kg geputztes Weißkraut, 20–30 g Jodsalz, nach Belieben 3–4 EL Wacholderbeeren, 2–3 EL Kümmel, bis 10 Lorbeerblätter, ½ l saure Magermilch oder fettarme Dickmilch

Zum Einsäuern eignet sich das mittelspäte, nicht überdüngte Herbstkraut. Die späten Sorten sind haltbarer, müssen aber mit scharfen Messern besonders fein gehobelt werden. Gesäuertes Frühkraut soll nur 3–4 Wochen gären, schmeckt frisch und gut, ist aber nicht haltbar. Beim Putzen einige große unbeschädigte Blätter zurücklegen. Die Krautköpfe vierteln, die Strünke entfernen. Die Viertel hobeln oder mit einem scharfen Messer dünn schneiden, mit Salz vermischen, ca. 10–15 cm in das Gärgefäß geben, mit Stampfer oder mit der zur Faust geschlossenen Hand so lange pressen, bis Saft austritt. Nach Belieben Gewürze darüber geben, wieder eine Krautschicht und stampfen, Gewürze, Krautschicht, stampfen usw. Die oberste Schicht mit den ganzen Krautblättern abdecken, eine Plastikfolie darüber geben, mit Holzbrett und Stein beschweren oder nach Gebrauchsanweisung des Kuhl-Topfes vorgehen. Gärführung, Seite 163.

Variationen

In der Industrie wird Weinsauerkraut bereitet, indem zum anschließenden Sterilisieren Wein verwendet wird. Im Haushalt können während des Einstampfens ½ Liter trockener Weißwein bzw. 500 g säuerliche Äpfel statt der Gewürze zugegeben werden. Es bildet sich ein besonders feiner Geschmack.

Sauerkraut kann in großen Mengen auch ohne Salz, aber mit 200 g Zucker angesetzt werden. Sauermilch als Starthilfe zugeben.

Rotkraut (Rotkohl, Blaukraut) kann wie Weißkraut bereitet werden. Weniger Salz ist empfehlenswert, es wird sonst leicht zäh. Rotkraut zieht weniger Saft, es muß deshalb mit abgekochtem Salzwasser (10 g Salz auf 1 Liter) aufgegossen werden. Die Farbe wird besser erhalten, wenn 30 g Zucker oder 2 Eßlöffel Honig zugegeben werden. Besonders gut schmeckt gesäuertes Rotkraut als Rohkost oder wenn frisches Rotkraut mit einem kleinen Teil gesäuertem Rotkraut vermischt wird. Es ist nicht so lange haltbar wie Sauerkraut, vor allem die Farbe wird stark rötlich, deshalb ist es besser, kleine Mengen einzusäuern.

Wirsing wird von den äußeren groben Blättern befreit, in 4–6 Stücke geschnitten, Strunk entfernt und gründlich gewaschen. Die Wirsingkopfstücke eng aneinander in das Gärgefäß legen, mit Salzwasserlösung aufgießen (50 g Salz auf 1 Liter), wie Sauerkraut beschweren und die Gärung führen. Nach 4 Wochen genußreif.

Eingesäuerte Bohnen

5 kg grüne Bohnen,
100 g Zucker, 80 g Salz,
5 l Wasser, Bohnenkraut

Zarte Bohnen eignen sich besonders gut. Waschen, ganz lassen oder in 1 cm breite Stücke schneiden. Zucker und Salz mit Wasser aufkochen, abgekühlt über die im Gärgefäß eingestampften Bohnen gießen, Bohnenkraut zugeben, mit Folie bedecken und beschweren. Gärführung, Seite 163.

Hinweis

Kleinere Mengen können portionsweise in Schraubgläser abgefüllt werden.

Eingesäuerte Steckrüben

10 kg Steckrüben (Stoppelrüben), 100 g Salz, 15 g Kümmel

Rüben waschen, mit besonderer Sorgfalt die anhaftende Erde entfernen, wenn nötig schälen, durch den Fleischwolf drehen, mit Salz und Kümmel mischen. Im Steintopf einstampfen, mit Plastikfolie abdecken, mit Holzbrett und Stein beschweren, bei Zimmertemperatur 3 Tage reifen lassen. Dann sind die Rüben genußreif.

Hinweis
Beim Zubereiten werden die eingesäuerten Steckrüben mit wenig Wasser gekocht, mit Rahm und Mehl angedickt, mit Suppenwürze verfeinert und schmecken sehr gut zu Schweinshaxe!

Salzgurken

Österreichisches Rezept

Für ein 5-Liter-Glas: *Ca. 2500 g Gurken, Dillblütenstände und Weinlaub, 2 kleine Scheiben Meerrettich, 1 Knoblauchzehe, 3 EL Salz, Wasser*

Gurken waschen, bürsten, stupfen (mit der Nadel 3–4mal einstechen), in ein Gefäß schichten, am Boden und zum Abdecken Dilldolden und etwas Weinlaub geben, Meerrettich- und Knoblauchscheiben dazwischen schichten, Salz in Wasser auflösen, darübergießen, beschweren und verschließen. 10 Tage warm, aber nicht in der Sonne stehen lassen, dann sind sie genußreif. Anschließend möglichst kühl lagern.

Paprika-Tomaten-Rohkost

Sud: *½ l Wasser, 8 g Salz, 10 g Zucker*

250 g gelbe und rote Paprikaschoten, 200 g größere grüne Tomaten, 100 g Schalotten oder Perlzwiebeln (nach Belieben wenig Chilischote, Dill, Estragon)

Wasser mit Salz und Zucker aufkochen, abkühlen lassen. Gemüse waschen, mit Küchenkrepp abtupfen, Paprika halbieren, Kerne und eventuell Zwischenwände entfernen, Tomaten halbieren. Ein entsprechendes Schraubglas vorbereiten, Gemüse, Gewürze und Kräuter einschichten, abgekühlten Sud darübergießen, eventuell mit Holzstäbchen das Gemüse im Sud festhalten, das Glas verschließen. 8–10 Tage bei 20 °C angären lassen, dann kühl stellen. Nach 6 Wochen ist die Rohkost genußreif – zwischendurch möglichst nicht öffnen.

Alkoholische Gärung

Die Weinbereitung im Haushalt ist für viele ein interessantes Hobby. Werden eigene Gartenerzeugnisse verarbeitet, kann es auch wirtschaftliche Vorteile bringen. Die notwendigen Zusätze werden in Drogerien und Apotheken angeboten.
Die Vergärung von zuckerhaltigen Früchten zu Wein ist schon seit mehreren tausend Jahren bekannt. Richtig erforscht wurde sie aber erst, als A. Lavoisier 1798 erkannte, daß Zucker durch Gärung unter bestimmten Bedingungen in Alkohol und Kohlendioxid zerfällt. Es dauerte aber noch mehr als 100 Jahre, bis man die vielen Zwischenstufen entdeckt hatte.

Wirkungsweise

Alkoholische Gärung findet nur bei vergärbaren Zuckern statt. Es handelt sich dabei nur um Traubenzucker (Glucose) und Fruchtzukker (Fructose). Rohr- und Rübenzucker muß durch die Tätigkeit der Hefezellen (Enzym »Invertase«) zunächst in Trauben- und Fruchtzucker umgewandelt werden. Bei der Vergärung entstehen neben Alkohol und Kohlendioxid in geringen Mengen Glycerin, Bernsteinsäure, Fuselöle, Milchsäure und Aromastoffe (abhängig vom Ausgangsprodukt).

Das Wichtigste bei der alkoholischen Gärung ist der Alkohol (Weingeist). Die entstehende Menge hängt vom Zuckergehalt des Trauben- oder Obstmostes ab. 40–140 g Alkohol je Liter Wein können entstehen, d. h. in Ausnahmefällen kann von den Hefepilzen ein Alkoholgehalt bis 18 Vol.% gebildet werden. Normalerweise sterben die Hefen an ihrem selbst gebildeten Alkohol je nach Heferasse bei etwa 14 Vol.% ab und sinken in der Gärflüssigkeit zu Boden.

Aus 100 g Fruchtzucker entstehen 48 g Alkohol. Ist der Zuckeranteil im zu vergärenden Saft zu niedrig (mit Oechsle-Waage feststellbar), muß nachgezuckert werden, sonst entsteht zu wenig Alkohol, die Haltbarkeit ist nicht gewährleistet.

Alkohol zersetzt das Zelleiweiß der Mikroorganismen. Bakterien und Schimmelpilze sind dafür empfindlicher als Hefen. In Lebensmitteln mit einem Alkoholgehalt von 10–20% ist diese Konservierungseigenschaft ausreichend. Getränke mit einem niedrigeren Alkoholgehalt, z. B. Tafelwein, Apfelwein, werden beim Öffnen der Flasche schneller »sauer« als Weine höherer Qualitätsstufen (Flaschen möglichst schnell wieder verschließen).

Durchschnittliche Alkoholgehalte
(von im Haushalt hergestellten Weinen, abhängig von der Rezeptur):

Apfel-Birnenweine:	5–6 Vol.%
Tischweine z. B. Johannisbeeren:	8–10 Vol.%
Dessertweine aus Stein- und Beerenobst:	13–15 Vol.%

Gesundheitliche Gesichtspunkte

Alkohol wirkt in mäßigen Mengen anregend, belebend, in größeren Mengen verursacht er Benommenheit, die bis zur Bewußtlosigkeit führen kann. Alkoholische Getränke können nicht als Tagesgetränke empfohlen werden, wohl aber bringen sie Behaglichkeit, Gemütlichkeit und eine gelöste Stimmung am Feierabend.

Geräte und Hilfsmittel

Gärballone aus Glas können leichter sauber gehalten werden als Holzfässer. Diese schimmeln leicht, dürfen aber vor Gebrauch nicht ausgeschwefelt werden, weil sich sonst die Weinhefe nicht mehr entwickeln kann. Glas wird mit Spülmittel und biegsamer Bürste gereinigt, mit klarem Wasser nachgespült. Verunreinigungen sind sofort erkennbar. Im Haushalt lohnt sich die Anschaffung einer *Ballonbürste* im allgemeinen nicht, sie ist sehr teuer. Handelt es sich um hartnäckige Ver-

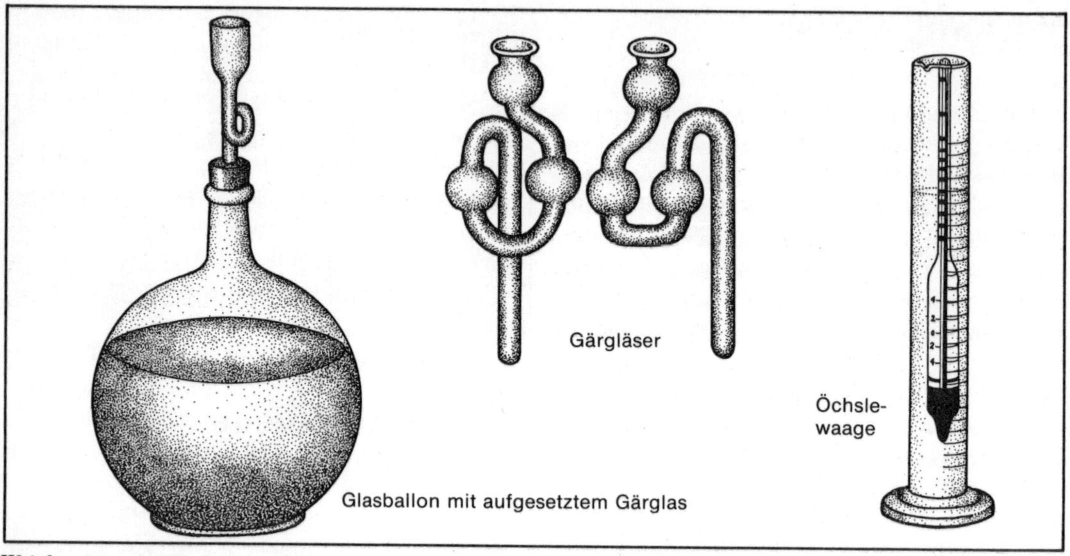

Weinbereitung im Glasballon

schmutzungen, können kleine Kieselsteine in den Ballon gegeben und so lange geschüttelt werden, bis die Verunreinigungen weggerieben sind.

Die Ballone werden mit Gummikappen und Gäraufsatz verschlossen.

Im Handel gibt es auch *Fässer* und *Kleintanks* aus Kunststoff mit einem Fassungsvermögen von 15–200 Liter. Am Deckel ist eine Öffnung für den Gäraufsatz vorgesehen.

Zum Abziehen der Hefe und zum Abfüllen auf Flaschen ist ein *Weinheber* notwendig. Er ist im Handel erhältlich, kann aber auch selbst hergestellt werden: Ein Kunststoffrohr, so lang wie der Ballon hoch ist, mit gleichem Durchmesser wie der Gäraufsatz, wird mit einem Gummischlauch mit gleichem Durchmesser verbunden, der etwas länger als das Kunststoffrohr ist. Das Rohr wird in den Ballon gesteckt, der Schlauch stellt die Verbindung zum tiefer stehenden neuen Behälter oder den Flaschen her.

Trichter benötigt man zum Einfüllen der Maische oder des Saftes in den Ballon. Sie können auch mit Filtervorrichtung ausgestattet sein.

Dunkle Flaschen und *Korken* mit *Verkorkapparat* – oder es werden *Flaschen* verwendet, die *mit einem Metall-Drehverschluß* schnell und unkompliziert zugeschraubt werden können. Schraubverschlüsse können wiederverwendet oder zugekauft werden. Flaschen mit Schraubmündung werden im Laufe des Jahres im Haushalt gesammelt.

Flaschen mit Kronenkorkmündung können auch mit Patentverschlüssen zugemacht werden.

Öechslewaage zum Bestimmen des Mostgewichtes (Zuckergehalt) und *Acidometer* zur Gesamtsäurebestimmung. Diese zwei Geräte sind für die Weinbereitung im Haushalt nicht unbedingt erforderlich.

Durch die Maische bzw. Saft gelangen viele Mikroorganismen in den Balloninhalt, z. B. Essigsäurebakterien, Schimmelpilze, Kahmhefen und andere wilde Hefen, Weinhefe. Alle Keime entwickeln eine rege Wachstumstätigkeit, wobei sie sich gegenseitig verdrängen. Je nach den Gärbedingungen entwickeln sich die »Sieger« und damit die Qualität des Gärgutes. Wird als Starthilfe eine besonders wachstumsfreudige *Reinzuchtweinhefe* mit einer bestimmten sich später entwickelnden Geschmacksnote zugegeben, verläuft die Gärung sicher.

Wird der Fruchtsaft mit Wasser verdünnt, ist der Zusatz von *Hefenährsalztabletten* notwendig. Damit wird eine gute Gärung begünstigt. Zur Klärung und Schönung werden *Agar-Agar*, *Gelatine* oder *Antigeliermittel* eingesetzt. Die Verwendung ist relativ arbeitsaufwendig. Ist die Durchführung unbedingt notwendig, geht man am sichersten, wenn eine Probe in ein Weinlabor eingeschickt wird. Denn es besteht sehr leicht die Möglichkeit, daß der Wein »überschönt« wird, und die geschmackliche Qualität leidet.

Zur Verlängerung der Haltbarkeit wird Schwefeln empfohlen. Dies ist im Haushalt bei Apfel- und Birnenwein manchmal notwendig, ebenso bei Beerenweinen mit niedrigem Alkoholgehalt. Bei Fruchtdessertweinen ist die Haltbarkeit gegeben, die Farbe bleibt im allgemeinen erhalten.

Arbeitsanleitungen und Rezepte

Gärführung

Die alkoholische Gärung ist eine durch Lebensvorgänge der Hefe bewirkte Veränderung des Mostes. Die Hefen vermehren sich dabei so stark, daß sie als »Trub« mit dem Auge sichtbar werden. Die gesamte Zellsubstanz der Hefen muß aus Mostbestandteilen erzeugt werden. Das Wichtigste ist die von der Hefe bewirkte Spaltung des Zuckers in Alkohol, der im Most bleibt, und das Kohlendioxid, das durch das Gärröhrchen entweicht.

Neben Zucker braucht die Hefe Eiweiß- und Mineralstoffe zum Wachsen. Hat der Most davon zu wenig, wurde früher Hirschhornsalz oder Salmiak zugegeben, heute gibt es Hefenährsalztabletten in gut sortierten Drogerien. Es ist vorteilhaft, Reinzuchthefen und Nährsalztabletten zu verwenden, da sie die Qualität des Endproduktes gewährleisten. Alle Zutaten gemäß Rezept in die Gärgefäße geben, nur ⅔ bis ⅘ füllen, denn es könnte sich anfangs Schaum bilden.

Kernobstmost bei 15–18 °C, Beerenmoste bei 20–22 °C vergären. Der Behälter faßt sich wärmer an, weil bei der Vergärung Wärme frei wird. Größere Ballone können leichter vergoren werden als kleine Mengen, weil sich die Temperatur im Gärgut gleichmäßiger hält.

Temperaturschwankungen meiden. Die Gärung soll 2–3 Tage nach dem Ansetzen beginnen und ohne Unterbrechung verlaufen. Hat sich die anfänglich stürmische Gärung beruhigt, setzt die zweite Phase ein, der Jungwein vergärt.

Beerenobstweine werden Anfang November, Kernobstweine November–Dezember das erste Mal abgezogen. Dabei wird die Hefe entfernt. Die Lagertemperatur beträgt dann 6–8 °C. Nach beendeter Nachgärung wird auf einen zweiten Ballon abgezogen. Der Trub hat sich gesetzt.

Auf Flaschen wird der Obstwein dann abgezogen, wenn er die Probe besteht:

Man stellt ein kleines Fläschchen 2–3 Tage an einem warmen Platz auf, verändert er sich nicht, ist er flaschenreif. Die Flaschen müssen liegend aufbewahrt werden.

Apfelwein

Reiner Apfelsaft, Zucker nach Bestimmung mit Oechslewaage bis ca. 20–25 g je Liter, Reinzuchthefe, eventuell Mostmilchsäure, Weinsäure oder Zitronensäure bis 3 g je Liter (Hefenährsalztabletten sind nicht unbedingt erforderlich)

Obwohl aus allen Apfelsorten Wein bereitet werden kann, ist es vorteilhaft, solche Sorten auszuwählen, die einen ausgesprochenen Weinsäuregeschmack bei hohem Zuckergehalt besitzen, z. B. Reinetten, Goldparmäne oder speziell gezüchtete Mostsorten wie Hauxapfel, Börtlinger Weinapfel usw. Die Sorten sind landschaftsgebunden unterschiedlich. Die wild wachsenden Holzapfelsorten oder auch Quitten können zum Mischen mit süßen Mosten verwendet werden, weil sie einen hohen Säure- und Gerbstoffanteil besitzen. Die Säure bringt das feine, angenehme Aroma in den Apfelwein, der Gerbstoffgehalt bewirkt ein rasches und vollkommenes Klären, beide Stoffe zusammen begünstigen die Haltbarkeit.

Aus Apfelsorten, die im August/September reif werden, entstehen zwar milde, aber wenig haltbare und leicht trübe Weine. Herbstäpfel (Erntezeitpunkt: Oktober) sind am besten geeignet. Winteräpfel müssen nachreifen.

Most aus unreifen Äpfeln (vorzeitiges Fallobst) liefert beim Vergären keine befriedigenden Qualitäten. Gewinnung des Saftes, Seite 114 f. Das Mahlgut muß sofort abgepreßt werden. Vorvergären begünstigt die Entwicklung von Essigsäurebakterien, der Most bekommt von Anfang an einen »Stich«.

Der Zuckergehalt des Apfelsaftes bestimmt die spätere Alkoholmenge. Aus 2 Teilen Zukker entsteht annähernd 1 Teil Alkohol. Für Haltbarkeit und Geschmack sind 6% Alkohol im späteren Wein notwendig, also braucht der Most mindestens 12% Zucker. Unsere Apfelsorten haben bei sonnenreichem Sommerwetter durchschnittlich 12–18%. Die französischen Cidre-Apfelsorten erreichen bis 24% Zucker.

Apfelsaft, dessen Zuckergehalt unter 12% liegt, muß vor der Vergärung mit Rohr- oder Rübenzucker auf diesen Wert gebracht werden. Der Zuckergehalt wird mit der Öechslewaage bestimmt und zwar gleich nach der Pressung, weil er für die weitere Behandlung ausschlaggebend ist.

Der Säuregrad der Äpfel schwankt zwischen 0,1–2%. Eine Mischung von verschiedenen Apfelsorten bringt den für die Vergärung idealen Wert von 0,8–1,5%. Viel Säure ist nicht so schlimm, zu wenig begrenzt die Haltbarkeit, der Geschmack des Weines wird fade.

Der Säuregehalt kann nicht so einfach bestimmt werden, man muß sich dabei auf die Zunge verlassen.

Der Gerbstoff im Most verbindet sich mit den Eiweißstoffen und begünstigt Klärung und Haltbarkeit.

Der untersuchte und entsprechend aufbereitete Apfelsaft wird mit Reinzuchthefe nach Anweisung vermischt, in saubere Gärbehälter gefüllt, bis ¹⁄₁₀ Freiraum bleibt, mit Gummikappe und Gärgefäß verschlossen und bei einer gleichmäßigen Temperatur von 10–15 °C gehalten. Während der Gärung erwärmt sich der Most um etwa 10 °C. Entstehen aber Mosttemperaturen von 30–40 °C, wird die Entwicklung der Essigsäurebakterien stark begünstigt, der Hefe wird es zu warm. Der Gärraum muß deshalb kühl sein.

In den ersten Tagen ist die Gärung meist sehr stürmisch, und es kommt vor, daß der Most den Schaum durch das Gärgefäß hindurchtreibt. In diesem Fall wird die Gummikappe abgenommen, alles mit klarem Wasser gesäu-

bert und wieder aufgesetzt. Nach einigen Wochen setzt die stillere Nachgärung ein. Zeigt die Oechslewaage 3–5 an, kann der Abstich erfolgen, denn die Qualität des Weines leidet, wenn er länger als nötig mit der absterbenden Hefe zusammen bleibt. Probe: Eine kleine durchsichtige Flasche mit Wein füllen, bei Zimmertemperatur 2 Tage beobachten. Bleibt er ruhig, ist es der richtige Zeitpunkt zum Abstich. Dabei wird mit dem Weinheber der klare Wein in einen kleineren Gärbehälter randvoll gefüllt, das Gärgefäß wieder aufgesetzt und bei 8–10 °C gelagert. Ist der Wein ruhig geworden, das Gärgefäß abnehmen und fest verschließen. Stellt sich wider Erwarten später nochmals eine Gärung ein, ist es besser, den Wein zu pasteurisieren als zu schwefeln.
Wird die Herstellung des Weines gewissenhaft durchgeführt, klärt sich der Wein von selbst. Es ist kein zusätzliches »Schönen« notwendig, denn dabei verliert der Wein auch an Kohlensäure, die den erfrischenden Geschmack bewirkt.
Den richtigen Zeitpunkt zum Abfüllen in Flaschen erkennt man am einfachsten, wenn eine Flasche abgefüllt, gut verkorkt bei Zimmertemperatur gelagert wird. Bleibt sie 8–14 Tage unverändert, ist der Wein flaschenreif. Sorgfältig gereinigte, gut ausgetropfte Flaschen werden mit dem Weinheber so gefüllt, daß der am Boden entstandene Trub ruhig bleibt. Die Flaschen sollen bei der Verwendung von Schraubverschlüssen randvoll gefüllt werden, bei Korken höchstens 1 cm Luft enthalten.

Variationen

Birnenwein Wird wie Apfelwein bereitet. Feine, weiche, teigige Birnen eignen sich nicht.
Einen besonders guten Geschmack bringt eine Mischung aus ¾ Apfelsaft und ¼ Birnensaft.

Beerenwein

Beeren enthalten zu viel Säure, deshalb muß Wasser zugegeben werden. Dadurch wird der Zuckergehalt gesenkt, deshalb muß Zucker zugegeben werden.

Zuckerzugabe bei der Beerenweinbereitung

Beeren-/Weinsorte	Wasser je Liter Saft	Zucker je Liter Mischung
Erdbeerwein	¼–½ l	330 g
Brombeerwein	½–¾ l	280–300 g
Stachelbeerwein	¾–1 l	330 g
Schwarzer Johannisbeerwein	2–2½ l	330 g
Weißer Johannisbeerwein	1½ l	150–180 g
Weißer Johannisbeerlikörwein	1–1¼ l	300 g
Roter Johannisbeerwein	1½ l	200–250 g
Roter Johannisbeerlikörwein	1½ l	300–330 g
Heidelbeerwein	¾ l	180 g
Heidelbeerlikörwein	¾ l	250–300 g
Sauerkirschwein	½–¾ l	330 g

Tischwein 150–180 g Zucker je Liter Mischung.
Fruchtdessertwein 250–330 g Zucker je Liter Mischung.
Jedes Kilogramm Zucker vermehrt die Flüssigkeit im Ballon um 0,6 Liter.
Weine mit viel Wasser und Zucker gären langsam, schlecht und bekommen den sogenannten Mäuselgeschmack, sie verlieren bald ihre schöne Farbe, werden braun und schlagen später leicht auf der Flasche um.

Mehr als 28% Zucker kann auch die beste Hefe nicht vergären. Es ist besser, bei Bedarf später nachzuzuckern (20–50 g Zucker/l).

Beeren immer möglichst frisch zum Gären ansetzen. Lange Lagerzeiten begünstigen wilde Hefen und andere geschmacksschädigende Mikroorganismen.

Heidelbeerwein

Heidelbeeren abpressen, ein Viertel der im Grundrezept angegebenen Wassermenge erwärmen, über die Preßrückstände geben, zugedeckt einige Stunden kühl stellen, das zweite Mal abpressen. Restliches Wasser und Zukker aufkochen, abgekühlt zugeben, Reinzuchthefe (»Portwein«) und Hefenährsalztabletten nach Gebrauchsanweisung dazumischen. Diese sind in diesem Fall besonders wichtig, denn Heidelbeersaft ist stickstoffarm. Je rascher und je schneller er durchgärt, um so besser wird das Produkt. Gärführung siehe Seite 169.

Hagebuttenwein

1 kg reife Beeren, 2 l Wasser, 800 g Zucker, Portwein-Reinzuchthefe, Nährsalztabletten.

Anfang November vollreife Hagebutten nach dem ersten Reif ernten, an beiden Enden anschneiden. Wasser und Zucker aufkochen, abkühlen. Die Früchte in einen Ballon geben, mit Zuckerlösung aufgießen, Hefe und Nährsalz nach Vorschrift zugeben, gut durchschütteln, mit Gummikappe und Gärgefäß verschließen, warm stellen.
Nach ca. 10 Wochen auf Flaschen abziehen.

Hinweise
Die Hagebuttenfrüchte können noch zweimal mit der gleichen Menge Wasser und Zucker ohne Hefe aufgesetzt werden. Der zweite Aufguß schmeckt besonders gut.
Soll die Farbe des Weins kräftiger werden, 100 g Zucker karamelisieren (trocken erhitzen) und mit dem Wasser-Zucker-Gemisch dem Wein vor der Vergärung zugeben.

Stachelbeer-, Johannisbeer-, Erdbeer-, Brombeerwein

Möglichst vollreife Beeren pflücken. Waschen nur, wenn notwendig. Möglichst frisch verarbeiten, mit dem Stampfer zerdrücken oder durch die Beerenmühle drehen. Das Entsträubeln ist nicht notwendig, wenn die Beeren gleich abgepreßt werden. Eventuell Antigeliermittel nach Gebrauchsanweisung zusetzen, abpressen, Saft messen. Entsprechende Menge Wasser erhitzen, Zucker darin auflösen, abgekühlt zum Saft geben, Reinzuchthefe und Nährsalztabletten (zerstoßen) nach Anweisung zusetzen, im Gärballon gut durchschütteln. Gummikappe und Gärgefäß aufsetzen, warm stellen.

Hinweise
Es ist vorteilhaft, wenn die vorbereitete Maische ohne Zucker 2–3 Tage zugedeckt bei 15–18 °C vorvergoren wird. Farbe und Geschmack werden besser.
Werden keine Hefenährsalztabletten verwendet, ist es notwendig, bei Erdbeeren 0,4 g Hirschhornsalz und 3 g Mostmilchsäure je Liter Mischung zuzugeben.

Kandierte Früchte, Rezept Seite 147.

Einlegen in Fett

Diese Konservierungsmethode ist ebenfalls sehr alt. In den Mittelmeerländern wurde in Öl, meist Olivenöl, eingelegt. Dort ist es auch heute noch gebräuchlich. Bei uns wurde Schweinefett verwendet, vor allem um Austrocknungserscheinungen zu unterbinden. Mit Freude und etwas Geschick können mit Hilfe dieser Methode viele Würzmittel mit interessanten Geschmacksnuancen entwickelt werden.

Gut eingerichteter Vorratskeller mit verschiedenen Vorräten

Wirkungsweise

In wasserfreiem Fett ist kein Wachstum von Mikroorganismen möglich. Eine 2 cm dicke Fettschicht verhindert auch den weiteren Zutritt von Feuchtigkeit und Luft an das eingelegte Lebensmittel. Die Mikroorganismen werden nicht abgetötet, sie werden nur in ihrer Entwicklung gehemmt. Es ist deshalb für eine längerfristige Haltbarkeit unbedingt notwendig, dieses Verfahren mit anderen zu kombinieren, denn die Haltbarkeit ist nur so lange gegeben, solange nicht im Lebensmittel selbst Verderberscheinungen auftreten. Um dies auszuschalten, werden die Lebensmittel vorher, eventuell im Essigsud, gekocht, angetrocknet oder es werden chemische Konservierungsmittel im engeren Sinne beigemischt, wie es bei der Herstellung von Fischkonserven in Öl notwendig ist. Das Verfahren selbst ist sehr einfach durchzuführen, es kann aber eine relativ teuere Methode werden, wenn besonders hochwertige Öle verwendet werden.

Gesundheitliche Gesichtspunkte

Diese Methode bietet den Vorteil, daß die eingelegten Lebensmittel so ursprünglich wie möglich erhalten bleiben. Vorgetrocknete Produkte saugen Fett auf, so daß sich der Energiewert entsprechend erhöhen kann. Fettlösliche Vitamine (A, D, E und K) gehen in Lösung, aber das verwendete Fett wird als Geschmackszutat meist mitverwendet, so daß die gelösten Vitamine nicht verloren gehen.
Vorteilhaft wirkt sich die Eigenschaft der Fette aus, die Aroma- und Geschmacksentwicklung zu begünstigen.
Die so konservierten Produkte müssen kühl, dunkel und in Steinguttöpfen gelagert werden. Werden Schraubgläser oder Flaschen verwendet, müssen diese mit Papier oder Alufolie umwickelt werden. Nur so sind die Fette genügend gegen das Ranzigwerden geschützt. Ranzige Fette sind gesundheitsschädlich.

Geräte und Hilfsmittel

Besondere Geräte sind nicht notwendig. Es reichen Küchenwaage, Meßbecher, Brettchen, Messer, Kochtopf, Rührlöffel und Trichter. Außerdem werden ein Steinguttopf oder dunkel gefärbte Flaschen mit entsprechendem Verschluß benötigt.

Tips für die Praxis

▷ Nur frische Zutaten verarbeiten, lange Lagerzeiten begünstigen die Entwicklung von unerwünschten Mikroorganismen.
▷ Öle mit wenig Eigengeschmack eignen sich am besten.
▷ Das Aroma von Kräutern wird in Öl besser erhalten als beim Trocknen.
▷ Alle Geräte und Gefäße müssen vor Gebrauch mit einer heißen Spülmittellösung gründlich ausgewaschen und dann mit klarem Wasser nachgespült werden. Sauberkeit ist besonders wichtig!
▷ Es empfiehlt sich, die Steinguttöpfe oder Flaschen genau zu kennzeichnen und die verwendeten Fette, Kräuter und Gewürze anzugeben, besonders bei Mischungen.
▷ Die fertigen Produkte möglichst kühl und dunkel lagern. Die Haltbarkeit beträgt 3–4 Monate.
▷ Beim Entnehmen immer darauf achten, daß der zurückbleibende Ölfilm vollständig und mindestens fingerdick ist.

Arbeitsanleitungen und Rezepte

Kräuter in Öl

Grundrezept

Basilikum, Bohnenkraut,
Dill,
Estragon,
Kerbel, Pimpernelle,
Petersilie, Rosmarin,
Thymian, Majoran und Oregano,
Schnittlauch

Kräuter nach der Ernte sorgfältig verlesen, nur falls notwendig waschen, im Mikrowellenherd bei mittlerer Leistungsstufe 3 Minuten oder im Freien an einen schattigen Ort antrocknen lassen. Ganz oder kleingewiegt in ein Gefäß bis 2 cm unter dem Rand schichten, mit Öl randvoll bedecken, luftdicht verschließen.

Kräuteröl
Arbeitsanleitung

Frische oder getrocknete Kräuterrispen in eine dunkle Flasche geben, mit Öl aufgießen und 2–3 Wochen an einen warmen, sonnigen Platz stellen. Späteres Abfüllen ist nicht unbedingt erforderlich. Die Haltbarkeit des Öles leidet darunter.

Gemüse in Öl
Grundrezept

Auberginen, Paprika im Ganzen oder als -mark, Tomatenmark oder -ketchup, Pilze, Knoblauch, Mischungen für Suppen- oder Saucenwürze, Gewürze nach Geschmack, z. B. Pfefferkörner, Basilikum

Sud zum Garen: *Essig und Wasser zu gleichen Teilen, Salz, Zucker, Knoblauch nach Geschmack*

Gemüse waschen, putzen, garen, schneiden und vollkommen abtrocknen lassen oder pürieren und eindampfen. Gewürze zugeben, abgekühlt in passende Gefäße schichten, bis 2 cm unter dem Rand füllen, randvoll mit Öl bedekken, luftdicht verschließen, beschriften und kühl aufbewahren.

Champignons in Butter und Essig

Champignons, guter Weinessig 6%, Butter

Ganz frische Champignons sauber putzen, die großen schneiden, die kleinen ganz lassen. Schnell waschen, nicht wässern, Weinessig aufkochen und abkühlen. Die Pilze in reichlich Butter 30 Minuten dünsten, noch warm in saubere Schraubgläser füllen, den kalten Essig darübergießen, bis alle Pilze bedeckt sind. Da die Butter leichter ist als Essig, setzt sie sich oben zu einer dicken luftdicht abschließenden Schicht zusammen. Wenn sie hart ist, wird das Glas verschlossen. Im Kühlschrank lagern.
Werden nicht alle Pilze bei einer Entnahme verbraucht, wird die Butterschicht vorsichtig abgenommen und erhitzt, die Champignonportion entnommen, mit der flüssigen Butter wieder abgedeckt.
Haltbarkeit: 2–3 Monate.

Hinweis
Sind alle Champignons verbraucht, Butter und Essig zu Saucen und Ragout verwenden.

Italienische Tomaten

Kleine rote Tomaten, Peperoni, Basilikumblätter oder Oreganoblätter, Salz, nach Belieben Knoblauch, Olivenöl

Tomaten waschen, abtrocknen, so halbieren, daß die Hälften noch zusammenhängen. Auf einen Rost mit der Schnittfläche nach oben legen und 4–5 Tage im Freien oder auf einem Kachelofen trocknen lassen. Sind sie trocken, aber noch weich, die Innenflächen mit einem kleinen Stück Peperoni, mit Basilikum oder Oregano, Salz und eventuell Knoblauch würzen, zusammenklappen und fest aneinander in saubere Schraubgläser schichten. Mit Öl bedecken und 3 Monate kühl und dunkel zum Reifen stellen.

Hinweis
Eignet sich gut als Beilage zu Gegrilltem und Teigwaren.

Einlegen in konservierende Lösungen

Früher spielte das Einlegen von Eiern in vielen Haushalten in Stadt und Land eine große Rolle. Bei Freilandhaltung legen die Hühner nicht das ganze Jahr über gleichmäßig. Im Frühjahr/Sommer stehen reichlich Eier zur Verfügung, der Überschuß kann für die Wintermonate durch Einlegen in Kalklösung oder Wasserglas konserviert werden. Die Verwendungsmöglichkeiten sind vielfältig.

Wirkungsweise

Einlegen in Kalklösung

Aus der wäßrigen Lösung von gebranntem Kalk (Calciumhydroxid) bildet sich Calciumcarbonat, das die Eischale des im Inneren sterilen Eies verschließt. Mikroorganismen kommen nicht mehr ins Ei, wodurch es bis zu 8 Monaten haltbar bleibt. Das stark basische Kalkwasser (pH 10–12) wirkt nicht bakterienhemmend.

In Kalkwasser konservierte Eier sind brüchiger. Die Schale neigt beim Kochen zum Platzen, weil die Poren verstopft sind. Das Eiweiß ist nicht mehr so schlagfähig.

Einlegen in Wasserglas

Aus der wäßrigen Lösung von Natriumsilikat bilden sich Kieselsäureausscheidungen und Calciumsilikat. Calciumsilikat verstopft die Poren der Eischale. Die Wirkung gegen die Mikroorganismen ist gering. Daraus folgt, daß die Schale ebenfalls beim Kochen zum Platzen neigt und brüchiger ist. Das Eiklar läßt sich aber noch gut schlagen.

Geräte und Hilfsmittel

Man benötigt einen Eimer, einen Holzstock zum Rühren und ein Blech-, Stein- oder Kunststoffaß mit Deckel.

Gesundheitliche Gesichtspunkte

Beim Konservieren in Kalklösung treten im Inneren des Eies Veränderungen auf. Der Geschmackswert bei in Wasserglas konservierten Eiern ist aus diesem Grund besser. Der Kalkgehalt im Inneren nimmt nicht zu, sondern erstaunlicherweise ab. Nach den bisher vorliegenden Erkenntnissen gehen keine Bestandteile der Lösung ins Innere des Eies über. Die im Ei vorkommenden fettlöslichen Vitamine sind gegenüber langen Lagerzeiten nicht sehr empfindlich. Außerdem wird das Ei selbst kühl gelagert, so daß die Vitaminerhaltung optimal ist.

Arbeitsanleitungen

Zum Konservieren muß das Kalkwasser zu wenigstens 50% mit gebranntem Kalk gesättigt sein. Günstig sind 1,25 Gramm Calciumhydroxid je Liter Wasser. Im Handel gibt es ein Spezialpräparat (Garantol), das außer Calciumhydroxid auch Eisen-, Aluminium- und Magnesiumsalze enthält. Dieses muß nach Gebrauchsanweisung verarbeitet werden.
Bei der Verwendung von Wasserglas wird 1 Teil Natriumsilikat mit 10 Teilen Wasser verdünnt.
Ein sauberes Faß wird an einem kühlen Ort (im Keller) aufgestellt. In beiden Fällen werden die frischen, nicht gewaschenen, aber sauberen Eier in nicht mehr als 5–6 Schichten übereinander vorsichtig in das Faß gelegt. Die nach Gebrauchsanweisung vorbereitete Garantol- oder Wasserglaslösung wird langsam darübergegeben, bis alle Eier mit der Brühe bedeckt sind. Dann mit einem Deckel abdecken.

Hinweise
Wird gebrannter Kalk angerührt, muß dieser über Nacht stehen. Am nächsten Tag wird er mit einem Holzstock aufgerührt und durch ein grobes Sieb über die Eier gegeben.
Bei der Verwendung werden die Eier nach Bedarf entnommen, gut abgewaschen und wie Frischeier verarbeitet.

Salzen

Salz wird schon im Alten Testament erwähnt. In Ägypten, im vorderen Orient und im alten Rom war Salz als Würzmittel, aber auch als Konservierungsmittel begehrt. Im Mittelalter war Salz ein bedeutender Handelsartikel. Heute noch weisen Städtenamen und Handelsstraßen darauf hin, z. B. der »Goldene Steig«, der von Bad Reichenhall über den Bayerischen- und Böhmerwald nach Prag führte. Salz hatte damals einen hohen Preis, aber es war trotzdem der wichtigste Konservierungsstoff für Fleisch, Fisch und Gemüse.

Wirkungsweise

Kochsalz erniedrigt den Gehalt an frei verfügbarem Wasser und schränkt deshalb die Lebensmöglichkeiten für die Mikroorganismen ein. Es ist nicht möglich, nur mit Kochsalz jegliches Wachstum von Mikroorganismen zu unterbinden, weil es salzliebende Keime gibt. Die geschmackliche Verträglichkeit bei der späteren Verwendung des Lebensmittels setzt zusätzlich Grenzen.

Bakterien, besonders die krankheitserregenden Keime, benötigen die höchsten Mengen an frei verfügbarem Wasser. Sie können mit einer Salzkonzentration von 8% gehemmt werden. Salzliebende Bakterien, z. B. Milchsäurebakterien, Schimmelpilze und Hefen können sich in schwach salzigem Milieu noch gut entwickeln.

Kochsalz verringert die Löslichkeit von Sauerstoff im Wasser der Lebensmittel. Das wirkt zusätzlich wachstumshemmend auf die aeroben Mikroorganismen.

Kochsalz verstärkt die Wirkung der chemischen Konservierungsstoffe im engeren Sinne, d. h., werden beim Haltbarmachen mindestens 2% Kochsalz zugegeben, kann die notwendige Menge z. B. von Sorbinsäure stark erniedrigt werden.

Salzzugabe beim Kühlen und Trocknen bewirkt eine sicherere Haltbarkeit, ebenso beim Einsalzen von Gemüse mit anschließender Milchsäuregärung.

Gesundheitliche Gesichtspunkte

Kochsalz (Natrium und Chlor) trägt im Körper wesentlich zur Erhaltung des osmotischen Druckes außer- und innerhalb der einzelnen Zellen bei. Es erfüllt dabei eine lebensnotwendige Aufgabe, Nährstoffe in die Zelle zu transportieren und Abfallstoffe aus den Zellen abzutransportieren. Aus diesem Grund ist es notwendig, täglich 2–3 Gramm Kochsalz aufzunehmen. Diese Menge wird mit »gut-bürgerlicher« Kost weit überschritten. Ein Überangebot an Natrium bindet Wasser im Körper, die Nieren werden stärker belastet, es kann weniger Wasser ausgeschieden werden und trägt bei einzelnen Menschen zur Erhöhung des Blutdruckes bei.

Mit Salz haltbar gemachte Lebensmittel müssen vor dem Zubereiten entsalzen (gewässert) werden, z. B. Pökelfleisch, oder es muß das beim Einmachen verwendete Salz bei der Zubereitung angerechnet werden, z. B. bei Suppengrün.

Muß eine streng-natriumarme Kost eingehalten werden, können Lebensmittel nicht nach dieser Methode konserviert werden. Die für diese Diäten angebotenen Kochsalzersatzmittel haben keine konservierende Wirkung.

Im Handel werden wasserhaltige Fette, z. B. Margarine, mit bis zu 3% Salzzusatz, Käse und Fleischwaren mit 1–5% Salzzusatz, gesalzene Fische und Gemüseprodukte angeboten. Dabei ist Kochsalz meist eher Geschmackszutat als Konservierungsmittel.

Die Salzlake enthält zahlreiche wasserlösliche Bestandteile aus dem Lebensmittel, wie Eiweiße und Vitamine. Dadurch verringert sich die biologische Wertigkeit gemessen am frischen Produkt. Salzliebende Mikroorganismen bauen die gelösten Eiweißstoffe in der Lake weiter ab. Dieser Vorgang wird als Reifung bezeichnet, er führt langsam zum Verderb der Salzlake. Salz begünstigt unerwünschte Veränderungen in den Fettbestandteilen der Lebensmittel. Besonders bei warmer Lagerung und Lichteinfluß kommt es zu tranigem, dumpfem und ranzigem Geruch.

Geräte und Hilfsmittel

Zum Haltbarmachen durch Salzen benötigt werden Waage, Messer, Holzbrett, Küchentücher, Steinguttopf und eventuell ein Holzbrett und ein Stein zum Beschweren.

Arbeitsanleitungen und Rezepte

Das Einsalzen kann »trocken« durchgeführt werden, indem die Lebensmittel bestreut oder eingerieben werden. Es wird »naß« gesalzen, indem eine Salzwasserlösung in unterschiedlicher Konzentration hergestellt wird, und das Lebensmittel darin liegt. Der Salzgehalt ist so hoch, daß keine Milchsäuregärung eintreten kann.

Das verwendete Kochsalz wird aus Steinsalzlagern oder aus Meerwasser gewonnen. Zur Gewinnung von Siedesalz wird Steinsalz gelöst, gereinigt und in großen Pfannen eingedampft. Meerwasser wird in Salzgärten (flache Bassins) durch die Sonneneinstrahlung verdunstet. Bei beiden Herstellungsverfahren kann Kochsalz unterschiedlicher Körnung gewonnen werden.

Gemüse und Kräuter

Aufgrund des hohen Salzgehaltes müssen eingesalzene Gemüse vor der Zubereitung gewässert werden. Das bringt unnötige Verluste an Mineralstoffen und Vitaminen. Deshalb werden solche Gemüse zum Einsalzen empfohlen, die in kleinen Mengen zum »Würzen« von Gemüseeintopf, Sauce oder Suppe verwendet werden können. Die anhaftende Salzmenge reicht dabei für das ganze Gericht.

Suppengrün in Salz

Petersilienwurzel mit Grün, Sellerie mit kleinen Blättern, Möhren, Liebstöckelgrün, 200 g Salz pro kg Gemüse

Gemüse waschen, in kleine Würfel schneiden oder durch den Fleischwolf drehen, mit Salz gut vermischen, in Steintopf fest einschichten, mit ½ cm dicken Salzschicht abdecken, verschließen. Werden Schraubgläser verwendet, diese mit Papierhülle gegen Lichteinfluß schützen.

Bohnen in Salz

1 kg Bohnen, 200 g Salz

Fleischige, frische Bohnen waschen, mit Küchenkrepp abtupfen, Stielansatz und Spitze abschneiden, in einer Schüssel mit dem Salz vermischen, in einen sauberen Steinguttopf fest einschichten, nach 3–4 Tagen die Flüssigkeit abgießen, mit Bohnen und Salz auffüllen, als Abschluß eine ½ cm dicke Salzschicht daraufgeben und mit Pergamentpapier zubinden. Kühl lagern.

Tomaten in Salz

Kleine, feste Tomaten,
75 g Salz pro l Wasser

Tomaten waschen, mit Küchenkrepp trocken tupfen, Salzwasser aufkochen und abkühlen lassen. Tomaten in Schraubgläser füllen, mit Salzwasser aufgießen, verschließen, kühl lagern.

Duftkräuter

Geeignet sind Rosen- und Lilienblätter.

In kleinen (Medizin-)Fläschchen mit Salz einschichten, mit Spitze zubinden, in den Wäscheschrank geben.

Eier

Soleier

10 hartgekochte Eier,
1½ l Wasser,
30 g Salz,
nach Belieben: 10 weiße Pfefferkörner,
Wacholderbeeren,
Lorbeerblätter,
Nelken

Die Schalen von den lauwarmen Eiern rundum aufschlagen, aber nicht abschälen, die Eier in saubere Schraubgläser legen. Salzwasser und Gewürze aufkochen, etwas abgekühlt in die Gläser bis 2 cm über die Eier auffüllen, verschließen. 8 Tage im Kühlschrank reifen lassen.

Hinweis
Soleier sind eine Berliner Spezialität. In Berlin gibt es kaum eine Kneipe, in der kein Glas mit Soleiern auf der Theke steht.
Man serviert sie auf folgende Weise: Vor dem Verzehr die Eier entnehmen, schälen, halbieren, mit Senf, Tomatenketchup oder Öl und Zwiebeln garnieren. Schmecken mit Butterbrot zu Wein und Bier.

Fleisch

Früher wurde das Einsalzen von Fleisch als Pökeln bezeichnet. Heute wird die Behandlung mit Nitritpökelsalz und Gewürzen als Pökeln und die Behandlung mit Kochsalz und Gewürzen als Einsalzen bezeichnet.

Hinweis
Eine mäßige Salzzugabe (bis 5%) führt zur Quellung und verstärkten Wasserbindung, zum saftigen Fleisch – es muß aber unbedingt kühl gelagert und häufig kontrolliert werden. Höhere Salzzugaben (10–12%) führen zur Entquellung, zu trockenem, festem Fleisch, das leichter haltbar bleibt.

Niederbayerisches Surfleisch

5 kg Schweinefleisch ohne Knochen oder Haxen, 3 große Zwiebeln, 3 Knoblauchzehen, 50 g Wacholderbeeren, 150 g grob gekörntes Kochsalz

Das Fleisch in Stücke schneiden, Zwiebeln und Knoblauch kleinschneiden, Wacholderbeeren zerstoßen, alles mit dem Salz gut mischen, die Fleischstücke gründlich von allen Seiten einreiben. Den Boden eines Steingutfasses mit Gewürzsalz bestreuen, das Fleisch möglichst dicht einschichten, mit einer Gewürzsalzschicht abschließen, mit einem Holzbrett bedecken und mit einem Granitstein beschweren. Das Fleisch muß 2 Wochen bei 6–8 °C Raumtemperatur in der Lake liegen. Nach 2–3 Tagen nachsehen, ob sich genug Lake gebildet hat, daß das Fleisch im Saft liegt. Wenn nicht, 1 Liter Wasser mit 8 Gramm Salz aufkochen, abgekühlt über das Fleisch gießen. Liegt das Fleisch länger als 2 Wochen in der »Sur«, muß es vor der Zubereitung unbedingt gewässert werden. Beim Zubereiten wird es gepfeffert und gebraten und mit Kartoffelgemüse serviert.

Pökeln und Räuchern

Unter Pökeln versteht man ein Verfahren, bei dem außer Kochsalz Pökelstoffe (Nitrat oder Nitrit), in manchen Mischungen auch noch Pökelhilfsstoffe, zugesetzt werden, um die typische Rotfärbung, den speziellen Geschmack und Geruch der Pökelwaren zu erhalten und um die Haltbarkeit zu verlängern

Pökeln

Wirkungsweise

Salpeter (Nitrat) wirkt vor allem gegen Bakterien, die ohne Sauerstoff wachsen, z. B. Clostridium botulinum. Andere Keime werden im Wachstum eher gefördert, weil sie Nitrate als Stickstoffquelle verwerten können. Die bakterienhemmende Wirkung kommt bei Salpeter erst zustande, wenn er in Nitrit umgewandelt ist. Diese Umwandlung im Lebensmittel erfolgt beim Pökeln durch die Tätigkeit von Mikroorganismen. Wieviel umgewandelt wird, ist unbestimmt. Deshalb ist es besser, diesen Schritt auszulassen und Nitrit mit Kochsalz zu mischen.

Mikrobiologische Hemmwirkung

Die Wirkungsweise in der Bakterienzelle ist noch nicht vollständig erforscht. Sicher ist, daß sich die aus Nitrit entstehenden Stickstoffoxide an Zelleiweißbestandteile der Mikroorganismen binden und sie dadurch hemmen. Besonders die krankmachenden Keime wie Clostridium botulinum und Salmonellen werden ausgeschaltet. Je saurer die Umgebung, desto weniger Nitrit ist notwendig. Auch Kochsalz unterstützt Nitrit in seiner Wirkung. Schimmelpilze und Hefen werden durch die Anwesenheit von Nitrit nicht beeinflußt.

Aromabildung

Beim Einwirken von Nitrit auf die Eiweiß- und Fettbestandteile im Fleisch kommt es unter Mithilfe von Milchsäurebakterien und anderen Bakterien zum typischen, erwünschten Pökelaroma.

Farbstoffbildung

Das »Pökelrot« entsteht, weil sich Stickoxid aus dem Nitrit mit dem roten Blutfarbstoff aus dem Fleisch verbindet. Es entsteht eine kräftige, frische Farbe, die sich beim Erhitzen nicht verändert und unter Licht- und Lufteinfluß beständig ist. Sachgemäß gepökelte Fleischwaren werden nicht grau.

Hemmwirkung auf das Ranzigwerden der Fette

Nach F. Wirth ist eine haltbarkeitsverlängernde Wirkung des Nitrits auf die Fette im Fleisch bewiesen. Die Fette werden nicht so schnell ranzig, der Geschmack bleibt länger erhalten.

Gesundheitliche Gesichtspunkte

Wir nehmen täglich Nitrat mit unserer Nahrung auf. Besonders über Gemüse, Trinkwasser und auch über Fleischerzeugnisse. Eine krankmachende Wirkung des Nitrates selbst ist nicht bewiesen.
Durch die Tätigkeit von Mikroorganismen (z. B. im Mund) oder durch die Verdauungssäfte kann aus Nitrat das für den Menschen giftige Nitrit gebildet werden. Bei Erwachsenen geschieht dies im Darm, bei Säuglingen bereits im Speichel und Magen. Aus dem Zwölffingerdarm wird Nitrit leicht in die Blutbahn aufgenommen. Nitrit bindet sich dann an die roten Blutkörperchen, die Sauerstoffversorgung wird gehemmt, es kann Blausucht entstehen. Nitrate und Nitrite sind aus diesem Grund für Säuglinge besonders gefährlich.
Im gepökelten Fleisch selbst und über Nitrite können Nitrosamine entstehen. Einige unter ihnen gehören zu den stark krebsfördernden Stoffen in der Ernährung. Besonders wenn gepökelte Fleischwaren bei 150–170 °C gegrillt oder gebraten werden, entstehen diese gefährlichen Stoffe. Rostbrat- und Grillwürste dürfen deshalb nicht mit Nitritpökelsalz hergestellt werden. Alle hellen Wurstwaren enthalten kein Nitritpökelsalz.
Nach J. Schormüller weicht der Nährwert von gepökeltem Fleisch, hinsichtlich des Gehaltes an Mineralstoffen, Vitaminen der B-Gruppe und des Eiweißgehaltes nur geringfügig von frischer Ware ab.
Ein Verzicht auf Nitrat und Nitrit in der Fleischverarbeitung verlangt konsequente Hygiene und kühle Lagertemperaturen.

Geräte und Hilfsmittel

Zum Pökeln benötigt werden ein Steingut- oder Holzfaß zum Einlegen und fester Zwirn und eine Nadel zum Zusammenbinden. Die Anschaffung eines Lake-Meßgerätes (Salzthermometer) lohnt sich, wenn häufig gepökelt wird.
Außerdem ist ein kühler, gut lüftbarer, möglichst dunkler Kellerraum erforderlich.

Pökelstoffe und Pökelhilfsstoffe

Pökelstoffe

Salpeter (Nitrat) wird seit Jahrhunderten zum Pökeln von Fleisch, Wurst, Fisch und Käse benutzt. Unter der Bezeichnung Natron- oder Kali-Salpeter ist er im Handel, ist aber genau genommen Natrium- und Kaliumnitrat.
Bei *Nitritpökelsalz* ist 0,4–0,5% Nitrit mit 99,5–99,6% Kochsalz gemischt. Die Anwendung ist einfacher, eine Überdosierung ausgeschlossen.

Pökelhilfsstoffe

Ascorbinsäure (Vitamin C) begünstigt die erwünschte Wirkung der Nitrite und verhindert die Nitrosaminbildung.
Zucker erleichtert das Eindringen des Salzes in das Fleisch und begünstigt die Milchsäurebildung, die wiederum die Wirkung der Nitrite unterstützt.
Gewürze werden als geschmacksbestimmende Stoffe zugegeben und wirken z. T. auch bakterienhemmend. Als Dosis gilt: 5 Gramm pro Liter Lake für die Naßpökelung und 1/10 des Salzgewichtes bei der Trockenpökelung.
Gewürzmischungen: Niederbayerisch-Geräuchertes wird mit Wacholderbeeren, Knoblauch, Pfeffer und gemahlenem Kümmel gewürzt. Andere, besonders raffinierte Mischungen für Schinkenspezialitäten: Thymian, Salbei, gemahlene Gewürznelken, Lorbeerblätter, Wacholder, gemahlener Koriander, Anissamen und Pfefferkörner *oder* Knoblauchzehen, Pimentkörner, Pfeffer-, Senfkörner, Zimtstangen und zerstoßener Ingwer.

Arbeitsanleitungen und Rezepte

Im Haushalt werden zwei Verfahren durchgeführt: die Naßpökelung und die Trockenpökelung. Häufig werden beide Verfahren kombiniert, dadurch entsteht nach dem Räuchern ein saftigeres Endprodukt.
Bei der gewerblichen Herstellung von Fleisch- und Wurstwaren wird den Schinken die Lake entweder in die Adern oder in den Muskel gespritzt oder im Vakuum die Lake in das Fleisch gezogen bzw. gepreßt. Dieses Verfahren (= Schnellpökelung) verkürzt die Pökelzeit, dadurch werden die Fleischstücke saftiger und die Herstellungskosten sind niedriger. Nachteilig ist die kürzere Haltbarkeit der Schnellpökelschinken, sie sind für den Frischverzehr bestimmt.
Zum Pökeln eignet sich nur ausgemästetes, kerniges Fleisch von gesunden Tieren. Je größer die Teilstücke, um so geringer sind die Gewichtsverluste. Das abgekühlte Fleisch wird zugeschnitten, weghängende Fleischteile entfernt.

Tips für die Praxis
- ▷ Das Fleisch vor dem Pökeln gut auskühlen, große Schinken und Schulterstücke 2 Tage reifen lassen.
- ▷ Die Pökelzeit ist abhängig von der Dicke und dem Gewicht der Teilstücke.
- ▷ Liegen die Fleischstücke zu lange in der Pökellake, werden die Schinken trocken und übersalzen.
- ▷ Schmierige Pökelfleischstücke vor dem Räuchern kurz waschen und/oder mit Küchenkrepp abtrocknen. Das Räuchergut bekommt eine schönere Farbe und wird haltbarer.

Naßpökelung

Grundrezept

Vorbereitetes Fleisch, 100 g Nitritpökelsalz je l Lake, 5 g Gewürze je l Lake

Das Fleisch wird für 3–4 Wochen, bei 4–8 °C, in eine Lake (»Sur«) gelegt, die aus Nitritpökelsalz, Wasser und Gewürzen besteht. Die Salzmenge richtet sich z. T. nach dem Geschmacksempfinden, es soll aber auch eine gewisse Haltbarkeit erreicht werden. In manchen Rezeptvorschlägen wird der Salzgehalt in Grad Baumè angegeben, wie es am Lake-Meßgerät angezeigt wird. Für eine »eingrädige« Lake werden 8 Gramm je Liter Wasser benötigt, für mildgesalzene Ware 10–12 Grad, d. h. 80–96 Gramm je Liter Lake. Das Meßgerät gibt Auskunft, ob die Salzmenge stimmt.

Hinweise

Günstig ist die Wiederverwendung von einwandfreier Lake, weil dadurch dem neuen Pökelgut die richtige Bakterienzusammensetzung übertragen wird, und die Nährstoffe nicht mehr so stark in die Lösung austreten. Das gepökelte Fleisch bleibt saftiger.

Gute Lake färbt sich goldgelb bis rötlich, ohne Trübung – verdorbene Lake schäumt, sie »schlägt um« und bildet unangenehme Geruchsstoffe.

Trockenpökelung

Grundrezept

10–12 kg vorbereitetes Fleisch,
500 g Salz oder Pökelsalz,
75 g Zucker, 50–80 g verschiedene Gewürze,
z. B. zerdrückten Knoblauch,
zerstoßene Wacholderbeeren

Die Fleischstücke mit Nitritpökelsalz und den Gewürzen dick und kräftig einreiben. Salzmischung auf den Faßboden streuen, Fleisch mit der Schwartenseite nach unten einschichten, mit Teller und Gewicht beschweren. Es bildet sich selten soviel Flüssigkeit, daß die Fleischstücke bedeckt sind, deshalb muß nach 2–3 Tagen mit eingrädiger Lake (8 Gramm pro Liter) aufgegossen werden. Der Pökelprozeß kann 4–8 Wochen dauern. Um diese Zeit zu verkürzen, wird empfohlen, das Salz zu erhitzen und so heiß wie möglich das Fleisch damit einzureiben.

Wammerl, gefüllt und luftgetrocknet

2–3 kg Schweinebauch (Wammerl),
500 g mageres Schweinefleisch vom Schlegel,
100 g Nitritpökelsalz, 10 g frisch gemahlener Pfeffer, 10 g scharfes Paprikapulver,
10 g Wacholderbeeren, 2 Knoblauchzehen

Mit einem scharfen, langen Messer von der Innenseite des Schweinebauches soviel wegschneiden, daß noch ca. ½ cm an der Schwarte bleibt. Die mageren Teile (nach Belieben auch Fettanteile) mit dem Schlegelfleisch und einer Knoblauchzehe durch den Fleischwolf drehen oder in sehr kleine Würfel schneiden, mit 50 Gramm Nitritpökelsalz, Pfeffer und Paprika das Hackfleisch würzen. Mit 50 Gramm Nitritpökelsalz, zerstoßenen Wacholderbeeren und einer geschnittenen und zerdrückten Knoblauchzehe die Schwarte innen und außen gut einreiben. Das Hackfleisch auf die Innenseite so aufstreichen, daß sich die Schwarte rollen läßt, an der höheren Seite beginnen, aufrollen. Mit Schnur die Rolle festbinden, mit Stopfnadel und weißem Sternzwirn die

Schwarte an den Kanten fest vernähen, mit der Schnur eine Schlaufe binden, 4 Monate an einen luftigen, kühlen, trockenen und möglichst dunklen Ort hängen (Dachboden im Winter).

Räuchern

Räuchern zur Verlängerung der Haltbarkeit ist ein sehr altes Verfahren. Es wird immer in Verbindung mit Salzen oder Pökeln durchgeführt, weil Räuchern allein nicht genügt, um ein Lebensmittel haltbar zu machen. Heute wird weniger aus Gründen der Haltbarkeit geräuchert, sondern um gewisse Geschmackskomponenten zu erzielen.

Wirkungsweise

Heißräuchern ist ein kombiniertes (physiochemisches) Verfahren. Zuerst werden die Randschichten der Lebensmittel ausgetrocknet. Das schränkt vor allem Bakterien in ihrem Wachstum ein. Bei Räuchertemperaturen von über 70 °C werden an der Oberfläche die Mikroorganismen stark reduziert.
Die Wirkung der Rauchbestandteile gegen Mikroorganismen ist gering. Erst bei höheren Rauchtemperaturen steigt auch sie an. Nicht alle Mikroorganismen werden gehemmt. Besonders die Schimmelpilze der Gattung Aspergillus sind wenig empfindlich, sie können sich besonders gut auf Räucherwaren entwickeln, weil andere Arten gehemmt werden. Verschimmelte Räucherwaren sind für den Verzehr von Mensch und Tier nicht mehr geeignet.

Gesundheitliche Gesichtspunkte

Als der gefährlichste Stoff im Räucherrauch wird Benzpyren (genaue chemische Bezeichnung: 3,4 Benzpyren oder Benzo (a) Pyren) angesehen, dessen krebserzeugende Wirkung erwiesen ist.
Es trägt nicht zur Räucherwirkung bei, befindet sich aber im Rauch und dringt in die Randschichten des Fleisches ein. Als noch duldbare Höchstmenge ist eine Konzentration von 1 Mikrogramm je Kilogramm Räucherfleisch (= 1 ppb = part per billion) nach der Fleischverordnung von 1982 erlaubt.
Bei schwarzgeräuchertem Schinken (äußerer Ruß gründlich entfernt) werden durch die Lebensmittelüberwachung am häufigsten Überschreitungen der Höchstmenge beanstandet. Bis zu 500 ppb wurden im eßbaren Anteil nach Entfernen der Randschichten gefunden.
Im gewerblichen Bereich wird mit Hilfe von elektronisch gesteuerten, klimatisierten Räucherkammern versucht, die Benzpyren-Werte zu verringern.

Stoffe im Rauch
Rauch besteht aus festen Bestandteilen (Flugasche, Ruß, Teer) und aus einem Gasgemisch (Kohlenwasserstoffe, Formaldehyd, Säuren, Phenole und vielem mehr). Nach E. Lück sind es 300 Einzelbestandteile, die noch nicht alle erforscht sind.

Geräte und Hilfsmittel

Früher wurden im oder am Schornstein der Häuser Räucherkammern angebracht. Dabei mußte mit besonderer Vorsicht geschürt werden, denn es führte beim Überhitzen zum Ausbrennen, wobei häufig der ganze Vorrat an Geräuchertem vernichtet wurde.
Heute werden sichere Räucheröfen und -schränke, die mit Sägespänen bzw. mit Gas- oder Elektrokochern beheizbar sind, angeboten. Zum Messen der Temperatur benötigt man ein Thermometer.
Räucheröfen für Fische können auch selbst gebastelt werden. Es gibt im Handel kleine Geräte, die mit Holz, Holzkohle, Spiritus, Strom oder Gas beheizbar sind. Es wird eine Heizplatte erwärmt, worauf eine Sägmehlpfanne steht.
Für das Räuchern von Fleisch benötigt man Fleischerhaken, Schnur oder einen Rost für den Räucherofen. Für das Räuchern von Fisch werden spezielle Fischhaken oder Nadeln mit Schnur zum Aufhängen gebraucht.

Arbeitsanleitungen und Rezepte

Räucherrauch wird durch Verschwelen von naturbelassenem Eichen-, Buchen-, Ahorn-, Linden-, Birken- und Erlenholz erzeugt sowie von kleinen Zweigen von ausländischen Hölzern, z. B. Hickory. Nadelholz ist wegen seines Harzanteiles, der terpentinartigen Geschmack bedingt, nicht geeignet. Auf keinen Fall sollte das gemischte Sägemehl vom Schreiner verwendet werden.
Für schwarzgeräucherte Spezialitäten aus Niederbayern, Franken, Schwarzwald und Hamburg (»Sottje«) werden manchmal einige mit Harz behaftete Zweige beigemischt.
Das trockene Sägemehl der genannten Hölzer wird mit Hobelspänen entzündet und über Tage oder Wochen am Schwelen gehalten. Feucht verwendetes Sägemehl bringt unerwünschten, carbolartigen Geschmack.
Es gibt verschiedene Räucherverfahren. Im Haushalt wird hauptsächlich »Kalträuchern«, »Warmräuchern« oder »Heißräuchern« durchgeführt.
Kaltgeräuchert werden gepökeltes Fleisch, Speck, Koch- und Rohwürste. Sollen besonders haltbare Fleischwaren hergestellt werden, ist es auch heute noch üblich, diese über Wochen kalt zu räuchern. Es entstehen dabei stark durchgetrocknete Produkte, die gut haltbar und geschmacklich hervorragend sind, weil die Temperatur des Rauches nicht über 20 °C steigen darf und viel Frischluft während des Vorgangs zugeführt werden muß.
2–3 Kilogramm schwere Fleischstücke müssen 8–10 Tage geräuchert werden, sie sollen dann schön gefärbt und abgetrocknet sein. Wurst wird 2–3 Tage geräuchert und ist fertig, wenn die Haut trocken, aber nicht hart ist.
Beim Warm- und Heißräuchern von Würsten und Fischwaren wirken Temperaturen von 40–80 °C. Der Vorgang dauert einige Stunden und dient vor allem zur Geschmacksverbesserung.
Bei einer Raucherzeugungstemperatur von unter 700 °C wird kaum Ruß gebildet. Es befindet sich wenig Benzpyren im Rauch, das Holz bzw. Sägemehl brennt nicht, es verschwelt. Oberhalb 700 °C steigt die Rauchtemperatur und die Rußbildung, das Feuerungsmaterial brennt und flammt auf. Unter 700 °C entwickelt der Rauch im Fleisch ein gutes und

kräftiges Aroma – über 700 °C steigen die Ruß- und Benzpyrenanteile, das gewünschte Aroma wird kaum noch wahrgenommen. Schwarzgeräuchertes, das durch Verbrennen von Holzscheiten nach alter Überlieferung erzeugt wird, überschreitet fast immer die zugelassenen Höchstwerte an Benzpyren.
Starkes und langes Räuchern verursacht nicht nur eine erhöhte Schadstoffbelastung, sondern auch ein Schrumpfen und eine Qualitätsminderung.

Fleisch und Fleischwaren

Tips für die Praxis

- ▷ Bei Räucherwurstwaren abziehbare Kunstdärme bevorzugen. Über Naturdärme gehen 70–80% der schädlichen Stoffe in die Wurst über, bei Kunstdärmen 30%.
- ▷ Auch wenn im Verhältnis zum gesamten Lebensmittelverzehr der Anteil von Räucherwaren niedrig ist, darf diese gesundheitliche Gefährdung nicht übersehen werden.
- ▷ Räucherwaren nicht täglich verzehren!
- ▷ Vor dem Verzehr sollen starkger. Ränder 1 cm breit abgeschnitten werden. In der äußeren Schicht sind die krebsfördernden Rauchbestandteile.
- ▷ Die Pökelfleischstücke ohne Rauch 1–2 Tage luftig und kühl aufhängen. Eventuell in den Räucherschrank hängen, diesen nicht ganz verschließen.
- ▷ Langsam, mit viel Luftzufuhr und nicht über 20 °C kalträuchern, dann wird die Qualität der Räucherware optimal.
- ▷ Bei Temperaturen bis 40 °C beginnt das Fett zu schmelzen, es wird später gelb und ranzig, die Eintrocknungsverluste sind hoch.
- ▷ Werden Dauerwürste über 20 °C geräuchert, wird die Haut ausgetrocknet, die äußeren Schichten verhindern einen Sauerstoffausgleich, das Wurstinnere wird graugrün und im Extremfall ungenießbar.
- ▷ Wechsel von Raucheinwirkung und Abkühlung bringt gute Räucherprodukte.
- ▷ Die Fleischstücke nicht zu nah aneinander in die Räucherkammer hängen, sie trocknen sonst unregelmäßig.
- ▷ Zu langes Räuchern macht das Fleisch zäh und fasrig. Es verliert an Gewicht, ist schwer verdaulich und schmeckt leicht versalzen.
- ▷ Räucherwaren und Dauerwürste nicht im Kühlschrank lagern, sondern luftig und dunkel aufhängen.
- ▷ Vor Schädlingen (Fliegen!) schützen!

Verschiedene Essigsorten.
Rotweinessig, Rezept Seite 154.
Obstessig, Rezept Seite 154.
Estragonessig.

Niederbayerisches Bauerngeräuchertes

12 kg Schweinefleisch vom Schlegel oder Hals, 1 kg Nitritpökelsalz, 1 TL gemahlener Kümmel, 1 TL zerbrochene Lorbeerblätter, 1 TL zerstoßene Wacholderbeeren, 1 TL zerdrückte Knoblauchzehen

Das Fleisch in 1½ Kilogramm-Stücke teilen, abrunden, mit Salz-Gewürz-Mischung einreiben. Sauberes Steingutfaß an einen kühlen, dunklen Ort stellen, den Boden mit Salzmischung bestreuen, Fleisch mit Schwarte nach unten fest einschichten, mit Teller und Gewicht beschweren. Nach 2 Tagen mit kaltem Leitungswasser so weit aufgießen, bis das Fleisch bedeckt ist. Wenn ein Lakemesser vorhanden ist, die Lake auf 10 Grad einstellen, eventuell nachsalzen. Nach 3 Wochen das Fleisch aus der Lake nehmen, mit Fleischhaken versehen, mit Küchenkrepp trockentupfen und 1 Tag zum Trocknen luftig und kühl aufhängen. 3–4 Tage kalträuchern.

Hinweis
Ursprünglich ist dieses »Selchfleisch« schwarz aus der Räucherkammer genommen worden. Es schmeckt aber auch sehr gut und ist gesünder, wenn es heller ist.

Oben: *Die Küchenmaschine – der praktische Helfer zur hauseigenen Wurstherstellung.*

Unten: *Einkochdosen für die Hausschlachtung. Rezepte Seite 199ff.*

Westfälischer Schinken
Luftgetrocknet

1 ganzer Schweinehinterschlegel (8–10 kg), 500 g–750 g Pökelsalz, 10 g Wacholderbeeren, 3 Lorbeerblätter, ca. 50 g frisch gemahlener Pfeffer

Alle weghängenden Teile des Schlegels glatt zuschneiden, einsalzen, eine Schnur am schmalen Ende anbringen, in einen Steintrog legen, Wacholderbeeren und Lorbeerblätter zufügen. 3 Wochen lang jeden Tag den Schinken mit der entstehenden Lake übergießen und drehen, bei 6–8 °C lagern. Nach 3 Wochen den Schinken mit einem warmen, feuchten Tuch abreiben, mit Küchenkrepp gut abtrocknen, kühl und luftig aufhängen. Nach weiteren 2–3 Wochen 3 Tage kalträuchern, dick mit Pfeffer einreiben, 4–6 Wochen an einen kühlen, luftigen und trockenen Ort hängen. Ein zugiger Dachboden ist am besten geeignet.

Hinweise
Wird der Schinken angeschnitten, auf kleine Schnittflächen achten. Um das Austrocknen zu verhindern, Schnittflächen mit Schweinefett bestreichen.
Vor dem Servieren hauchdünn aufschneiden.
In einem Leinensack hängend aufbewahren.
In Westfalen wird der Schinken im Januar eingesalzen und in der Märzluft getrocknet.

Fisch

Zum Räuchern eignen sich Forelle, Aal, Lachs und Makrele. Für den Hausgebrauch kann man es auch mit Karpfen, Renken, Brachsen und Schleien versuchen.

Tips für die Praxis

▷ Fische nach dem Schlachten besonders sorgfältig ausnehmen, Darm nicht verletzen, damit der Anfangskeimgehalt niedrig bleibt.

▷ Alle Innereien mit einem Löffel entfernen. Kiemen entfernen, weil dann beim Aufhängen kein blutiges Wasser über das Fischfleisch laufen kann.

▷ Die Außenhaut gründlich waschen und entschleimen, dann wird die Räucherfarbe angenehm goldgelb.

▷ Die Salzmenge wird durch den Geschmack bestimmt, die Haltbarkeit kann nur geringfügig beeinflußt werden.

Räucherfisch

Grundzubereitung

Pro kg Fisch (Forelle) 30 g Salz
und 20 g Zucker, evtl. Wasser

Gewürze nach Geschmack:
frisch gemahlener Pfeffer,
gestoßene Wacholderbeeren,
Rosmarin,
Dill,
Thymian,
Senfkörner

Fische nach dem Schlachten sorgfältig ausnehmen, die Kiemen entfernen. Die Außenhaut gründlich waschen und entschleimen. Dann die Fische einsalzen und würzen.

Trockensalzen: Fische außen und innen nach Geschmack einreiben, Salz 30 Minuten einwirken lassen, eventuell kurz wässern.

Naßsalzen: Fische 10–12 Stunden in Kochsalzlösung legen (je Liter Wasser 50 g Salz) oder 1–2 Stunden in Kochsalzlösung legen (je Liter Wasser 400 g Salz) – anschließend kurz wässern. Die Fische müssen mit Salzlake gut bedeckt sein.

Die Fische anschließend mit Haken und Klammern am Rückgrat festhalten oder mit Nadel und Schnur am Schwanz aufhängen.

Die Fische bei 30–40 °C luftig, bei offener Räucherkammer antrocknen lassen, dann die Tür schließen, bis 110 °C aufheizen, 30–60 Minuten, je nach Größe der Fische, gar räuchern, Temperatur auf 50–60 °C sinken lassen. (*Garprobe:* Rückenflosse leicht herausziehbar, schöne weiße Farbe.) Dann die Fische räuchern, dazu Sägemehl auf die Heizquelle legen (je nach Gebrauchsanweisung des Gerätes), 1–2 Stunden bei einer Raumtemperatur von 20–30 °C glimmen lassen.

Haltbarkeit: Bis zu 1 Woche im Kühlschrank oder einfrieren.

VORSICHT
CAUTION
ATTENTION
VARNING

Siladur
Siladur
Siladur

Hausschlachtung und Milchverwertung

Hausschlachtung

In vielen »Selbstversorger-Haushalten« wird heute wieder geschlachtet. Im ländlichen Bereich gibt es noch »Hausmetzger«, die selbstgemästete Schweine oder Rinder gegen Gebühr schlachten und verarbeiten.
Wie im gewerblichen Bereich, gelten auch bei Hausschlachtungen die Bestimmungen des Tierschutzgesetzes und des Gesetzes über das Schlachten von Tieren. Das Schlachttier- und Fleischbeschaugesetz (beim Schwein mit Trichinenschau) muß zur Vermeidung von gesundheitlichen Schäden auch bei der Hausschlachtung eingehalten werden.
Auch in kleineren Haushalten lohnt sich die Überlegung, zugekaufte Schweinehälften zum Teil einzufrieren oder zu Wurst- und Schinkenwaren zu verarbeiten. Die Menge sollte aber so bemessen sein, daß das Gefriergerät gut ausgenützt und die Lagerdauer, je nach Fettanteil im Fleisch 3–6 Monate nicht überschreitet.

Schlachtausbeute

Rinder	46–57%
Kälber	49–62%
Lämmer und Hammel	45–50%
Schweine	76–82%

Bei einer ca. 35 kg schweren Schweinehälfte fallen folgende Mengen an:

Teilstücke einer Schweinehälfte

Kopf	ca. 2,5 kg
Haxen	ca. 2,5 kg
Knochen	ca. 4,0 kg
Beinfleisch	ca. 2,5 kg
Bauch (Wammerl)	ca. 3,0 kg
Geschnetzeltes	ca. 1,5 kg
Hackfleisch	ca. 2,0 kg
Hals	ca. 3,0 kg
Braten- und Schnitzelfleisch	ca. 5,5 kg
Kotelett	ca. 2,0 kg
Filet	ca. 375 g
Speck, Abfall	ca. 5,5 kg

Beim Kauf von Schweinehälften ist jeder Metzger bereit, die Teilstücke so zu schneiden, wie es die Hausfrau angibt. Soll ein Teil zu Schinken verarbeitet werden, schneidet der Metzger die Stücke auch entsprechend zu. Die Hälften werden auch ohne Flomen (Nierenfett) und Kopf angeboten. Sie wiegen dann ca. 30 kg.
Manchmal gibt es auch Angebote, die die Verarbeitung eines Rinderschlegels wirtschaftlich werden lassen. Besonders wenn Freunde einen Teil der Menge übernehmen.

Tips für die Praxis

▷ Beim Einkauf auf das Aussehen des Fleisches achten: Blasses, sehr mageres, schwammiges Schweinefleisch, das einen starken Saftaustritt an der frischen Anschnittstelle zeigt und feucht glänzende Rückenkoteletts und Schinkenteilstücke hat, ist von minderer Qualität. Der Saftverlust beim Auftauen und Zubereiten ist groß.
Gut ausgemästetes Ochsen-, Färsen- oder junges Kuhfleisch, das entsprechend abgehangen ist (Seite 54), liefert beste Qualität. Ist es an der Anschnittstelle durchgehend dunkelrot und grobfasrig, das anhaftende Fett gelb, dann ist das Fleisch weniger gut und wird beim Zubereiten zäh.

▷ Das Fleisch muß nach Preis und Zubereitungsart ausgewählt werden – Abbildungen für Rind- und Schweinefleisch, unten und Seite 198.

▷ Die Verarbeitung im Haushalt muß im voraus genau geplant werden. Gutes Werkzeug, Hilfsmittel und Gewürze bereitlegen, damit die Arbeit Freude macht, nicht zur Last wird und zügig abgewickelt werden kann.

▷ Preisangaben in den Tageszeitungen verfolgen. Kennt die Hausfrau die Qualitätskriterien und weiß sie über die Bezeichnungen der Teilstücke und ihre spätere Verwendung Bescheid, kann sie *Lockvogelangebote* in den Geschäften nutzen. Jede Verkäuferin bedient eine Hausfrau, die präzise und mit den richtigen Begriffen ihren Wunsch äußert, mit besonderem Respekt und sucht ihr die besten Stücke aus!

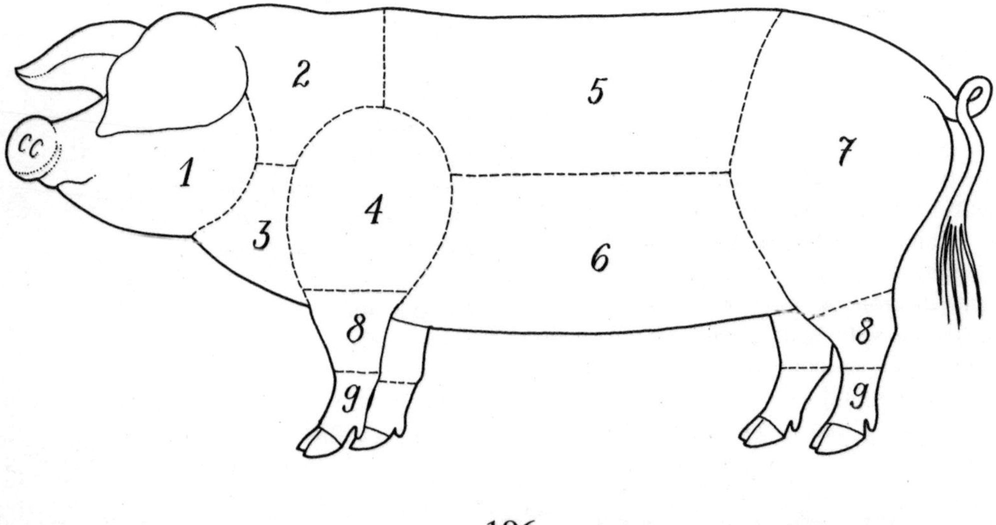

▷ Beim Einkauf von Wurstwaren die Zutatenliste genau beachten. Die Reihenfolge der angegebenen Zutaten gibt Aufschluß über die Qualität. Genaues Lesen und Vergleichen wird besonders wichtig, wenn sich die neuen EG-einheitlichen Richtlinien durchsetzen, die für die Wurstherstellung mehr Zusatzstoffe zulassen, als dies durch die deutsche Gesetzgebung derzeit der Fall ist.

Preisrelationen bei Schweinefleisch

Bezeichnung	Preis in % des Filetpreises (Filet = 100%) ca.
1 = Kopf mit Backe	12%
2 = Nacken (Hals, Kamm)	60%
3 = Brust (Brustspitze)	46%
4 = Schulter (Bug)	68%
5 = Kotelettstück (Karree, Karbonade)	65%
mit Lende oder Filet	100%
6 = Bauch (Wammerl)	46%
7 = Schlegel (Schinken, Keule, Oberschale, Unterschale, Nuß)	86%
8 = Vordereisbein (Haxe) bzw.	43%
Schinkeneisbein (Haxe)	46%
9 = Füße	9%

Verwendung der Fleischstücke

Zum Kurzbraten Filet, Schnitzel, Kotelett vom Nacken, Kotelett vom Stielkotelett-Stück, Kotelett vom Lummer-Stück.

Für Schnitzel Oberschale, Unterschale, Nuß, Rücken, ausgelöst, Dicke Schulter.

Zum Braten Hüfte (Schinkenspeck), Unterschale, Bug (Schulter, ohne Knochen), Nuß, Oberschale, Rollbraten vom Schinken, Rollbraten vom Rücken, Rollbraten von der Schulter, Rollbraten vom Nacken, Hals, Eisbein, frisch.

Zum Kochen Eisbein, Bauch, Dicke Rippe, Schälrippe, Pökelrippchen, Kasseler Rippenspeer (geräuchert), Spitzbeine (Pfoten), Schwänze.

Preisrelationen bei Rindfleisch
(Abb. Seite 198)

Bezeichnung	Preis in % des Filetpreises (Filet = 100%) ca.
1 = Kopf	–
2 = Hals	38%
3 = Kamm, Fehlrippe	38%
4 = Blattrippe	33%
5 = Brust	38%
6 = Wamme	33%
7 = Schulter (Bug)	38%
Falsches Filet	44%
8 = Hochrippe	44%
9 = Roastbeef, Rostbraten	72%
9a = Filet	100%
10 = Hüfte	50%
11 = Lappen, Dünnung	33%
12 = Keule, Schlegel, Kugel, Blume	50%
13 = Hinter-Vorderhesse, Beinscheiben	30%
14 = Füße	–
15 = Ochsenschwanz	25%

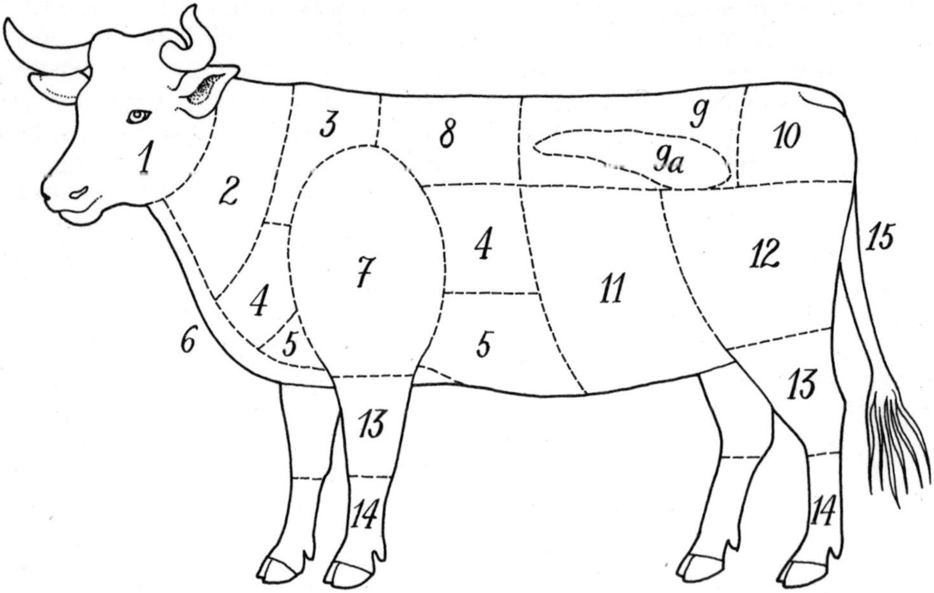

Bezeichnung der Teile Seite 197

Verwendung der Fleischstücke

Zum Kurzbraten Filet, Roastbeef, Hüfte (Steaks, Fleischfondues).

Für Rouladen Oberschale, Unterschale, Kugel.

Zum Braten Filet, Roastbeef (Rostbraten), Oberschale, Unterschale, Kugel, Hüfte, Dikker Bug, Fehlrippe, Hochrippe.

Für Sauerbraten Schaufelstück, Falsches Filet.

Zum Kochen oder Braten Falsches Filet, Schaufelstück, Hochrippe, Fehlrippe.

Zum Kochen Beinscheiben, Spannrippe, Fehlrippe, Brust (Pökelbrust), »Tafelspitz«, Hüfte.

Gulaschfleisch Besonders gut geeignet ist Ochsen- und Färsenfleisch, »Filetgulasch«, »Bratengulasch« aus Bratenfleischstücken, Fettanteil nicht über 20%.

Steak-Spezialitäten

Beefsteak 2–3 cm dick; 200–300 g aus der Keule.

Entrecôte 2–3 cm dick; 200–250 g aus dem Roastbeef.

Rumpsteak 2–3 cm dick, mit Fettrand, aus der Hüfte.

Filetsteak, Filetbeefsteak 2 cm dick, 150 bis 200 g, aus dem dickeren Ende des Filets.

Chateaubriand Ein doppeltes Filetsteak, aus der Filetmitte.

Tournedo Ca. 100 g schwer, aus der Filetspitze (klein, rund).

Porterhouse-Steak 700–1000 g: aus dem Roastbeef mit Filet und Knochen.

T-Bone-Steak Etwas kleiner, aus dem gleichen Stück, aber mehr zum Vorderviertel hin geschnitten. Es eignet sich auch eine schöne Hochrippe.

Kessel- oder Wellfleisch

Kopf- und Backenfleisch,
nach Belieben Bauchfleisch,
Herz und evtl. Lunge,
Zwerchfell (Kronfleisch),
Salz, Gewürze, z. B. Pfeffer,
Majoran, Lorbeerblatt, Suppengrün

Alle Zutaten in köchelndem Wasser ca. 1½ Stunden sieden lassen, vor dem Servieren entweder dünne Schwarzbrotscheiben in die Kesselbrühe geben oder Suppe, Fleisch und Brot getrennt reichen. Das Fleisch wird dann mit Salz und Pfeffer nach Belieben gewürzt.

Schlachtschüssel

Die altbayerische Schlachtschüssel enthält 1 Scheibe Well- oder Bauchfleisch, je 1 Leber- und Blutwurst und evtl. einen Leberknödel. Alle Bestandteile sind auf Sauerkraut angerichtet, mit Kartoffeln oder Brot und Bier schmeckt es gut. Ganz originell ist es, wenn wie früher zum Garnieren ein Stückchen von Ohr und Niere auf die Platte gelegt wird.
Bei der westfälischen Schlachtplatte wird das Eisbein, Schweinebauch und -backe in einer würzigen Brühe (mit Pfeffer, Nelken, Lorbeerblatt und Zwiebeln) 1½ Stunden gekocht. Auf Sauerkraut werden die Portionsstücke angerichtet, mit je einer Leber- und Blutwurst garniert, mit Kartoffeln oder Erbsenpüree gereicht. Zum Trinken gibt es Bier mit einem Klaren.
Die schwäbische Schlachtplatte ist der altbayerischen ähnlich, jedoch wird statt dem Leberknödel Erbsenpüree mit gerösteten Zwiebelringen, Kartoffeln oder Spätzle gereicht. Getrunken wird Bier und Obstler.

Schmalz bereiten

Früher war die Butter- und Schweineschmalzherstellung im Haushalt notwendig. Heute ist es ein Hobby. Nur zur Ausnützung von Sonderangeboten bei Butter oder im Landhaushalt zur Verwertung von Überschüssen wird dieses Verfahren durchgeführt. Die Haltbarkeit wird durch das Verdampfen des Wassers und das Entfernen des Eiweißes erzielt.

Schweineschmalz

1 kg Flomen (Nierenfett vom Schwein) oder
Flomen und Rückenspeck gemischt

Geschmackszutaten: *1 EL Kümmel,*
1 große Zwiebel, 1 großer, geschälter,
fein geschnittener Apfel,
geschälte und gepreßte Knoblauchzehen.

Fett steif kühlen, damit es sich besser verarbeiten läßt. Für Griebenschmalz das Fett in ½ cm große Würfel schneiden, sonst das Fett durch den Fleischwolf drehen. Bei schwacher Hitze langsam erhitzen. Die Grieben sind anfangs trüb, dann glasig und das Fett ist hell und klar. In diesem Zustand das überschüssige Fett abgießen. Zu den Grieben die Geschmackszutaten einzeln oder gemischt geben, dann weiter ausbraten, bis die Grieben die gewünschte Farbe haben. Flüssig in die vorbereiteten Steingutgefäße geben. Beim Erkalten einige Male umrühren, damit die Geschmackszutaten und die Grieben im Fett verteilt bleiben.

Leberwurst

2 kg Schweinebauch mit Schwarte, Kopffleisch, Knochenfleisch und Innereien, 300 g mageres Schweinefleisch, Kesselbrühe, 750 g Schweineleber, 2 große Zwiebeln, etwas Fett, 2 gehäufte EL Salz, 2 EL gemahlener, weißer Pfeffer, 2 EL Majoran, 1 TL Muskatblüte, 1 TL Kardamom, 1 TL Thymian, 2–3 Tassen Kesselbrühe, Därme

Am besten ist die Verarbeitung von noch schlachtwarmem Fleisch. Werden die Zutaten gekauft, ist es gut, dies am Schlachttag des Schlachthofes (meist Montag) zu tun. Qualität und Aroma der Leberwurst werden besser.
Fleisch in Stücke schneiden und in der Kesselbrühe 60 Minuten leise kochen. Die Leber 15 Sekunden mit heißem Wasser überbrühen (Bitterstoffe werden herausgezogen). Zwiebeln in wenig Fett glasig dünsten. Alle Zutaten durch die 4,5 mm Lochscheibe des Fleischwolfes drehen, die Leber zweimal, Salz und Gewürze zugeben, mit Handfülltrichter in Därme füllen, abbinden, Wasser in einem großen Kessel erhitzen, sofort nach dem Füllen die Würste in das schwach siedende Wasser legen, mit kaltem Wasser und einem Sterilisierthermometer auf 80 °C einstellen. Die Leberwurst muß im Inneren 70 °C erreichen, dies ist bei einem Durchmesser von 50 mm in 60 Minuten möglich. Sind die Würste dünner, genügen 30–45 Minuten. Sind die Würste fertig, zuerst in lauwarmem Wasser kühlen, dann immer mehr kaltes Wasser zugeben und wenden, damit sich das festwerdende Fett gleichmäßig verteilt. Sind sie gut gekühlt, aus dem Wasser nehmen, luftig auslegen.

Variationen
Nach dem Abtrocknen können die Würste kurz geräuchert werden, das verlängert die Haltbarkeit.
Die Masse kann auch in Dosen oder Gläsern sterilisiert oder eingefroren werden.
Bei der Westfälischen Graupenwurst werden in die Leberwurstmasse vor dem Abfüllen bis zu 1 Kilogramm Gerstengraupen gegeben. Diese werden vorher mit 1 Liter Kochwasser 40 Minuten bei schwacher Hitze aufgequollen.

Leberwurst in der Bratreine

750 g Leber, 2 kg verschiedenes Kochfleisch von Kopf, Haxe und mageres Bauchfleisch, 500 g Schwarten, 3 Zwiebeln, 2 EL Pfeffer, 2 EL Salz, 2 EL Majoran, ¾ l Suppe

Leber 15 Sekunden in kochendem Wasser brühen, alle Zutaten durch den Fleischwolf drehen, mit Gewürzen und Suppe vermischen, in Bratreine füllen und im Backofen bei 220 °C 20 Minuten braten.
Die fertige Leberwurst wird zum Teil frisch gegessen, zum Teil in Portionsstücken in Alufolie verpackt und eingefroren. Bei Bedarf im Kühlschrank auftauen.

Blutwurst

250 g Würfel vom Rückenspeck, 1 l frisches, geschlagenes Blut, 1–2 Tassen Kesselbrühe, 1 Tasse Milch, 1 gehackte Zwiebel, 1 Handvoll Leberwurstmasse, 30 g Salz, 1 EL gemahlener Pfeffer, 1 EL Majoran, Schweinedärme

Die Speckwürfel überbrühen, das Blut durchseihen, die heiße Brühe und die Milch unter

ständigem Schlagen mit dem Schneebesen dazugeben. Speckwürfel und Gewürze untermischen, mit einem Trichter in Schweinedickdärme füllen, nach ca. 10 cm abbinden, 1 cm Zwischenraum lassen und mit der neuen Wurst beginnen. In leicht kochendes Wasser legen, dann mit kaltem Wasser und Thermometer auf 85 °C einstellen, 60 Minuten brühen.
Die Blutwurst erhält ihre Festigkeit durch Gerinnen des Eiweißes. Bei einer Wurstinnentemperatur von 75 °C wird die Wurst auch innen fest. Wird während der ersten 15 Minuten im Brühwasser die Wurst häufig um die eigene Achse gedreht, verteilt sich der Speck gleichmäßig. Abkühlen wie Leberwurst.

Variationen
Die Masse kann auch in der Bratreine bei 220 °C 30 Minuten gebacken werden. Heiß wird sie zu Kümmelkartoffeln und Sauerkraut gegessen, kalt schmeckt sie wie »Speckwurst« aufs Brot.
Bei Speckwurst werden noch 200 Gramm magere, gekochte Fleischwürfel zugegeben.

Fleischkäse

12 alte Semmeln, Wasser,
3 kg mageres Fleisch, 50 g Salz,
12 Eier
(nach Belieben Zwiebeln, Petersilie, Basilikum)

Die Semmeln in Wasser einweichen, gut auspressen. Mit dem Fleisch zweimal durch den Fleischwolf drehen, mit Eiern und Gewürzen sehr gut durchkneten, auf Alubehälter verteilen, verpacken und einfrieren. Bei Bedarf 1–1½ Stunden bei 220 °C backen, dabei öfter mit kaltem Wasser bestreichen.

Sulzpreßsack

Schwarten, Halsfleisch, ½ Kopf,
2 Schweinsfüße, 2 Kalbsfüße, Zwiebeln,
Wurzelwerk, Salz und Pfeffer, Wasser,
1 Schweinemagen

Alle Zutaten in einen großen Topf schichten, mit Wasser auffüllen, bis alles bedeckt ist, 60 Minuten leise kochen lassen. Fleisch und Schwarten kleinschneiden, mit Suppe aufgießen, kräftig würzen, in einen Schweinemagen füllen und 3–4 Stunden, je nach Dicke bei 80 °C brühen.

Variationen
Die Masse kann auch in Kunststoffdärme gefüllt werden, dann 2 Stunden bei 80 °C brühen. Oder in Gläser oder Dosen füllen und bei 100 °C 90–120 Minuten sterilisieren.
Beim Blutpreßsack wird vor dem Abfüllen frisches Schweineblut zugegeben. Es empfiehlt sich mit Nitritpökelsalz zu würzen, damit die Haltbarkeit sicher gegeben ist.

Leberkäse

375 g Leber, 1 kg Schweinefleisch von der Schulter, 1 kg Rindsbrät, 500 g Schwartenfett, bis ⅜ l Wasser, 4–5 Eier, Salz, Pfeffer, Zwiebeln, ½ Zehe Knoblauch, Zitronenschale, evtl. Netz zum Einschlagen

Leber 15 Sekunden in heißem Wasser brühen, zusammen mit dem Fleisch und dem Fett zweimal durch den Fleischwolf drehen. Wasser, Eier und Gewürze zugeben und in einer feuerfesten Form 120 Minuten bei 180 °C backen. Die Masse kann auch in Dosen und Gläsern bei 100 °C 120 Minuten sterilisiert werden.

Tellersülze (Knöcherlsülze)

Für den Aspik: *2 Schweinsfüße, 1 Kalbsfuß, 1 Schweinsohr, einige Schwarten ohne Fett, Salz, Wurzelwerk, 5 Pfefferkörner, 2 Pimentkörner, 2 Wacholderbeeren, 1 kleines Lorbeerblatt, 4 l Wasser, nach Geschmack 3–5 EL Essig, ca. 1,5 kg mageres gekochtes Fleisch (Kesselfleisch), evtl. 1 Kalbszunge, 3 Eiweiß*

Als Garnitur: *Erbsen, gekochte Eier, Gurken, Tomaten, Kapern, Schinkenwürfel, Möhren, Petersilie*

Alle Zutaten mit den Gewürzen 60 Minuten leise köcheln lassen. Fleisch schneiden, in Suppenteller portionsweise verteilen. Sud kräftig abschmecken, abseihen und, wenn er besonders klar werden soll, 3 Eiweiß und eine gut gewaschene zerdrückte Eischale zugeben, nochmals aufkochen, auskühlen lassen, dann festgewordene, obere Schicht abheben. Den klaren, möglichst fettfreien Sud erwärmen, bis er flüssig ist, auf alle Portionen so verteilen, daß das Fleisch bedeckt ist. Garnituren auflegen, vorsichtig restliche Sulzbrühe verteilen, kalt stellen, bis die Sülze fest ist. Vor dem Verzehr mit Salz und Pfeffer nachwürzen.

Milchverwertung

Wird die selbsterzeugte, überschüssige Milch auf dem Bauernhof weiterverarbeitet, ist das wirtschaftlich meist nur dann sinnvoll, wenn in Großstadtnähe oder in Urlaubsorten auch Bedarf vorhanden und ein entsprechender Preis erzielbar ist.

Nach Berechnungen von Dr. P. Weinberger und R. Böhm entstehen beim Herstellen von Butter, wenn die Geräte schon vorhanden sind, pro Kilogramm 2,23 € Kosten, 1 Kilogramm erfordert 100 Minuten Arbeitszeit; eine eingesetzte Arbeitsstunde wurde mit 1,49 € vergütet.

Wird mit elektrischen Joghurtbereitern im Haushalt Joghurt hergestellt, entstehen z. Zt. Kosten von ca. 10–13 Cent je 150 Gramm Joghurt. Die Mühe lohnt sich nur dann, wenn regelmäßig Joghurt verzehrt wird oder eine größere Personenzahl (mit Kindern) im Haushalt zu versorgen ist. Häufig steht aber die Herstellung von Milchprodukten »so wie es früher einmal war« im Vordergrund, wenn Hausfrauen selbst Käse bereiten.

Milch, die in der »Hauskäserei« verarbeitet wird, sollte hygienisch einwandfrei sein. Vorzugsmilch, die unter besonders strengen hygienischen Bedingungen erzeugt wird, eignet sich nur dann zur Weiterverarbeitung, wenn entsprechende Starterkulturen, wie »Reine Buttermilch«, Joghurt usw., zugegeben werden. Bei ultrahocherhitzter, haltbarer Milch (H-Milch) ist es ebenso.

Pasteurisierte Frischmilch ist zur Weiterverarbeitung nicht geeignet, sie muß vor der Verarbeitung bis zum Kochpunkt erhitzt, dann abgekühlt werden.

Außer Kuhmilch ist auch Schafs- und Ziegenmilch für die Käseherstellung geeignet.

Sauermilch (Dickmilch)

Früher wurde die rohe Milch (direkt vom Erzeuger) in Schüsseln oder Steinguttöpfen aufgestellt. Aus der Luft fielen Milchsäurebakterien ein, die die Säuerung bewirkten. Bei Zimmertemperatur entstand in 2–3 Tagen Dick-

milch. Wurde das Gefäß kühler gestellt, konnte das Dickwerden verzögert werden.
Untersuchungen haben gezeigt, daß durch die Verwendung von roher Milch auch Coli-Bakterien im fertigen Produkt sein können.
Heutige, hygienischere Methode: Pasteurisierte Milch bis zum Kochpunkt erhitzen, in kaltem Wasser auf Zimmertemperatur abkühlen. 1 Eßlöffel gekaufte Sauermilch oder L(+)-Milchsäure-Joghurt zugeben. In Portionsgläser verteilen, mit Alufolie oder Schraubdeckel verschließen. Bei Zimmertemperatur dick werden lassen, dann bis zum Verzehr in den Kühlschrank stellen. Frische Dickmilch kann bis zu 3mal als neue Starterkultur verwendet werden. Nach 4–5maliger Herstellung neue Kultur zukaufen.

Sauerrahm- und Süßrahmbutter

Früher wurde in bäuerlichen Haushalten Rahm durch Zentrifugieren der Milch gewonnen. Der Rahm, mehr oder weniger gesäuert, wurde im Butterfaß zu Butter geschlagen. Diese Geräte sind neuerdings im Fachhandel wieder erhältlich. Für kleinere Haushalte ist das aber oft nicht sinnvoll.
Auf einfache Weise und mit den heutigen Hilfsmitteln wird *Sauerrahmbutter* folgendermaßen hergestellt: Wird der an der Oberfläche sich absetzende Sauerrahm bei der Dickmilchherstellung abgenommen und gesammelt, kann durch Rühren mit dem Handrührgerät oder Küchenmaschine Sauerrahmbutter hergestellt werden. Vorteilhaft ist es, mindestens 1 Liter Sauerrahm anzusammeln, um ein gutes Ergebnis zu bekommen.
Das Milchfett wird bei einer Temperatur von unter 10 °C verarbeitet. Es beginnt beim Schlagen zuerst in kleinen Teilchen auszuflocken, erst beim Weiterschlagen klumpen die Flocken zusammen. Die Buttermilch wird mit einem grobmaschigen Tuch abgeseiht und möglichst bald getrunken. Der frische Geschmack hält sich nicht lange. Die Butter wird in kaltem Wasser geknetet, das Wasser zweimal erneuert (vom gründlichen »Auswaschen« ist die Haltbarkeit abhängig), in Buttermodeln geformt und in Alufolie im Kühlschrank gelagert. Alufolie ist deshalb am günstigsten, weil sie Licht und Luft abhält, die verantwortlich für den schnellen Verderb der Butter sind.
Süßrahmbutter wird wie Sauerrahmbutter hergestellt. Wird nach dem Auswaschen Salz in die Butter geknetet, kann die Haltbarkeit verlängert werden.
Für die Herstellung von 1 Kilogramm Butter sind 25–30 Liter Vollmilch, je nach Fettgehalt, oder ca. 1200 Gramm Rahm notwendig. Sauer gewordene Schlagsahne (30% Fett) kann verwendet werden. Zugekaufte saure Sahne (10% Fett) ist nicht geeignet.

Butterschmalz

Butter

Butter, die nicht ranzig sein darf, im Topf langsam erhitzen, aber nicht bräunen. Den entstehenden Schaum abschöpfen, zum Kochen verwenden. Die klare Butterflüssigkeit in einen Steinguttopf gießen, auskühlen lassen, dann den Topf mit Alufolie verschließen. Wird die Folie sofort aufgelegt, bildet sich Kondenswasser, das Butterschmalz verschimmelt dann an der Oberfläche.

Quark (Topfen)

Quark aus Magermilch oder Vollmilch Frischmilch mit Butter- oder Sauermilch ansäuern, auf 25 °C erhitzen, 24 Stunden bei Zimmertemperatur stehen lassen, abseihen und abtropfen lassen.

Quark (Topfen) aus Sauermilch Die »gestöckelte«, saure Milch bei 24 °C 2 Tage warm stellen, mit dem Messer gitterförmig durchschneiden (schneller geht der Vorgang, wenn die übersaure Milch langsam unter Rühren auf 75 °C erhitzt wird), über das Mulltuch abseihen, gut abtropfen, das Tuch fest zusammen wringen, damit der Topfen trockener wird.

Buttermilchquark Buttermilch bei 24 °C 2 Tage stehen lassen, die festgewordene Käsemasse über ein Tuch abseihen und 12–24 Stunden ablaufen lassen, dabei mehrmals den Inhalt des Tuches vermischen.

Joghurtquark Milch mit Joghurt säuern und wie bei Buttermilchquark beschrieben weiter verarbeiten. Mit Salz würzen.

Molkenquark Frische Molke unter ständigem Rühren in einem großen Topf auf 78 °C erwärmen (Thermometer). Nach 15 Minuten wird die Temperatur langsam auf 85 °C erhöht. Nach weiteren 10 Minuten die Masse durch ein Tuch abseihen und 12–24 Stunden abtropfen lassen.

Quark mit Labferment Vollmilch, Magermilch oder Rahm mit ⅒ Liter Buttermilch je Liter unter Rühren auf 38 °C erhitzen. Labferment nach Gebrauchsanweisung verdünnen und zugeben, warm stellen, bis die Milch dick wird, mit langem Messer die Masse würfelig schneiden, 30 Minuten stehen lassen, durch ein Tuch abseihen, 12 Stunden abtropfen lassen.

Labferment gibt es in Apotheken und Drogerien.

Schichtkäse Springformring oder Tortenrand mit einem feinen Baumwolltuch auslegen, auf einen Kuchenrost auf die Abtropffläche des Geschirrspülbeckens stellen, 3 cm hoch Quark mit Labferment (oder auf andere Art gewonnenen Quark) ausstreichen, salzen, nach Geschmack mit Kümmel, Pfeffer o. ä. bestreuen, saure Sahne dünn auftragen, dann wieder Quark mit Gewürzen usw. Nach 3–4 Schichten die Form auf eine Platte legen, von oben beschweren, damit die restliche Molke ablaufen kann. Nach ca. 6 Stunden aus der Form nehmen, kühl lagern.

Kochkäse

1 Kilogramm stark ausgepreßten Quark im Wasserbad unter Rühren erwärmen, bis es eine geschmeidige Masse geworden ist. Mit Kümmel und Salz würzen, bis zu 14 Tagen warm stellen (auf dem Küchenschrank), bis er streichfähig geworden ist.

In manchen Rezepturen wird empfohlen, 30–40 Gramm Butter schaumig zu schlagen, mit der geschmeidigen Masse zu verrühren und dann zum Reifen aufstellen. Das verbessert den Geschmack.

Handkäse

Quark aus Magermilch herstellen, mit Kümmel und Salz würzen, verkneten. Scheiben von 8 cm Durchmesser und 2 cm Höhe formen, auf einen Rost legen, mit einem Tuch zudecken, warm stellen, täglich mit Bier bestreichen. Wenn sie im Anschnitt durch und durch glasig sind, sind sie fertig.

Für »Handkäse mit Musik« wird er mit Zwiebeln, Essig und Öl angemacht.

Lagern

Die Lagerung von Lebensmitteln im Haushalt muß unter verschiedenen Gesichtspunkten gesehen werden:

In den Lebensmitteln vollziehen sich ständig Veränderungen, durch die mehr oder weniger auffällige Qualitätsminderungen begünstigt werden. Die Minimalforderung ist, daß der mikrobiologische Verderb wirksam verhindert wird. Den gleichen Stellenwert nehmen die Erhaltung der Nährstoffe, Mineralstoffe und Vitamine sowie die Verhinderung von Schadstoffbildung ein.

Der Genußwert hinsichtlich Geruch, Geschmack, Farbe und Konsistenz soll sich möglichst wenig vom Ausgangsprodukt unterscheiden und sich gut bis zum Verzehr halten. Der Einkauf einmal pro Woche bringt für viele Hausfrauen Erleichterungen, die nur dann echte Vorteile sind, wenn im Haushalt Einrichtungen vorhanden sind, die die Qualität der Lebensmittel für mindestens eine Woche erhalten.

Nach R. Heiss verderben mehr als 10% der Lebensmittel, z. B. Brot, Salat, Aufschnitt, oder sie gelangen bei der Zubereitung ungenutzt in den Abfall. Dies entspricht einem Wert von 3–5,– € pro Person im Monat. In kleinen Haushalten ist es noch mehr.

Beim Verderb von Lebensmitteln denken Hausfrauen häufig nur an Mikroorganismen oder Insekten, weil dadurch das gesamte Gut für den menschlichen Genuß ungeeignet wird. Es sind jedoch viele Faktoren (Seite 21), die zu Qualitätsverlusten führen:

Wärme Die meisten krankheitserregenden Mikroorganismen vermehren sich bei Zimmertemperatur sehr schnell, Sauer- und Ranzigwerden wird begünstigt, Aroma und Farbe verändern sich.

Kälte Bei Kühlschranktemperatur und darunter entstehen *Kälteschäden* bei Kartoffeln, Äpfeln, Tomaten, Zitrusfrüchten und Bananen. Nicht alle Obst- und Gemüsearten sind gefriergeeignet.

Zu trockene Luft Zu trockene Luft führt zu Austrocknungserscheinungen bei Brot, Käse und Fleisch. Gemüse und Obst verwelkt bzw. wird runzlig.

Zu feuchte Luft Wasserarme Lebensmittel quellen, z. B. Trockenfrüchte, Knäckebrot, klebrige Süßigkeiten. Je höher die Luftfeuchtigkeit, desto schneller vermehren sich die Mikroorganismen.
Licht Die Qualität aller Lebensmittel ist durch Lichteinfluß mehr oder weniger gefährdet. Bei Milch wird sogar vom *Lichtgeschmack* gesprochen.
Sauerstoff Alle fetthaltigen Lebensmittel werden schneller ranzig, besonders wenn Luftsauerstoff hinzukommt, z. B. Butter, Margarine.
Geruchsübertragungen Milch, pulverförmige und fetthaltige Lebensmittel sind besonders anfällig für fremde Gerüche.

Durch eine sinnvolle Verpackung können diese Umwelteinflüsse in Grenzen gehalten werden: *langfristig*, z. B. bei Zucker, Reis, Teigwaren; *mittelfristig*, z. B. bei Fetten, vakuumverpacktem Fleisch; *kurzfristig*, z. B. bei Milch, Milchprodukten und allen roh verzehrten Lebensmitteln.

Aufbewahrung

Küchenschränke und Vorratsschränke

In vielen Wohnungen ist es notwendig, den größten Teil des Vorrats in den Küchenschränken unterzubringen. Regale im ungenutzten Raum über der Tür oder in Nebenräumen bringen zusätzlich Stauraum. Können 60 × 60 cm Bodenfläche erübrigt werden, lohnt es sich, einen belüftbaren, möglichst hohen Vorratsschrank (Foto Seite 192) anzuschaffen oder selbst herzustellen.

Tips für die Praxis

▷ Werden Lebensmittel in ungekühlten Räumen aufbewahrt, ist im Winter die Luft kalt und trocken und wird durch Heizen noch trockener. Nicht sachgemäß verpackte Lebensmittel bzw. Lebensmittel in geöffneten Originalverpackungen trocknen aus.

▷ Kochdämpfe und mangelnde Lüftung, besonders im Winter, bringen in der Küche eine wechselnde Luftfeuchtigkeit. Ungeschützte Lebensmittel klumpen zusammen, nehmen Gerüche an, und die Mikroorganismen vermehren sich.

▷ Speisereste gehören nicht in die Küche, in Vorratsräume, -schränke und -regale, sie gehören sofort abgedeckt in den Kühlschrank und zwar direkt unter das Verdampferfach. Reste werden normalerweise vor dem Verzehr nur noch erwärmt, deshalb ist die schnelle Kühlung wichtig.

▷ Brotfach, -kasten oder Keramiktopf erfordern eine gründliche Pflege. Auswaschen mit Essigwasser und nachtrocknen verhindert die Schimmelbildung. Knäckebrot im Brotfach nie gemeinsam mit Frischbrot lagern, es zieht die Feuchtigkeit an. Besser im Originalpapier lassen oder offen neben das verpackte Frischbrot legen.

Speisekammer und Vorratsräume

Die gute, alte Speisekammer gibt es nur noch selten. Auch in neugebauten Häusern verzichten viele Bauherrn auf diesen für die tägliche Arbeit der Hausfrau so wichtigen Raum.
Die ideale Speisekammer liegt an der Nordseite des Hauses, neben der Küche, der Fußboden ist gefliest, das Fenster mit Fliegengitter versehen. Die Regale sind nicht tiefer als 30 cm, damit die Übersichtlichkeit nicht leidet.

Tips für die Praxis

▷ Wenn auch im Sommer die Temperatur in Vorratsräumen gegenüber der Außenluft kühler erscheint, beträgt sie doch meistens ca. 20 °C. Für mikrobiologisch gefährdete Lebensmittel bringt dies keine bedeutende Haltbarkeitsverlängerung.

▷ Optimale Raumausnützung durch sinnvolle Ausstattung mit Regalen und Schränken sowie Ordnung und Sauberkeit sind besonders wichtig.

▷ In den Vorratsraum gehört auch der Vorratsplan, wie er auf Seite 15 abgebildet ist.

Keller

In zentralbeheizten Häusern, besonders in den kleinen Kellern der Mietshäuser entsprechen die Kellerräume im Klima und dadurch in der Nutzung mehr Vorratsräumen für Trockenvorräte als einem Keller, wie er von unseren Vorfahren gebaut wurde.

Früher wurden die Keller in das Erdreich hineingebaut, mit Steinen und Mörtel, aufgemauert, die gestampfte Erde war der Fußboden. Diese Bauweise brachte genügend Luftfeuchtigkeit und niedrige Temperaturen. Heute bestehen die Wände aus Beton mit Teeranstrichen, Kiesaufschüttungen und mit einer Ringleitung, um angesammeltes Wasser wegzuleiten. Dadurch entsteht eine bestmögliche Isolierung gegen das Grundwasser. Die Kellerräume werden bei einer Luftfeuchtigkeit von 50% bewohnbar. Der Heizungskessel steht ebenfalls im Keller, die Leitungen geben trotz Isolierung soviel Wärme ab, daß die Räume kaum kühler als 12 °C werden. In den Kellern befinden sich Allzweckräume, für die längere Lagerung von Obst, Gemüse, Kartoffeln sind sie jedoch nicht geeignet.

Ideales Kellerklima

Lagerdauer, Verlusthöhe und Qualität von gelagertem Obst und Gemüse werden wesentlich vom Kellerklima beeinflußt:

Temperatur Ideal sind 2–5 °C, unter 10 °C ist die Temperatur noch zufriedenstellend.

Relative Luftfeuchtigkeit Das Hygrometer soll um 90% Luftfeuchtigkeit anzeigen. Ist kein Naturboden im Keller, wird dieser Wert selten erreicht. Begießen des Bodens und Aufstellen von Wassergefäßen bringt wenig, besser ist regelmäßiges Zerstäuben von Wasser.

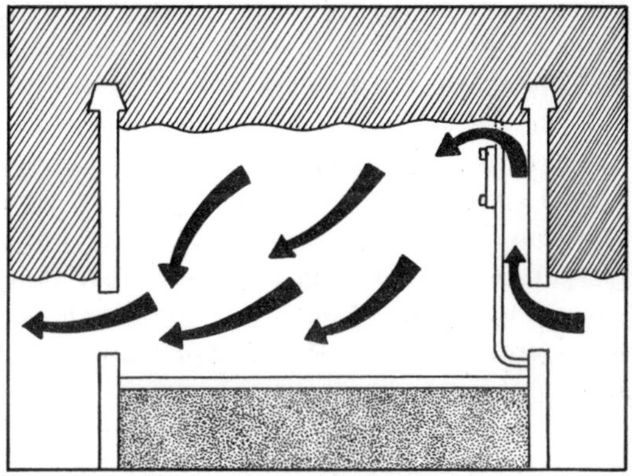

Eine gute Belüftung im Keller muß gesichert sein – mit Luftfeuchtigkeits- und Temperaturmesser das Klima überwachen

Kältemodule

in Kompaktbauweise (z. B. von Bosch) sind geeignet, in geschlossenen Kellerräumen Kellerfrische zu simulieren. Bei entsprechenden Temperaturen und Luftfeuchtigkeit können die Vorräte optimal gelagert werden. Ein leerstehender Keller bzw. ein Abstellraum in der Wohnung wird auf diese Weise zum Keller »Marke Eigenbau«.

Luftbewegung Ein guter Keller muß auch genügend Frischluft bekommen. Ideal sind gegenüberliegende Öffnungen. Die warme Luft steigt nach oben und wird über das Fenster abgeführt, die kalte Luft sinkt nach unten und zieht nach. Zugluft darf nicht entstehen. Sie trocknet die Lebensmittel zu sehr aus. Im Winter muß mit entsprechenden Isolierungen dem eindringenden Frost vorgebeugt werden, denn der Keller muß frostfrei bleiben, sonst leidet die Qualität des Lagergutes, Lagerkrankheiten bei Obst und Gemüse werden begünstigt.

Luftzusammensetzung Das gelagerte Obst und Gemüse reift nach. Dabei werden Gase und Aromastoffe abgegeben, die gegenseitig zur schnelleren Nachreife führen können und damit zum schnelleren Verderb. Aus diesem Grund sollten Kartoffeln immer isoliert von anderem Frischgemüse, besonders von Äpfeln gelagert werden. Die gegenseitige Beeinflussung kann verringert werden, wenn die einzelnen Gemüse- und Obstarten mit Folien bzw. Sand und Erde abgedeckt werden.

Ausstattung und Einrichtung

Die Mauern werden mit Kalkmilch geweißelt, das verringert das Wachstum der Schimmelpilze und der Raum wirkt heller und freundlicher. Sind nebenan wärmere Kellerräume, bringt eine Isolierung Vorteile. An Außenmauern können schattenspendende Pflanzen vor direkter Sonneneinstrahlung schützen.

Naturboden ist gut, er läßt sich jedoch schwer sauberhalten. In Neubauten läßt er nicht viel Feuchtigkeit in den Raum, weil die Isolierung undurchlässig ist.

Es ist günstiger, wenn der Boden etwas tiefer ausgegraben wird, mit Sand aufgeschüttet, mit einer Latte gerade abgezogen und auf dieses Sandbett Garten- oder Tonplatten verlegt werden. Dieser Boden kann gut gekehrt werden, die Feuchtigkeit zirkuliert und Einrichtungsgegenstände können gerade stehen. Der Keller muß auch ausreichend beleuchtet werden. Damit wird die Unfallgefahr verringert und das Saubermachen erleichtert. Bewegliche Kellereinrichtungen sind festmontierten Gestellen vorzuziehen. Beim Reinigen können sie an die frische Luft getragen werden und richtig austrocknen.

Regale, Gestelle, Kartoffelkisten und Obsthorden können selbst gebastelt oder in Haushaltswarengeschäften gekauft werden. Äpfel und Birnen werden in Lattenkisten gelegt, die übereinander in ein entsprechendes Gestell geschoben werden (Harassgestell). Gläser stehen in Regalen, für Dosen ist die Luftfeuchtigkeit zu hoch.

Müssen einzelne Flaschen entnommen werden (Wein), lagern sie in speziellen Gestellen oder in Tonröhren. Flaschen der gleichen Sorte, z. B. Fruchtsäfte, Apfelwein, können übereinander gelegt werden, wenn seitliche Abgrenzungen vorhanden sind. Sie werden dann nacheinander entnommen.

Ausweichmöglichkeiten

Ist kein idealer Kellerraum vorhanden, lohnt sich die Suche nach anderen Möglichkeiten für die Bevorratung von Kartoffeln, Obst und Gemüse.

Polyäthylen-Packungen

Es gibt in Haushaltsgeschäften große Beutel aus Gefrierfolien (3/100 mm stark) mit einem Fassungsvermögen von 5–10 kg. Andere Kunststoffolien sind nicht geeignet. Wurzelgemüse, Äpfel und Birnen können auf diese Weise gelagert werden. Sie müssen einige Tage offen im späteren Lagerraum liegen (ausdampfen und anpassen) und werden dann an

Ort und Stelle in die Beutel verpackt, die mit einer Wäscheklammer oder Schnur verschlossen werden. Bildet sich nach ein paar Tagen ein Niederschlag, ist das nicht schlimm. Sammelt sich jedoch Wasser im Beutel, muß er vorübergehend geöffnet werden, ebenso, wenn die Früchte vom Sauerstoffmangel bräunlich werden. Gelegentliche Kontrolle ist notwendig, um faule Früchte auszusortieren und die Eßreife nicht zu übersehen.
Die Lagerung in Foliensäcken ist für Äpfel besonders geeignet, weil diese langsamer nachreifen, da sie Kohlendioxid bei der Reifung abgeben.
Für Kartoffeln eignet sich diese Lagerung nicht, weil diese in einem Kohlendioxid-Luftgemisch schneller auskeimen.

Dachkammer
Über Winter herrscht im nicht isolierten Teil unter dem Hausdach eine Temperatur, die für die Frischlagerung geeignet ist, wenn die Früchte mit Wolldecken oder Styropor zugedeckt sind. Die Überwachung der Temperatur mit einem Minimum/Maximum-Thermometer (beim Optiker erhältlich) ist aber notwendig, weil erhebliche Schwankungen auftreten können.

Balkon, Terrasse oder Garage
Wenn die Vorräte gegen Frost geschützt werden können, ist diese Lagerung vorteilhaft. Bastler können sich eine Isolierkiste bauen, die besonders gut gegen Temperaturschwankungen schützt. Dazu wird eine große Holzkiste mit 3 cm starkem Styropor sorgfältig ausgekleidet und mit einem Deckel versehen. Minimale Lüftung ist notwendig, ist aber meist durch die ungenaue Verarbeitung an den Kanten gewährleistet. Wichtig ist, daß das Lagergut nach der Ernte mindestens 4–5 Tage »ausdampft«. Es kann in mehreren Schichten übereinander gelegt werden.
Kartoffeln sind weniger geeignet, weil sie schon bei −2 °C Frostschäden aufweisen. Wenn angefrorene Äpfel und Wurzelgemüse nicht bewegt und angefaßt werden und langsam der Frost wieder »auszieht«, überstehen sie diese niedrige Temperaturen gut.
Ähnlich wie Isolierkisten wirken alte Gefriertruhen, die nicht mehr repariert werden können. Für eine minimale Lüftung muß aber gesorgt werden.

Garten, Gemüsegrube oder -miete
Gemüse kann teilweise auch im Garten überwintern bzw. in einer Gemüsegrube oder -miete.

Kühlschränke und gekühlte Vorratsschränke

Die Kälte verlangsamt zwar den mikrobiellen Verderb, unterbindet ihn aber erst bei −12 °C. Werden Speisen bei 40–70 °C lange warmgehalten, leidet der Geschmack, Vitamin C und B_1 werden zerstört. Besser ist es, diese Speisen in den Kühlschrank zu stellen, um sie später bei Bedarf schnell wieder zu erhitzen.
Dosenreste müssen immer in andere Gefäße umgeleert und in den Kühlschrank gestellt werden, da sie weniger durch Keime als durch chemische Reaktionen des Inhalts mit der Dosenwand verderben. Altgeschmack durch Fett- und Farbveränderungen wird begünstigt. Reste von sterilisierter Säuglingsnahrung sollen höchstens 12 Stunden im Kühlschrank aufbewahrt werden. Besser ist es, die Portionen so zu bemessen, daß keine Reste bleiben.
Häufig überschätzt wird die Schutzwirkung von Kunststoffbehältern mit luftdichtem Dek-

kel. Es gibt viele Keime, die ohne Sauerstoff gut gedeihen, z. B. der gefährliche Botulismuserreger.
»Schmierigwerden« ist der Anfang vom Verderb. Solche Lebensmittel müssen sofort mit fließendem heißem Wasser gründlich gespült und auf mindestens 80 °C erhitzt werden. Keimübertragungen durch hygienisches Vorgehen verhindern.

Nicht in den Kühlschrank gehören:
Zitrusfrüchte trocknen aus und verlieren an Aroma. Birnen und Ananas verlieren ebenfalls an Aroma. Der Geruch von Zwiebeln und Knoblauch überträgt sich auf andere Lebensmittel. Kartoffeln werden süß.
Auberginen, Gurken, Kürbis, Melonen, Paprika, Tomaten, Zucchini sind kälteempfindlich. Sie werden besser im gekühlten Vorratsschrank bei 7–12 °C gelagert. Bananen sollen nicht unter 12 °C lagern.
Äpfel, Artischocken, Broccoli, Chicoree, Kohlrabi, Lauch, Salat, alle Kohlarten werden ungewaschen in einem Frischhaltebeutel mit Lochung im Gemüsefach gelagert. Gefrierfolien sind nicht geeignet.
Meerrettich, Möhren, Radieschen, Rettich, Sellerie gewaschen, aber trocken in gelochten Beuteln oder in abgedeckten Behältern im gekühlten Vorratsschrank, wenn nicht vorhanden im Kühlschrank lagern. Ungewaschen verbreiten sie Erdgeruch.
Pilze nur für kurze Zeit in abgedeckten Behältern, nicht luftdicht verschlossen, im Kühlschrank aufbewahren. Besser ist es, sie gleich in der Gefriertruhe einzulagern.

Gefriertruhe und -schränke

Durch Temperaturen von mindestens −18 °C wird der mikrobielle und chemische Qualitätsabbau so stark verlangsamt, daß je nach Gefriergut innerhalb von 3–12 Monaten keine entscheidenden Qualitätsverluste auftreten.
Bei Temperaturen von −12 bis −15 °C können bereits tiefgefrorene Lebensmittel nur für einige Wochen aufbewahrt werden.

Lagerbedingungen

Übersicht

Lebensmittel werden entsprechend der Lagerbedingungen in Gruppen eingeteilt:
Kurzfristige Frischvorräte werden im Haushaltskühlschrank oder in gewerblichen Kühlgeräten und -zellen bei 0–7 °C gelagert. Beim Einkauf von verpackten Lebensmitteln steht auf dem Etikett: »gekühlt lagern«.
Beispiele: Frischfleisch, Hackfleisch, Frischfisch, Milchprodukte, Geflügel, fertige Gerichte, verschiedene Backwaren.
Lagerfähige Frischvorräte werden unter Kellerklima bevorratet, d. h. bei 4–12 °C und 80–90% relativer Luftfeuchtigkeit. Beim Einkauf steht auf der Packung »kühl lagern«.
Beispiele: Kartoffeln, Obst, Wurzel- und Kohlgemüse.
Steht auf der Packung »kühl und trocken lagern« bedeutet dies, nicht im Kühlschrank, sondern bei Temperaturen bis 12 °C, höchstens 18 °C, und bei einer relativen Luftfeuchtigkeit bis 70% lagern. *Beispiele:* Rohwurst, Schinken, Hartkäse.
Konservierte Vorräte werden bei 4–12 °C und einer relativen Luftfeuchtigkeit von 70% gela-

gert. Werden Zimmertemperaturen erreicht, treten mit fortschreitender Lagerdauer erhebliche Vitamin- und Geschmacksverluste ein.
Beispiele: Selbsthergestellte und gekaufte, sterilisierte Vorräte in Gläsern und Dosen, Säfte, Konfitüren in Schraubgläsern. Bei Cellophanverschluß trocknet bei 70% relativer Luftfeuchtigkeit der Inhalt erheblich ein.
Trockenvorräte werden bei 4–18 °C und einer relativen Luftfeuchtigkeit von höchstens 70% gelagert. Steht auf der Packung »vor Wärme schützen« darf keine Wärmequelle in unmittelbarer Nähe sein.
Gefrierkonserven werden bei mindestens −18 °C in der entsprechenden Verpackung im Gefriergerät gelagert.

Hinweis
Alle Lebensmittel sollen lichtgeschützt lagern, weil direkter Lichteinfall fast immer Farb- und Geschmacksveränderungen (Seite 206) hervorruft.

Verpackung, Lagerbedingungen, Lagerdauer von Lebensmitteln
Kühlschranktemperatur: 2–6 °C; gekühlter Vorratsschrank: 8–15 °C; Vorratsräume: 15–20 °C; Keller: 2–5 °C

Lebensmittel	Verpackung	Aufbewahrungsort	Temperatur	Relative Luftfeuchtigkeit	Lagerdauer	Hinweise
Fleisch und Fleischwaren						
Frischfleisch	Porzellan- oder Cromargan-schüsseln, abgedeckt mit einem nicht zu dicht schließenden Deckel oder Teller	Kühlschrank, Keller	2–6 °C		2–5 Tage	Fleisch nach dem Einkauf aus der Packung nehmen, damit das Fleisch nicht »stikkig« wird.
Fleisch in Beize		Kühlschrank, Keller	2–6 °C		3–5 Tage	Das Fleisch wird besonders mürbe.
Gegartes Fleisch	Alufolie	Kühlschrank, Keller	2–6 °C		2–6 Tage	Fleisch nicht am Tag vor dem Verzehr anbraten, sondern durchgaren.
Hackfleisch, Innereien		Direkt unter dem Verdampferfach im Kühlschrank	2–4 °C		Bis 24 Std. 1–2 Tage	
Gegartes Hackfleisch	Alufolie	Kühlschrank, Keller	2–6 °C		2–4 Tage	
Kochwurst, z. B. Leberwurst, Blutwurst	Kunststoff- oder Cromarganbehälter mit gut schließendem Deckel	Kühlschrank, Keller	2–4 °C		4 Tage	
Brühwurst z. B. Bratwurst, Weißwurst, rohe Grillwürste		Kühlschrank, Keller	2–4 °C		1 Tag roh 4 Tage	vorher erhitzt

Für die Lagerung der Lebensmittel in Kühlgeräten mit Frischkühltechnik (z. B. von Bosch) Tabelle S. 40 beachten

Lebensmittel	Verpackung	Aufbewahrungsort	Temperatur	Relative Luftfeuchtigkeit	Lagerdauer	Hinweise
Wiener Würstchen, Regensburger usw., Schnittwurst, z. B. Bierschinken, Gelbwurst, gekochter Schinken, Kassler	Kunststoff- oder Chromaganbehälter mit gut schließendem Deckel	Kühlschrank, Keller	2–6 °C		3–5 Tage	Sortenweise lagern.
Rohwurst	Schnittfläche mit Alufolie abdecken	luftig und kühl, gekühlter Vorratsschrank oder Vorratsraum, wenn nicht anders möglich, Kühlschrank	10–16 °C	70%	Einige Monate	Durch Fliegengitter, -schrank vor Fliegen und anderem Ungeziefer schützen.
Roher luftgetrockneter oder geräucherter Schinken	Evtl. Leinensäckchen	Luftig und kühl	10–16 °C	70%	Einige Monate	Durch Fliegengitter, -schrank oder Leinensäckchen vor Fliegen und anderem Ungeziefer schützen. Schnittflächen mit Schweinefett vor dem Austrocknen schützen.
Wildfleisch	Abgedeckte Schüssel	Kühlschrank	2–6 °C		2–5 Tage	Wildfleisch nicht roh verzehren und kein Hackfleisch daraus herstellen, gut durchbraten. Wildfleisch in rohem Zustand nicht mit anderen Lebensmitteln in Berührung bringen (Salmonellengefahr!)
Wildfleisch in Beize	Abgedeckte Schüssel	Kühlschrank, Keller	2–6 °C		3–5 Tage	
Geflügel	Abgedeckte Schüssel oder auf Platte mit Folienabdeckung	Kühlschrank, Keller	2–6 °C		3 Tage	Bei der Verarbeitung besondere Vorsicht (Salmonellengefahr!).
Gegartes Geflügel		Kühlschrank, Keller	2–6 °C		2–4 Tage	
Tiefgefrorenes Fleisch		Tiefkühltruhe oder -schrank	–18 °C		Je nach Fettgehalt 3–9 Monate	Fleisch kann unter Qualitätsverlust wieder eingefroren werden. Wegen der schnellen Vermehrung der Mikroorganismen ist es besser, als das Fleisch liegen zu lassen.

Lebensmittel	Verpackung	Aufbewahrungsort	Temperatur	Relative Luftfeuchtigkeit	Lagerdauer	Hinweise
Fisch und Fischwaren						
Fisch, gegarter Fisch, aufgetauter Gefrierfisch	Aromadichte Behälter	Direkt unter dem Verdampferfach im Kühlschrank	2–6 °C		Bis 24 Stunden	
Halbkonserven	Originalverpackung	Kühlschrank, Keller	2–6 °C			Mindesthaltbarkeitsdatum beachten! Manchmal ist das Herstellungsdatum angegeben. Die erste Zahl bedeutet das Jahr, die beiden anderen die Woche des Jahres.
Milch und Milchprodukte						
Milch, Sahne	Originalverpackung	Kühlschrank, Keller	2–6 °C		4–5 Tage	Mindesthaltbarkeitsdatum beachten!
Frische Sauermilcherzeugnisse, z. B. Joghurt, Kefir, Dickmilch	Originalverpackung	Kühlschrank, Keller	2–6 °C			Mindesthaltbarkeitsdatum beachten! Bei Überlagerung schmecken diese Produkte bitter und schimmeln.
Frischkäse, z. B. Quark, körniger Frischkäse	Originalverpackung oder abgedeckter Behälter	Kühlschrank, Keller	2–6 °C		4–6 Tage	Mindesthaltbarkeitsdatum beachten!
Schmelzkäse	Originalverpackung	Kühlschrank, Keller	2–6 °C		10–14 Tage	
	Geöffnete Packung	Kühlschrank, Keller	2–6 °C		2–3 Tage	In geöffneten Packungen trocknet er leicht aus oder schimmelt.
Geschnittener Käse	In fester Klarsichtfolie originalverpackt		10–15 °C		10–14 Tage	
	Geöffnete Packung	Kühlschrank, Keller	2–6 °C		2–3 Tage	Vor Luftzutritt schützen, sonst trocknet er aus oder schimmelt.
Weichkäse	Luftdurchlässige Verpackung		15–16 °C	70%	4–10 Tage	Weichkäse ist empfindlich gegen Temperaturschwankungen.

Für die Lagerung der Lebensmittel in Kühlgeräten mit Frischkühltechnik (z. B. von Bosch) Tabelle S. 40 beachten

Lebensmittel	Verpackung	Aufbewahrungsort	Temperatur	Relative Luftfeuchtigkeit	Lagerdauer	Hinweise
Hartkäse, Schnittkäse am Stück	In ein feuchtes Leinentuch gewickelt, unter einer Käseglocke	Im gekühlten Vorratsschrank oder Vorratsraum, im Kühlschrank nur im Käse- oder Gemüsefach	10–15 °C	60–70%	10–14 Tage	Das Aroma wird besser, wenn der Käse vor dem Verzehr 1 Stunde bei Zimmertemperatur gelagert wird. Käse darf weder austrocknen, noch schimmeln. Nur der Schimmel bei Edelpilzkäse, Camembert und Brie ist nicht gesundheitsschädlich.
<u>Eier</u>						
Roh	Ohne	Im Eierfach im Kühlschrank oder im gekühlten Vorratsschrank	2–6 °C 10–12 °C		4–6 Wochen 3–4 Wochen	Durch die poröse Schale können Bakterien eindringen und Feuchtigkeit entwikkeln. Frühstückseier schmecken besser, wenn sie sehr frisch sind, aber nicht aus dem Kühlschrank kommen.
Gekocht	Ohne	Kühlschrank	2–6 °C		14–16 Tage	
<u>Fette</u>						Fette verderben durch den Einfluß von Licht, Wärme, Luftsauerstoff und Metallen.
Butter, Margarine	Alufolie	Gekühlter Vorratsschrank, Kühlschrank	20 °C 15 °C 10 °C 0 °C		10 Tage 20 Tage 4 Wochen 6 Wochen	Immer separat lagern, da Butter und Margarine empfindlich gegen Fremdgerüche sind.
Speiseöl	Dunkle Flaschen	Gekühlter Vorratsschrank	10–12 °C 8–10 °C		Bis 1 Jahr Bis 6 Monate	Die Lagerfähigkeit wird von der Fettsäurezusammensetzung bestimmt. Öle mit einem hohen Anteil an lebensnotwendiger Linolsäure werden schneller ranzig.
Butterschmalz, Schmelzmargarine	Originalverpakkung oder Steintopf	Gekühlter Vorratsschrank	10–12 °C		3–4 Monate	

Für die Lagerung der Lebensmittel in Kühlgeräten mit Frischkühltechnik (z. B. von Bosch) Tabelle S. 40 beachten

Lebensmittel	Verpackung	Aufbewahrungsort	Temperatur	Relative Luftfeuchtigkeit	Lagerdauer	Hinweise
Plattenfette, frische Fritierfette	Originalverpackung	Vorratsraum	15–20 °C		Bis 1 Jahr	Verflüchtigen sich im Kühlschrank.
Benützte Fritierfette	Alufolie	Kühlschrank, Keller	2–6 °C		Einige Wochen	Fritierfette nicht mehr verwenden, wenn sich Geruchs- und Geschmacksabweichungen zeigen.
Nährmittel Dunkle Mehle und Vollkornmehle, Weizenkleie	Leinensäcke, dunkle verschließbare Gläser	Gekühlter Vorratsschrank	10–15 °C	50%	Bis 3 Monate	Möglichst frisch verbrauchen.
Helle Mehle	Leinensäcke, dunkle verschließbare Gläser, Holzkisten	Trocken und kühl, Vorratsraum	15–20 °C	50%	Bis 6 Monate	Papiertüten sind nur für den Transport geeignet (Geruchsübertragung!). Holzkisten müssen von Zeit zu Zeit desinfiziert werden. Mehl nicht luftdicht verschließen.
Haferflocken, Sojatrockenprodukte, Grieß, Teigwaren, Puddingpulver	Originalverpackung	Vorratsraum	15–20 °C	50%	Bis 6 Monate	Der Fettgehalt, bei Teigwaren der Eigehalt, bestimmen die Haltbarkeit.
Kartoffeltrockenprodukte	Spezialpackstoff	Vorratsraum	15–20 °C		1–2 Jahre	
Reis		Vorratsraum	15–20 °C	50%	Bis 2 Jahre	
Brot und Backwaren	Alufolie	Vorratsraum	20 °C		3–12 Tage	Die Lagerfähigkeit ist abhängig von den Zutaten (Roggen hält länger frisch als Weizen). Je luftdichter die Verpackung, desto besser bleibt Vitamin B_2 erhalten.
Schnittbrot	Originalverpackung	Vorratsraum	20 °C	50%	3–5 Tage	
Laibbrot	Brotfächer, Brotkästen, Keramiktöpfe	Küche	20 °C			Behälter wöchentlich gründlich von allen Krümeln reinigen, mit einer 10%igen Essiglösung auswischen, das verhindert die Schimmelbildung.

Lebensmittel	Verpackung	Aufbewahrungsort	Temperatur	Relative Luftfeuchtigkeit	Lagerdauer	Hinweise
Laibbrot (Fortsetzung)		Kühlschrank	2–6 °C		10–14 Tage	Im Sommer ist Brot im Kühlschrank besser gegen Schimmelbildung geschützt, besonders, wenn es länger gelagert werden muß.
Brötchen	Ohne	Küche	20 °C	40%	Bis 5 Stunden	Nach 5 Stunden beginnt das Altbackenwerden.
Weißbrot	Ohne		20 °C	40%	5–8 Tage	Je höher der Fettanteil, desto länger ist es lagerfähig.
Knäckebrot			20 °C	40%	Mindestens 6 Monate	Vor Feuchtigkeit schützen! Nicht zusammen mit anderem Brot lagern!
Kekse, Weihnachtsplätzchen	Gut schließende Blechdosen, dunkle Gläser, Steinguttöpfe, Alufolie	Vorratsraum	15–20 °C	50–70%	Einige Wochen	
Torten, Kuchen	Luftdichte Hauben, Alufolie für Kastenkuchen	Gekühlte Vorratsschränke Kühlschrank	12–15 °C 2–6 °C	50%	5–8 Tage 2–3 Tage	Hauben schützen vor Aromaverlusten. Torten immer zugedeckt in den Kühlschrank stellen, weil Butter und Sahne schnell fremde Gerüche annehmen.
Schokolade, Pralinen, Süßwaren	Originalverpackung, Blechdosen	Vorratsraum	15–20 °C	50%	Bis 6 Monate	Trocken bei gleichbleibenden Temperaturen lagern. Bei Temperaturschwankungen entsteht bei Schokoladenerzeugnissen Reif, der unappetitlich aussieht, aber nicht zu Geschmackseinbußen führt.

Quelle: Lebensmittelverarbeitung im Haushalt und Aufbewahrung und Lagerung von Lebensmitteln im Haushalt.

Für die Lagerung der Lebensmittel in Kühlgeräten mit Frischkühltechnik (z. B. von Bosch) Tabelle S. 40 beachten

Lebensmittel	Verpackung	Aufbewahrungsort	Temperatur	Relative Luftfeuchtigkeit	Lagerdauer	Hinweise
<u>Vorgefertigte Lebensmittel, Fertigprodukte</u>						
Säuglings-, Kleinkinder-, Diätnahrung	Originalverpackung	Kühlschrank	2–6 °C			Mindesthaltbarkeitsdatum beachten!
	Angebrochene Flaschen und Gläser	Kühlschrank	2–6 °C		6–12 Stunden	Spinat (Nitratgehalt!) und Pilzzubereitungen (Eiweißzersetzung!) nicht wieder aufwärmen.
Säuglingsmilch aus Milchpulver	Fest verschlossen	Kühlschrank	2–6 °C		6–12 Stunden	Nur wenn unbedingt notwendig auf Vorrat herstellen, mit größter Sorgfalt zubereiten.
Fertigsaucen, Senf	Originalverpackung	Kühlschrank, Keller	2–6 °C		Je nach Zusammensetzung	Mindesthaltbarkeitsdatum beachten!
Gewürze und Kräuter	Aromadichte, dunkle Gläser und Kunststoffbehälter	Vorratsraum, Küche	15–20 °C	50%	6–12 Monate	Große Vorräte nicht in Herdnähe aufbewahren. Kühl und trocken lagern. Lose oder in Papiertüten verpackte Gewürze in geeignete Behälter umfüllen.
Kaffee	Vakuumverpackung	Vorratsraum	15–20 °C		Bis 1 Jahr	Notvorrat!
	Fest verschließbare Dose	Kühlschrank	2–6 °C		3–4 Wochen	Das Aroma von Kaffeebohnen ist an Fett gebunden, dieses wird bei längerer Lagerung bei Zimmertemperatur (Küche) ranzig.
		Gefrierschrank oder -truhe	−18 °C		3–6 Monate	
Kakao, Kakaomischpulver		Vorratsraum	15–20 °C	50%	6–12 Monate	Sie halten sich um so länger, je stärker die Kakaobohne entölt wurde.
Schwarzer Tee, Kräutertee	Aromadichte Behälter	Vorratsraum	15–20 °C	50%	6–12 Monate	
Dosen, Gläser		Gekühlter Vorratsschrank, Keller	8–12 °C	Bis 70%	6–12 Monate	Ab einer Lagerzeit von 1 Jahr treten starke Vitamin- und Qualitätsverluste auf.

Für die Lagerung der Lebensmittel in Kühlgeräten mit Frischkühltechnik (z. B. von Bosch) Tabelle S. 40 beachten

Frisches Obst und Gemüse

Lagerung bei 85–95% relativer Luftfeuchtigkeit im Keller. Grundprinzip der Frischhaltung von Obst und Gemüse ist das Hemmen der fruchteigenen Atmung durch so niedrige Temperaturen, wie es die sortenspezifische Kälteempfindlichkeit zuläßt. Eine luftdichte Verpackung unterstützt in vielen Fällen die Frischhaltung.
Kohlarten, Birnen und Winterapfelsorten vertragen Temperaturen von 0 °C bis −1 °C, sie sind 5–7 Monate haltbar. Die Apfelsorten Cox Orange, Boskoop und Jonathan werden am besten bei 3–4 °C gelagert und sind 4–5 Monate haltbar. Beerenobst, Steinobst, Kopfsalat, Lauch, Sellerie, Möhren und Spargel sind bei 0 °C–1 °C am längsten haltbar.
Viele Gemüsearten und Südfrüchte erleiden schon bei 10 °C Kälteschäden, z. B. Ananas, Avocados, Bananen, Zitronen, Auberginen, grüne Bohnen, Tomaten und Paprika. Werden diese Produkte zu kalt gelagert, entstehen in den Zellwänden Strukturveränderungen, die zum Braunwerden und zu Geschmackseinbußen führen. Wahrscheinlich werden auch Enzyme ausgeschaltet, durch die die richtige Genußreife entwickelt würde.
Beispiel: Grüne Tomaten dürfen nicht unter 14 °C lagern, sie würden später nicht mehr saftig. Gelblich-grüne Tomaten bleiben bei 10 °C lange lagerfähig (transportfähig) und rote Früchte vertragen bis 4 °C. Sie entwickeln dann bei Zimmertemperatur wieder ihr volles Aroma. Diese Zusammenhänge sind wichtig, wenn im Spätherbst grüne Tomaten eingelagert werden.
Wird im Haushalt Kernobst durch Polyätylenbeutel oder Isolierung so gelagert, daß dessen eigene Atmung mit der Zeit Sauerstoffmangel hervorruft, wird die Frische länger gehalten. Es ist aber ein kleines Luftloch notwendig, weil zu starker Sauerstoffmangel und übertriebene Kälte unerwünschte Geschmacksveränderungen auslösen könnten.
Für Zitrusfrüchte liegt die ideale Lagertemperatur bei 7–10 °C. Ebenso für Nüsse und Mandeln, die bei höheren Temperaturen leicht ranzig werden. Deshalb ist eine luftdichte Verpackung empfehlenswert.
Obst und Gemüse sollten nicht gemeinsam gelagert werden, weil besonders Äpfel, Tomaten und Paprika andere Sorten in der Nachreife beschleunigen. Dies führt zum Vergilben von Blättern und rascherem Faulen, z. B. bei Salaten und Kohlarten.

Kartoffeln

Die Kartoffel atmet selbst wenig und ist kälteempfindlich. Wird sie in luftdichte Plastikfolien gepackt oder fällt Licht auf die Kartoffel, beginnt sie zu keimen. Die Keime, die grünen Stellen und beschädigte Kartoffelknollen enthalten vermehrt Solanin. Knollen mit hohem Solaningehalt haben einen bitteren, kratzenden, metallischen Geschmack. Solanin wirkt bei Mensch und Tier giftig. Es erzeugt Kopf- und Halsschmerzen, Brechreiz und Durchfälle. Todesfälle sind nicht bekannt, aber es wird besondere Vorsicht bei schwangeren Frauen empfohlen. Solanin ist wasserlöslich, deshalb müssen vor dem Kochen die Keime entfernt und die grünen Stellen ausgeschnitten werden. Das Kochwasser in diesem Fall nicht mitverwenden.
Die heimischen Kartoffelsorten weisen keine gesundheitlich bedenklichen Mengen an Solanin auf, wenn sie richtig gelagert werden.
Für die Verarbeitung im Haushalt ist die Qualität der Kartoffel entscheidend. Sie ist abhän-

Kartoffelsorten und ihre Verwendung

Kochtyp	Verwendungszweck	Frühreife Sorten	Lagersorten
Typ **A** »festkochend«	*Salate, Salz-, Schalenkartoffeln*	Sieglinde, Ida, *Charlotte*	Sigma, *Nicola,* Erna, Selma, *Stella*
Typ **B** »vorwiegend festkochend«	Pell-, Prinzeß-, Rahm-, *Brat-, Salz-, Schalen-, Béchamelkartoffeln, Gratins,* Kartoffelgemüse, Rösti, Kartoffeln in Folie, *Suppen*	Christa, Ukama, Prima, Saskia, Carina, *Ostara, Sirtema*	Jetta, Ulla, Clivia, *Désirée, Granola,* Univita, *Paloma, Urgenta*
Typ **C** »mehlig-kochend«	Kartoffelbrei, -klöße, -kroketten, -bällchen, -puffer, -suppe, -küchlein *Friture-Kartoffeln, Kartoffelstock, Gnocchi, Knödel, Baked Potatoes*	Erstling, Ilona, evtl. auch Christa, Ukama, Prima	Irmgard, Juliver, Astrid, Bintje, evtl. Désirée

Anmerkung: Spezielle »Pommes-frites«-Sorten sind Prima, Désirée, Juliver, *Bintje.* Für Rösti *Ostara, Urgenta*

In der Schweiz gebräuchliche Begriffe und Sorten.

gig von Sorte, Bodenverhältnissen, Düngung, Schädlingsbekämpfung, Witterungsbedingungen, Ausreifung und Lagerung. Vor der Einlagerung von größeren Mengen wird ein »Probeessen« mit verschiedenen Sorten empfohlen! Die Sorte wird nach dem späteren Verwendungszweck ausgewählt.

Auf Bodenverhältnisse, Düngung, Schädlingsbekämpfung und Ausreifung haben die Verbraucher nur dann Einfluß, wenn sie ihren Bedarf direkt beim Bauern, einer bäuerlichen Genossenschaft oder im Fachhandel beziehen, die meistens auch genauer über die Herkunft Bescheid wissen.

Die optimale Lagerung kann nur bei idealem Kellerklima erfolgen. Die Kartoffeln werden trocken und frostfrei bei 4–6 °C und 92–95% relativer Luftfeuchtigkeit dunkel und luftig gelagert. Sie dürfen nicht direkt auf den Boden geschüttet werden, weil auch von unten Luft herankommen muß (Luftzirkulation). Die Anschaffung von Kartoffelhorden für die Bevorratung einzelner Sorten lohnt sich.

Ist es zu warm, zu trocken oder zu hell, leidet die Qualität schnell, so daß sich eine Bevorratung nicht lohnt. Es kann nur zum Zukauf von kleinen Mengen geraten werden.

Beim Einkauf von kleinen Mengen darauf achten, daß sich im Plastiksäckchen keine Feuchtigkeit (Fäulnis) angesammelt hat. Kartoffeln dürfen roh nicht im Kühlschrank liegen, sie werden bei unter 4 °C süß. Werden sie anschließend wieder im Temperaturbereich von 10–15 °C gelagert, wird der süße Geschmack zurückgebildet.

Getränke

Für alle Getränke gilt die Forderung, möglichst dunkel zu lagern. Lichteinfluß, besonders Sonnenlicht, verändert die Farbe, das Aroma und dadurch die geschmackliche Qualität.

Vitaminverluste werden um so höher, je heller und wärmer die Getränke gelagert werden. Haltbarkeitsangaben am Etikett beachten.

Bier Todsünden sind starke Erschütterungen beim Transport, heftige Temperaturschwankungen und Kohlensäureverluste. Wenn Bier beim Transport warm wurde, auf keinen Fall gleich in den Kühlschrank stellen, sondern dunkel abkühlen lassen, mindestens 24 Stun-

den ruhig stellen, bevor eine Flasche geöffnet wird. Unter 5 °C entsteht eine Kältetrübung.
Haltbarkeit: ca. 6 Wochen
Wein Nach dem Einkauf und Transport muß der Wein 1–2 Wochen ruhen, bevor die erste Flasche verkostet wird.
Der Lagerraum soll dunkel und gut belüftbar sein (kein fensterloser Verschlag), sonst schimmeln die Korken. Weinflaschen mit Korkenverschluß immer liegend aufbewahren, dadurch ist der Korken umspült, er schrumpft nicht, der Verschluß ist luftdicht. Lagerregale aus Holz, Metall- oder Kunststoffgestelle sparen Platz. Das Regal erhält eine größere Standfestigkeit, wenn es an der Wand befestigt wird. Nicht in die Nähe von Heizungs- und Warmwasserleitungsrohren stellen! Mit einem gemauerten Regal oder Tonröhren läßt sich ein kühlender Effekt erzielen.
Tafelweine und Landweine eignen sich nicht für eine längere Lagerung. Beim Einkauf auf Sonderangebote achten, Literflaschen sind häufig preisgünstiger. Qualitätsweine eignen sich besonders gut zur Lagerhaltung. Jeder kann aufgrund der unterschiedlichen Rebsorten und der Prädikatsstufen je nach Jahrgang seinen ganz persönlichen Weinvorrat anlegen. Es lohnt sich, direkt vom Erzeuger eine größere Flaschenzahl zu beziehen (selbstverständlich nach einer Probe!). Generelle Angaben über die Haltbarkeit gibt es nicht. Nicht jeder Prädikatswein kann in der Flasche 10 Jahre und älter werden. Es ist eine angenehme Pflicht, von Zeit zu Zeit eine Qualitätsprobe durchzuführen und zu prüfen, ob der geschmackliche Höhepunkt schon überschritten ist.

Vorratspflege

Ordnung und Übersicht erleichtern die Vorratspflege. Durch gründliche Pflege werden Verlust und Verderb gering gehalten.

Tips für die Praxis

▷ Haltbarkeitsangaben kontrollieren. Beim Einkauf die neue Ware mit Datumsangabe hinten einräumen.
▷ Selbst hergestellte Konserven immer mit genauem Datum und Inhaltsangabe versehen. Beim Verbrauch notieren, ob das Rezept der Familie zugesagt hat.
▷ Selbst hergestellte Konserven in den ersten 14 Tagen täglich, dann gelegentlich mit Deckelprobe kontrollieren. Offene und verschimmelte Gläser sofort entfernen.
▷ Kalender mit Eintragungen von Kontrollterminen, Austausch- und Verbrauchsdaten an gut sichtbarer Stelle im Vorratsraum oder -schrank anbringen. Nachdem es nicht auf den Wochentag ankommt, sind Kalender vom letzten Jahr gut geeignet.
▷ Thermometer und Hygrometer (Feuchtigkeitsmeßgerät) gehören in jeden Vorratsraum. Sind große Temperaturschwankungen zu erwarten, leistet ein Minimum/Maximum-Thermometer gute Dienste. Sie dürfen nicht an Außenwänden und Heizungsschächten angebracht werden.
▷ Dringend notwendig ist eine gute Kühlschrankpflege. Täglich darauf achten, daß Verschmutzungen sofort beseitigt werden und der Kühlschrank nur geöffnet wird, wenn es notwendig ist. Wöchentlich, spätestens alle zwei Wochen einmal, mit Spülmittel und Essigwasser auswaschen. Jede Eisschicht bringt einen Mehrverbrauch an Energie.

Getränkelagerung und Serviertemperaturen

Getränk	Lager-bedingungen	Serviertemperatur		Hinweise
Bier	8–10 °C, dunkel, stehend	5 °C 8–10 °C 8–10 °C 10 °C 10 °C 12 °C	Pils helles Bier Bockbier Exportbier Festbier dunkles Bier	Temperaturschwankungen vermeiden! Ein kühler Keller ist ideal. Bei Kühlschranktemperatur wird das Bier trüb. Schaumbildung und Geschmack leiden.
Wein	8–12 °C, dunkel, liegend, luftig			Temperaturschwankungen vermeiden.
Weißweine		10–11 °C 11–13 °C	leichte, trockene, spritzige Weine vollmundige, würzige Weine	Nicht im Kühlschrank herunterkühlen. Besser unter fließend kaltem Wasser oder in der Wanne kühlen.
Dessertweine		13–15 °C	schwere, süße Dessertweine	
Rotweine		8 °C 12–14 °C 14–16 °C 18 °C	Beaujolais leichte Rotweine (Deutschland, Tirol) mittelschwere Burgunder schwere Bordeaux	Möglichst langsam erwärmen: 12–24 Stunden bei Zimmertemperatur. Nicht in warmes Wasser oder auf den Heizkörper legen.
Portwein Sherry Wermut		14–16 °C	Portwein, Sherry, Wermut	
Schaumwein, Sekt	8–12 °C, dunkel, stehend	6–8 °C 8–10 °C 10–12 °C	Konsumsekt Rieslingsekt, anspruchsvolle Qualitäten roter Sekt	Kann im Kühlschrank oder mit Eiswürfeln (im Sektkübel) gekühlt werden.
Spirituosen	Je nach Serviertemperatur, dunkel, stehend lagern	6–8 °C 10–12 °C 14–16 °C 16–18 °C	klare Schnäpse, z. B. Kirschwasser, Steinhäger, Wodka u. a. Liköre Kräuter-, Bitterliköre Weinbrand, Cognac, Whisky	Im Kühlschrank an der kältesten Stelle lagern.
Fruchtsäfte, Fruchtnektare, Limonade, Tafelwasser	8–10 °C, dunkel, stehend	12–15 °C		Im Kühlschrank kühlen. Fruchtsäfte entfalten das beste Aroma zwischen 15 und 20 °C.

▷ Kühlschrankgeruch entsteht, wenn er überladen ist, nicht alle Gefäße zugedeckt sind oder besonders geruchsverbreitende Lebensmittel unsachgemäß verpackt gelagert werden. Der Geruch wird wieder neutralisiert, wenn der Kühlschrank mit Essigwasser ausgewischt oder eine ½ Tasse Frischmilch offen eingestellt wird. Die Milch bindet den Geruch, sie muß dann aber weggeschüttet werden.

▷ Gefriergeräte 1–2mal jährlich mit Reinigungsmittellösung und Essigwasser auswischen, sorgfältig trocknen. Dabei werden die Gefriervorräte in einen großen Korb gelegt, mit Küchentüchern und Wolldecken dick eingehüllt. Um das Abtauen zu beschleunigen, Wasser in zwei Kochtöpfen erhitzen, auf jeweils einen Teller in das vom Stromkreis ausgesteckte Gefriergerät stellen und verschlossen darin abkühlen. Der Reif kann je nach Dicke der Schicht bald mit einem Kunststoffschaber entfernt werden. Beim Wiedereinlagern vorübergehend auf »Superschaltung« stellen.

▷ Gummidichtungen von Kühl- und Gefriergeräten nicht mit fettlösendem Reinigungsmittel auswaschen, auch nicht mit spitzen Gegenständen die Ritzen reinigen, sondern mit klarem Wasser putzen und mit Talkum einreiben (in Drogerien erhältlich).

▷ Wird mit chemischen Reinigungsmitteln (Spülmittel, Allzweckreiniger) gearbeitet, mit klarem Wasser gründlich nachwischen. Am wirksamsten gegen Schimmelpilzsporen und Bakterien, z. B. im Brotkasten, ist eine 10%ige Essigsäurelösung (= 250 ml 25%ige Essigessenz auf 1 Liter Wasser).

▷ Frischluftsprays oder Insektensprays in Vorratsräumen und -behältern nicht anwenden, Inhaltsstoffe können sich auf den Lebensmitteln absetzen!

Vorratsschädlinge

Vorräte werden von vielerlei Ungeziefer bedroht. Zum Teil können sie bei der Erzeugung und Verarbeitung in das Lebensmittel gelangen, zum Teil werden sie durch ausländische Produkte eingeführt.

Sie können aber auch im Haushalt ideale Bedingungen vorfinden: Sie sind vor Verfolgern und Witterungsunbilden geschützt, haben Wärme und Feuchtigkeit und können sich dadurch gut vermehren.

<u>Fliegenarten</u> (Große oder gemeine Stubenfliege, Kleine Stubenfliege – 7–8 mm –, Stechfliege, Graue Fleischfliege – 6–17 mm –, Blaue Fleischfliege = Schmeißfliege – 9–15 mm –) Sie führen durch Übertragungen von Fäulnisbakterien, durch die Eiablage und Madenentwicklung zum Verderb. Auch Krankheiten können übertragen werden, z. B. Ruhr, Typhus, Cholera, Salmonellosen, Kinderlähmung, weil die Fliegen eine Vorliebe für menschliche und tierische Ausscheidungen (Schweiß, Kot, eiternde Wunden) haben.

Bekämpfung: Fliegenklatsche, Klebestreifen, Vorbeugung durch Fliegengitter an den Fenstern. Fliegensprays oder mit chemischen Mitteln getränkte Papiere sind Nervengifte. Sie sollen nur in Ausnahmefällen in der Küche verwendet werden.

<u>Deutsche Hausschabe, Orientalische Schabe</u> (0,2–11 mm) Sie sind Allesfresser und gehen auch an feuchte, weiche und faulende Lebensmittel. Fäulniserreger und Krankheitskeime werden verbreitet, z. B. Milzbrand, Salmonellose, Tuberkulose. Sie sind Zwischenwirte von Fadenwürmern und mitverantwortlich für den Hospitalismus in Krankenhäusern.

Bekämpfung: chemische Mittel in Rissen und Fugen und auf die Laufstraßen.

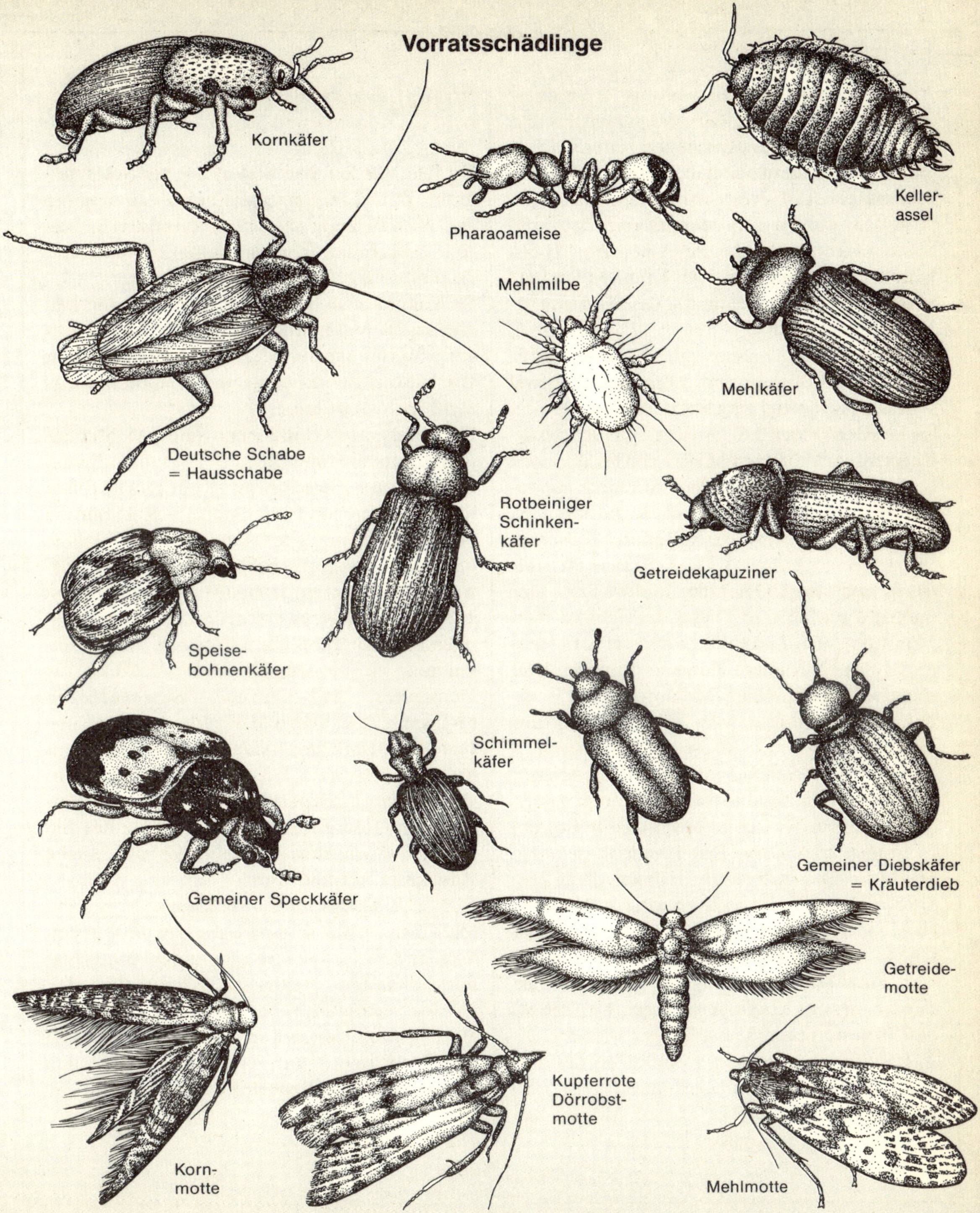
Vorratsschädlinge
Kornkäfer
Kellerassel
Pharaoameise
Mehlmilbe
Mehlkäfer
Deutsche Schabe = Hausschabe
Rotbeiniger Schinkenkäfer
Getreidekapuziner
Speisebohnenkäfer
Schimmelkäfer
Gemeiner Speckkäfer
Gemeiner Diebskäfer = Kräuterdieb
Getreidemotte
Kornmotte
Kupferrote Dörrobstmotte
Mehlmotte

Ameisen (Pharaoameise – bis 2,5 mm –, Rasenameise, Holzameise, Wegameise – 2–9 mm –, Riesen- oder Roßameise – 5–18 mm –) Sie fressen an eiweißreichen und süßen Lebensmitteln. Ihre Nester sind meist weit entfernt vom »Tatort«, im Mauerwerk oder unter Steinen. Gefürchtet ist die Ameise im Haushalt, in Bäckereien und in Krankenhäusern, weil sie Krankheitskeime übertragen kann.
Bekämpfung: Aufstellen von »Fallen«, z. B. Zuckerwasser in einem Gefäß. Meistens ist dieses Mittel zu wenig wirksam, so daß chemische Langzeitmittel eingesetzt werden müssen. Sie werden in den Laufstraßen aufgetragen.
Kellerassel, Mauerassel (1–27 mm) Sie leben von pflanzlichen Produkten, sind nicht gefährlich, aber ekelerregend.
Kornkäfer (3–4 mm), Reiskäfer (2,3–3,5 mm), Maiskäfer (3,5–5 mm) Die Larven fressen die Körner leer. Das Getreide erwärmt sich und wird muffig.
Mehlkäfer (14–23 mm; Larven: 3 cm), Reismehlkäfer (4–6 mm) Käfer und Larven fressen und verschmutzen Mehlprodukte, Back- und Teigwaren. Das Mehl wird klumpig und muffig.
Mehlmilbe (etwa 0,5 mm) Die befallenen Getreideprodukte sind wie mit einer Staubschicht überzogen, beim Mehl sind feine Milbengänge erkennbar. Die Produkte schmekken bitter und sind gesundheitsschädlich.
Getreidekapuziner (2–3 mm), Brotkäfer (6–11 mm), Speisebohnenkäfer (2–4 mm) Unregelmäßige Fraßstellen an Getreideprodukten, Bohnen, Backwaren, Mahlprodukten, Fertignährmitteln, Trockenpilzen, Kaffeebohnen, Kräutern und Tees.
Bekämpfung von diesen Schädlingen mit chemischen Mitteln ist im Haushalt nicht empfehlenswert. Die befallenen Lebensmittel entfernen, die Behälter und Schränke sehr gründlich reinigen und desinfizieren.
Rotbeiniger Schinkenkäfer, Blauer Schinkenkäfer (4–6 mm), Speckkäfer (7–9 mm) Sie ernähren sich von Schinken, Rauchwaren, Käse, Schokolade, Trockenfrüchten.
Bekämpfung: Wenn sinnvoll, die befallenen Stellen gut ausschneiden, Köder auslegen und die angesammelten Käfer vernichten, den Lagerort gründlich reinigen und desinfizieren. Bis 6 Monate die genannten Lebensmittel nicht mehr dort lagern.
Getreidemotte (2 cm Spannweite), Mehlmotte (20–22 mm Spannweite), Kornmotte (Spannweite 12 mm, Raupe bis 9 mm), Dörrobstmotte (Raupen bis 16 mm), Kakaomotte (1,5–2 cm Spannweite, Raupe bis 12 mm) Sie befallen Getreide, alle Mahlprodukte, Teigwaren, Backwaren, Bohnen.
Bekämpfung: Wegwerfen des befallenen Lagergutes und gründliches Reinigen und Desinfizieren.
Diebskäfer (2–5 mm), Schimmelkäfer (1–2 mm), Messingkäfer Larven befallen Getreide, Haferflocken, Grieß und Backprodukte.
Bekämpfung: Entfernen der befallenen Vorratsgüter, Reinigen und Desinfizieren des Lagerortes sowie durch Spritz-, Vernebelungs-, Räuchermittel und durch Begasung, weil die Eier in Bodenritzen sein können.
Hausmaus (bis 15 cm), Ratten (10–30 cm, Schwanz meist länger) Sie sind Überträger von vielen Krankheiten, z. B. Paratyphus, Trichinose, Cholera, Tuberkulose.
Bekämpfung: Aufstellen von Fallen. Auslegen von Giftkörnern nur dann anzuraten, wenn Kinder und Haustiere nicht hinzukönnen.

Literatur

AID-Verbraucherdienst – Sonderdrucke: »Fleisch und Verbraucher«, Dezember 1983 und »Lohnt es sich, Obst und Gemüse selbst zu konservieren?« März 1985

Bosch-Unterlagen (Gefrier-Ratgeber, 1995

Calis, U. »Das große Mikrowellen-Kochbuch«, BLV-Verlag, München 1991

Deutsche Gesellschaft für Ernährung: »Aufbewahrung und Lagerung von Lebensmitteln im Haushalt«

Deutsche Gesellschaft für Hauswirtschaft e. V. »Lebensmittelverarbeitung im Haushalt«, Verlag Eugen Ulmer, Stuttgart 1984

Flatnitzer, I. »Obst und Gemüse auf Vorrat« und »Das Fleisch und die Fleischdauerwaren«, Leopold-Stocker-Verlag Graz und Stuttgart

Hahn, M. »Das Einmachen der Früchte und Gemüse im Haushalt«, Verlag M. Hahn, 1917

Heiss, R.; Eichner, K. »Haltbarmachen von Lebensmitteln«, Springer-Verlag Berlin 1984

Hess, I. »Das große Gefrier-ABC«, Energie-Verlag, Heidelberg 1976

Hofmann, M. »Einkochbuch«, Birken-Verlag, München 1950

Holfelder, E. »Die Verwertung von Obst und Gemüse aus dem eigenen Garten«, Obst- und Gartenbauverlag München 1978

Honikel, Prof. K.-O. »Zusatzstoffe in Fleisch- u. Fleischwaren Europas« Informationsdienst Fleisch 12/94

KTBL: »Datensammlung für die Kalkulation der Kosten und des Arbeitszeitbedarfs im Haushalt«, Landwirtschaftsverlag Münster-Hiltrup 1985

Lück, E. »Chemische Lebensmittelkonservierung«, Springer-Verlag, Berlin 1977

Schormüller, J. »Die Erhaltung der Lebensmittel«, Ferdinand Enke Verlag, Stuttgart 1966

Schneider, G.; Vesper, W.; Witzel, A. »Grundstufe Ernährungswissenschaftlicher Berufe«, Hermann Schroedel-Verlag KG Hannover

Schweitzer, R. von »Haushaltsführung«, Verlag Eugen Ulmer, Stuttgart 1983

Sinell, H.-J. »Einführung in die Lebensmittelhygiene«, Pareys Studientexte 21

Studer/Daepp/Suter »Vorratshaltung von Obst und Gemüse«, Eugen Ulmer Verlag, Stuttgart 1983

Straub, E. »Gefrieren – Konservieren«, BLV-Verlag, München 1973

Vogt, E. »Der Wein«, Eugen Ulmer Verlag, Stuttgart 1979

Weck-Einkochbuch by J. Weck GmbH u. Co. 1983

Weinberger, P.; Böhm, R. »Selber buttern« – Bayerische Landesanstalt für Ernährung, Abteilung Hauswirtschaft, Menzinger Straße 54, München 19

Sachregister

Rezeptregister

Register

Tabellenverzeichnis

Einführung

Kühlen und Gefrieren

Sterilisieren und Pasteurisieren

Haltbarmachen durch Zucker und/oder Hitze

Milchsäure- und alkoholische Gärung

Hausschlachtung und Milchverwertung

Lagern

Weitere Bücher aus dem Knürr Verlag München

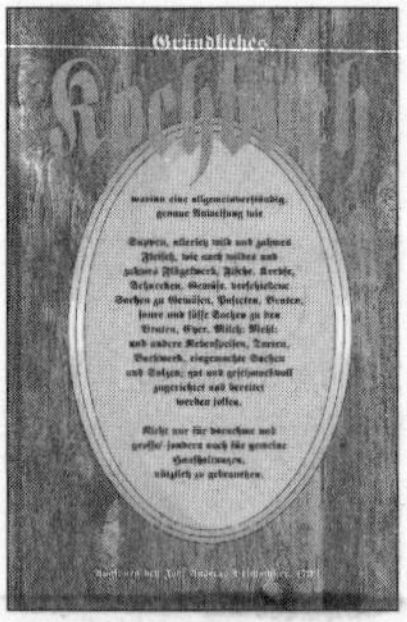

Gründliches Kochbuch

Neuauflage eines Augsburger Kochbuches aus dem Jahre 1792

Das „Kochbuch der Urgroßmutter unserer Urgroßmutter"

160 Seiten
14 x 21 cm, gebunden
ISBN 3-928432-15-X

€ 9,90

Landleben im alten Bayern

von Karl Kieslich

Freud und Leid der Landbevölkerung
Von Geburt bis Tod
Von Januar bis Dezember

- Bauernregeln • Anekdoten
- Rezepte • 150 historische Bilder

160 Seiten
21 x 28 cm, gebunden
ISBN 3-928432-25-7

€ 9,90

Mythos Weißwurst

von Peter M. Lill und Ludwig Margraf

Geschichten, Anekdoten und Wissenswertes über die Primadonna der Würste.
Köstliche Zeichnungen und historische Fotos.

160 Seiten
14 x 21 cm, gebunden
ISBN 3-928432-23-0

€ 9,90

Das Münchner Platzl

Lebensfreude im Quadrat

von Cornelia Oelwein

168 Seiten
21,5 x 26 cm, gebunden
ISBN 3-928432-34-6

€ 19,90

Der Englische Garten in München

Umfassendstes Werk über den größten Stadtpark der Welt.
30 Fachautoren beleuchten die beliebte Münchner Freizeitoase.

Gartenkunstdenkmal – Naturschönheit – Paradies der Münchner, zusammengestellt von Pankraz Frhr. von Freyberg.

19 x 23 cm, gebunden, 304 Seiten, reich bebildert
ISBN 3-928432-29-X

€ 12,40

Lago di Garda – Amore mio

von Komponist und Sänger Robert Jung
mit CD seiner erfolgreichsten Lieder.

Ein herrlicher Bildband mit vielen Tipps für gut Essen, Trinken, Golfen, Surfen, Segeln und Wandern.
Wertvolles Insiderwissen vieler Promis.

240 Seiten, 25 x 27 cm, gebunden
ISBN 3-928432-32-X

€ 34,90

Erhältlich: im Buchhandel oder bei Alois Knürr Verlags GmbH
Sperberstraße 23, 81827 München, Tel. 0 89/43 76 61 00, Fax 0 89/4 39 29 86
www.knuerr-verlag.de knuerr-verlag@t-online.de